"好き"を

Find something you love to do

仕事に

Start doing something you love

する力

Do what you love for a living

スモールビジネスを立ち上げた
100人の女性たちのリアル

碓井美樹

PHP研究所

Preface
はじめに

編集者、記者として仕事を続ける中で、雑誌や書籍の取材を通して、さまざまな輝く女性たちとの出会いがあった。

彼女たちの共通点は、仕事が好きなこと。別の言い方をすると、好きなことをさまざまな形で生業（なりわい）にしていることだ。自らが信念を持って選んだものだけを売る雑貨店の店主だったり、大好きなアイテムにこだわってオリジナリティあふれる物作りをしていたり、お菓子を焼くことが好きでそれを仕事に昇華させてしまったり、外国暮らしで知った民族画に魅せられて輸入販売を始めた人もいる。その誰もが、自分の意思で動き、日々の仕事を"他人ごと"ではなく"自分ごと"にしている。そして、その根幹には"それが好きだ"というピュアな気持ちがある。

本書を出版するにあたり、調査期間を含むと足掛け1年、100人の、いわばセカンドキャリアで好きなことを仕事にし、力強く今を生きる女性たちの話を聞く機会に恵まれた。インタビューは毎回楽しくて、次から次へと話題が広がり、あっと言う間に時間が経ってしまう。気がつけば、取材ノートはB6サイズ140ページのものが、4冊になっていた。どの話からも、今まで思いつかなかった新たな視点や、見落としていた日常の小さな、けれども大切なことに気づかされる。目の前にいるエネルギッシュな彼女たちには感服するばかりだった。

コンテンツは大きく3つのパートに分かれている。最初のインタビュー記事では、それぞれが今の仕事に辿り着くまでの紆余曲折（うよきょくせつ）、いわば彼女たちの人生のストーリーを軸に、うまくいったこと、壁にぶつかったこと、その時々で考えたこと、実践したことを、彼女たちの言葉を引用しつつ記している。続けて、バラ

エティ豊かに数多くの自分らしく起業した例をQ&Aスタイルで紹介、最後は、行政や民間のスクールで起業支援を受けたり勉強をして、起業にこぎつけたさまざまな例を掲載した。いずれも、起業を考えている読者のみなさんの、実践に繋がるような視点を意識しつつ、女性が好きなことで起業する時の志の立てかたが伝わることを念頭においた。

　年齢も住む地域も、バックグラウンドも業種もさまざまな、好きなこと、やりたいことで起業した女性たち、100人。彼女たちの言葉は、紛れもなく本当にあったこと、リアルな経験に裏づけされていて、だからこそ私たちの心に響いてくる。ぜひ、ページをめくって、ひとりひとりの物語から、彼女たちの生きる智恵を感じてみてほしい。

　本書を手にすることで、これからセカンドキャリアとして起業したいと考えている人はもちろん、何か生きる上での指針を探している人、また、壁に突き当たり悩んでいる人にも、答えを見つけるきっかけになることを願っている。そして、他者がどのように考え生きているのかをただ知るために読んでもらうのもいいかもしれない。

2023年春、東京にて
本書を制作するにあたりご協力いただいた全ての方に感謝の気持ちを込めて
碓井美樹

/////// Do what you love for a living ///////

Contents

はじめに ― 2

Do what you love for a living

※本書に記載の情報は、
2023年2月現在の情報に基づいたものになります

> "
> チャイ文化に魅せられ、
> 自ら現地でチャイを淹れる旅をし、
> 独自のメニューを考え続けて、
> 今のかたちに辿り着いた

吉池浩美
Hiromi Yoshiike

**チャイの店
「mimiLotus」店主**

　吉池浩美さんとチャイとの出会い
は、中学生時代に遡る。当時学校に
行かなくなった時期があり、親のす
すめで冒険家の親戚が住んでいたネ
パールでの教育プログラムに参加す
るために、初めて異国に住み、今ま
で知らなかった文化に触れることに
なった。「ネパールでは授業の一環で
トレッキングをよくしました。現地
の仲間が道中、川の水と水牛のミル
クを使ってチャイを作ってくれるん
です。それが美味しくて、嬉しくて。
自然と笑顔になれるんです」。現地で

は、自国の環境や経済的理由で学校
に行きたいのに行けない子供たちに
も出会い、日本に戻ったらきちんと
学校に通いたいと自分の意思で決め
ることができたという。その後、東
京・池袋にある「自由学園」に通い、
卒業する時には「ネパールで出会っ
た、人を癒すことができるチャイを
提供する場所を作ること」という大
きな目標ができていた。

　紅茶の勉強は、神奈川県藤沢市に
ある老舗「紅茶専門店ディンブラ」
で働きながらスタートさせた。この
店は、当時紅茶の第一人者と言われ
た故・磯淵猛さんの店だ。「ここでの
経験は今も私の財産です。茶葉の知
識から淹れ方、店の運営についてま
で、ありとあらゆることを教えても
らいました」。8年が経って独立した
いと相談すると「1日100品、店で
出すメニューを考えて持ってきなさ

い」と課題が出される。それから毎日欠かさず、勤務時間後にメニューを作って師匠に見てもらう日々が続く。そうして紅茶と向き合い続けた約2年間、自分のチャイのスタイルに辿り着く。ハーブやスパイス、フルーツ、チョコレートなどを組み合わせたアレンジチャイを開発し、それは、今の「ミミロータス」の顔になっている。

「最初の店は、鎌倉に構えました。駅近の商業ビルの2階、ちょうどいいサイズの物件が見つかって、ここを自分が気持ち良くいられる場所にしようと、そしてその心地良さをお客さんにお裾分けできたら、という気持ちで毎日チャイを作り続けました」。ロケーションも良く、ここでしか味わえないアレンジチャイが飲める、オリジナルブレンドの茶葉が買える、という口コミで多くのファンが通うようになり、順風満帆に見えた店作り。それでも、スランプは訪れる。「10年が過ぎてから、ぽっかりと心に穴が開いてしまった。お店を守るという意識だけが強くなって、これでいいのだろうか、最初の頃のようにワクワクしていないなって、悩み出してしまったんです」。それから、1年かけて店をクローズ、一度完全にリセットした状態で、チャイ文化の根付くネパールに拠点を移す。この時、43歳だった。

「ネパール・ポカラを拠点に、"チャ（紅茶）旅"をしました。片手鍋とガスコンロ、チャイの材料をバックパックに入れて、ローカルバスに乗って、行き当たりばったりで下車した街でチャイを作り、集まってきた人たちにふるまうんです。自分が作るチャイが現地でも受け入れられていると実感できました」。そんな生活を10カ月。その後、インドの国境沿いも同じように、約2カ月かけて旅を続けた。この時、師匠の磯淵猛さんが他界したという連絡を受け、そのこともきっかけになり「もう一度日本でチャイの店をやってみよう」と心に誓うことになる。

2021年に、再びオープンした店は、長野県東御市にある実家の1階。かつて木綿問屋だったこともあり、広々とした空間だ。改装と装飾をすることで、どこか異国情緒漂う「ミミロータス」の世界観を具現化している。「地元の方も遠方からも、いろいろな想いで足を運んでくださる皆さんに、ここでお会いできることが本当に嬉しいです」。吉池さんはこの場所で、日々、茶葉をブレンドしたり、チャイを作って、客を迎えている。そしてまたふらりと片手鍋とガスコンロをしょって、チャイを作る旅に出かけていくのかもしれない。

「mimiLotus」について
長野県東御市にあるチャイの店。チャイのメニューは「シナモン＆チョコ」「カルダモン＆レモン」「ローズ＆ブラックペッパー」など、スパイスやハーブを嚙み締めながら味わう“食べるチャイ”がこの店のスタイル。小さなグラスでサーブされるので、いくつか飲み比べを楽しみたい。ほかに、スパイススープやワッフルなどのフードも人気
URL：https://mimilotus.net

屋号：mimiLotus（ミミロータス）
業種：チャイの店経営、オリジナルブレンドのチャイの卸し
現在の拠点：長野県
出身：長野県東御市
現在の年齢：48 歳
バックグラウンド：ユニークな教育方針で知られる「自由学園」卒業後、神奈川県藤沢市にある「紅茶専門店ディンブラ」にて 10 年間磯淵猛さんに師事し、独立。2005 年、31 歳の時、神奈川県・鎌倉に「ミミロータス」1 号店をオープン、2021 年、47 歳の時、現在の場所へ移転する
創業年：2005 年

起業した年齢：31 歳
初期費用：非公開
事業形態：個人事業主
スタッフの数：5 人（本人含む）
起業前に準備したこと：とにかくたくさんのメニュー（チャイ、チャイに合うフード）を考えた
起業してから軌道に乗るまでの期間：6 カ月
起業して良かったこと：日々学びしかない。自分自身で考えて動いていることを実感できる
起業して大変なこと：旅をしたいけれども、休みを取るタイミングが難しい
今まで続いている秘訣：長期で旅に出たりと、要所要所でリセットをする
仕事上のポリシー：ひとつひとつの所作を丁寧に、エネルギーと愛を注ぐ。今まで積み上げてきたものを信じる
生きていく上で大切にしていること：住む場所も仕事場も、自分が気持ち良くいられるようにする
今後の展開：チャイ文化のある場所、世界中を数カ月ほど旅して、リセットする。それが店に新しい空気をもたらすはず
起業したい人へのアドバイス：やりたいことをひとつに絞らずにたくさん考える。実際にできるのはそのうちのふたつくらいなので

> "
> 自分に起こることは
> 全て意味のあること。
> 良いことだけでなく苦労も、
> 全ては何かに導かれて繋がっていく

神田恵実

Emi Kanda

オーガニックコットンブランド
「nanadecor」ディレクター

「美しく眠る」をテーマに、睡眠の大切さを謳い、眠る時間は自分に戻る時間、だから体に優しい、着心地の良いナイトウェアを身につけるべき、そんな理想を形にするためにスタートした、オーガニックコットン製ナイトウェアのブランド「ナナデェコール」。ディレクターの神田恵実さんは、このブランドを始めた当初は、女性誌の編集の仕事をメインでしていた。「ちょうどロハスブームが始まって、取材先でオーガニックコットンに触れる機会があったんです。

そのやわらかな肌触りと温もりに癒されて、これを眠る時にまとえば良質な睡眠が取れるはずだって思ったんです」。当時は、夜遅くまでずっと仕事をしているような生活を送っていたという神田さん。ふいにできた休暇を使って温泉に行ったりエステに行っても疲れは取れず、もっと本質的なところから改善しないといけない。毎日の睡眠の質を高める必要があると感じ始めていて、オーガニックコットンに出会った時には、これがまさに今、自分の求めていたものだと、強く思ったのだそう。

オーガニックコットンを使ったナイトウェアは、最初は、4つの型を作ることにした。かつて取材で訪れたインドで、オーガニックコットンの農場を見せてもらった経験から、インドでの制作も試みる。まずは、ハンドタオルを発注してみた。「インド

の会社とのやりとりは、もう、とにかく大変。すぐに連絡が取れなくなって、現地の様子がまったくわからない。インドの友人から恵実がここに住まないと先に進まないよと言われ、思い切ってインドに短期滞在することにしたんです」。工場まで車で通える距離の場所に家を借りて、毎日顔を出す日々。滞在期間は最長3カ月と決めていたが、結局最後に、やっと1枚のサンプルがあがる。「発注して帰国し、後に大量の段ボール箱が届いて。中に入っていたハンドタオルは全てB級品。途方に暮れました」。この惨事を聞いて、その商品を全て買い取ってくれるというありがたい同業の先輩の会社社長さんがいたそうだが、神田さんは、ここで甘えるわけにはいかないと、なんとかそのB級品を自分たちの手で修正し整え、商品として扱ってもらえるレベルにまで仕上げたという。「オーガニック業界の洗礼を受けたのだと感じました。この業界で仕事をしていく覚悟を問われました。仕事を通して、現場で働く人々やその家族の環境を変えていく、そして地球に寄り添っていく、そのためにも仕事の結果だけでなくプロセスにも責任を持つ意識が必要だと学びました」。このインドの工場とのやりとりをきっかけに、オーガニック業界で仕事をする人々と話をする機会を持ち、倫理的に正しくものを作っていく大切さを、教えられたという。そして、ウ

エアは最初から全て日本の小規模工場に頼むことにした。「ナナデェコールはこうして洗礼を受けながら、少しずつ成長をしてきたんだと思っています」と起こったことには全て理由があると、前向きに捉えて前進し続けている。そして、ブランドが軌道に乗り始めたと実感したのは、大手百貨店、2カ所から、直営店を作りませんかという話が舞い込んだ時。「どちらもアパレル業界で定評のある憧れの百貨店。ああ、やっと認められたと本当に嬉しかったし、ますます頑張ろうという気持ちになりましたね」。

最近は、島根県にオーガニックコットンの畑を手に入れた。「先日も、主宰する学びの場『My organic labo』の仲間やその家族も一緒に、皆で畑仕事をしに出かけたんです。大人も子供も綿花仕事の大変さを実感して、綿製品の尊さを知る良い機会になりました」。「ナナデェコール」の進化はこればかりではない。独自の、良質な眠りのためにオーガニックコットン製のナイトウェアを身につけるという考え方は、食へ、コミュニティー作りへと、どんどん広がっていく。そして、神田さんは、脳や心を整える術を学ぶ"マインドフルネス"の勉強も始めてしまう。「『優しさとは何か?』を追求し始めたら、まるで何かに導かれているかのように、全てが繋がっていく感じですね」。

nanadecor

「nanadecor」について
疲れやストレスは自分の中にあり、それは眠ることで解き放されるという考えをベースに、睡眠の大切さを謳い、オーガニックコットン製の着心地のいいナイトウェアやアイマスクなどを企画、製作し販売するブランド。ほかにもアンダーウェアや、寝具、雑貨などを展開している。東京・神宮前に直営店、オンラインショップもある
URL：https://nanadecor.com

屋号：nanadecor（ナナデェコール）
業種：オーガニックコットン製品の企画、製作、販売
現在の拠点：東京都渋谷区
出身：東京都
現在の年齢：48歳
バックグラウンド：短期大学卒業後、ファッションショーの企画制作会社に就職、その後、ファッションのコレクションを取材する仕事を経て、人気ファッション誌の編集の仕事に携わる。2005年、30歳の時に編集プロダクション、有限会社「Juliette」を設立。その一事業として、オーガニックコットンブランド「ナナデェコール」を立ち上げる
創業年：2005年（有限会社「Juliette（ジュリエット）」設立）
起業した年齢：30歳
初期費用：約300万円（自己資金）
事業形態：有限会社

スタッフの数：20人（本人含む）
起業前に準備したこと：もうひとつの仕事の柱でもある、雑誌編集の仕事を通して、人脈、ネットワークを作り、これが結果的にとても役に立った
起業してから軌道に乗るまでの期間：5年
起業して良かったこと：真剣に学んで、しっかり稼いで、本気で遊ぶことができる
起業して大変なこと：仕事のウエイトが高く、家族や自分の時間の上手なやりくりが必要
今まで続いている秘訣：スタッフはその家族も含めて快適に働けるように環境や働き方を整えている。家族構成や住む場所、ライフステージに合わせて、無理のないように就業規則を作成している。そのためか、10年、15と長年働いているスタッフがたくさんいて、ずっと支えられている
仕事上のポリシー：経営者として、人として、倫理的に正しく仕事をする
生きていく上で大切にしていること："give and take"ではなく"give and give"の精神。自分が受けた親切は、その人に返すということだけではなく、自分も別の人に与えることで、それが巡り、繋がっていくと考える
今後の展開：表参道本店を、同じ価値観の仲間が集う場所として開放し、「My organic labo」とともに文化交流の場として育んでいきたい
起業したい人へのアドバイス：やりたいことをひとつに絞らずに、いろいろと種を播（ま）きながら、急がずに、伸ばせるものを伸ばしていく。好きなことしか継続できないので、結果、必要のないものが削がれていくといい

"

この店では、花が主役で私は脇役。
表現者ではなく裏方として、
大好きな花と
日々、向き合っている

大松和子
Kazuko Ohmatsu

フラワーショップ
「CHIC FLOWER STAND」店主

　子供の頃から、花は常に身近にあったのだと話す大松和子さん。「両親は庭いじりが好きで、庭の花を摘んで学校の先生に『飾ってください』って持っていくような家庭だったんです」。大学時代からフラワーアレンジメント教室に通ったり、社会人になってからも「いけばな草月流」で事務職で働きながら、家元主催の教室で勉強する機会に恵まれる。とはいえ、その頃は、花は大好きで生活の中で欠かせない存在だったけれども、それを仕事にしようと強く意識

はしていなかったのだそう。けれども、有名なグラフィックデザイナーの事務所で、やはり事務職で仕事をしていた時に、気持ちの変化が起こる。「そこは、岡本一宣さんという有名なデザイナーの事務所で、スタッフは皆、スキルを磨いていつか独立をするという気持ちで、夜遅くまで必死で働いていました。自分のやりたいことに真摯に向き合っている姿を見て、私も何かしたいって思ったんですよね」。

　大松さんの好きなこと、したいことは、花に向き合い、多くの人に届けることだった。そして、30歳になると、老舗のフラワーショップ「ゴトウフローリスト」で働くことを決める。花屋の仕事は、美しい花から受ける印象とは裏腹に、朝が早く、常に掃除、花を新鮮に保つために気温を低くした店内での立ち仕事、そし

て力仕事と"体育会系の仕事"だとも言われる。「もう本当に大変で。最初は、明日から来なくていいって言われるんじゃないかって、いつもドキドキしながら働いていました」。憧れていた花束を作ることもなかなかやらせてはもらえない。「勤め始めて3カ月が経った頃、やっと3000円の花束を作らせてもらいました。それから、5000円、1万円とだんだん大きな仕事を任せてもらえるんです」。ここには13年間勤務、「ゴトウフローリスト」のやり方がしっかりと身につき、いよいよ自分の花屋をオープンするという目標を掲げて、独立をすることになる。

フリーランスのフローリストとして、最初に始めたのは、鎌倉にある知り合いのコーヒースタンドのエントランスに設置されたウッドデッキのスペースを使った、週末だけの小さなフラワースタンドだった。「花市場でウッドデッキに乗る分だけの自分の好きな花を仕入れて、並べるんです。コーヒーを飲みに来た人が、ついでにって花を1本、2本と買ってくれるのが嬉しかったですね」。やがて、ちょうどこのコーヒースタンドの近くにあった、理想的な物件と巡り会う。そこは、鎌倉駅から徒歩3分という好立地ながら、大通りから少し外れた路地に位置していて、ゆったりと時間の流れる場所だった。「以前は、おばあさんがふたりで経営する西洋菓子店で。丸みのある窓枠や、

バックヤードに続くドアも、どこかノスタルジックでいい雰囲気。憧れていた場所だったのでありがたかったですね」。そして、この物件の持つ居心地の良さを生かしつつ、壁や床を塗装して、店の中央には、「主役のお花がきれいに見えるように」花々をディスプレイ、スポットライトも設置した。「目標にしているのは、街の小さな花屋さん。華やかでなくてもいいんです。ここに住む人が、花が欲しいって思った時に、"そこにある店"でありたいんです」。

ちょうど店を始めてからコロナ禍になり、それでも花市場は開いていて、花を求める人が訪ねてきてくれて、今は、少しずつ常連客も増えていると話してくれた大松さん。「なんとか店が回っていても、不安は常にありますね。自分のこのやり方でいいのかなって」。ある時この悩みを、同じように独立して自分の店を始めた先輩に話したところ、「その不安は、どんなに店がうまくいっても、いつになっても消えないよ」と教えてくれたのだそう。「だから割り切らないとって、今は思っています」。

CHIC FLOWER STAND

「CHIC FLOWER STAND」について

神奈川県、鎌倉駅から徒歩3分の路地にある小さな花屋。店内には、季節ごとに色とりどりの花が、まるで役者が舞台に並んでいるかのように美しく並ぶ。オリジナルのルームスプレーやフラワーバッグも販売。また、ブーケやスワッグ、リースなどを手作りする、少人数制レッスンを月に一度のペースで開催している
URL：https：//chic-flowerstand.com/

屋号：CHIC FLOWER STAND
シック フラワー スタンド
業種：生花の販売、レッスン開催、ブライダル
現在の拠点：神奈川・鎌倉
出身：神奈川県
現在の年齢：47歳
バックグラウンド：両親が庭いじりが好きで、子供の頃から花が身近にあった。大学時代にフラワーアレンジメントの教室に通う。卒業後、イベント会社の事務職を経て、2000年、25歳で一般財団法人草月会（いけばな草月流）に1年半、事務職で勤務。在籍中は家元教室にも通う。その後、森美術館のミュージアムショップで販売の仕事、岡本一宣デザイン事務所での事務職を経て、2006年、30歳の時に六本木にある花屋「ゴトウフローリスト」で働き始める。2016年、40歳の時から、週末に個人でコーヒースタンドの店先で生花の販売を行う。2019年、43歳で自分の店をオープン
創業年：2019年
起業した年齢：43歳
初期費用：400万円（自己資金）
事業形態：個人事業主
スタッフの数：本人のみ
起業前に準備したこと：老舗の花屋で働いたこと、そのほか全ての経験が、今に繋がっている
起業してから軌道に乗るまでの期間：今もギリギリの状態
起業して良かったこと：全て自分で決められること。例えばコロナ禍で、店を開けるか閉めるかの判断も自分次第
起業して大変なこと：自分のやり方でいいのか、という不安が常にある
今まで続いている秘訣：花が好きだという気持ちがあるから。それがなくなったら、続ける意味がない
仕事上のポリシー：花が主役、自分は脇役に徹する
生きていく上で大切にしていること：まわりの人への感謝の気持ちを忘れない
今後の展開：これからもずっと、街の花屋として、決まった時間にここにいる存在でありたい
起業したい人へのアドバイス：やりたいと思ったら、やる。できるできないではなく、やるかやらないか。まずやってみることで前へ進んでいける

CHIC FLOWER STAND

OPEN 11:00 - 17:00
CLOSE WEDNESDAY, THURSDAY

May your days be as beautiful as flowers !

50歳からはボーナスステージ。
大好きなシルバージュエリーの
輸入販売をのびのびと
自分らしく展開していく

児玉奈緒子
Naoko Kodama

シルバージュエリー
「Atelier Panero」代表

美しい天然石を使った大ぶりのシルバージュエリーを、海外から仕入れて、定期的にポップアップショップで、オンラインストアで、販売をする児玉奈緒子さん。この仕事を始めることになったきっかけは、新卒で入社した大手建設会社のシンガポール支店に勤務していた頃に遡る。「30歳を目前に、単調だった生活を変えてみたくなったんです。シンガポール支店発足に伴って現地スタッフが必要だと聞いて『私に行かせてください』って手をあげたんです」。

ずっと経理の仕事をしていた児玉さんは、新しいオフィスにうってつけの人材。スムーズにことは運び、シンガポールでの新しい生活が始まった。「ホームシックになんて全くならなくて。世界各国の友達がたくさんできて楽しかった。世の中にはこんなにユニークな人たちがいるんだって、私もそのひとりになれたような気がしました」。シンガポールの街には、レストランやアパレルショップ、雑貨屋など、気に入ってよく行く店もたくさんできた。なかでも、オフィスの近くにあった、洋服やバッグ、アクセサリーなどのセレクトショップには、児玉さん好みのものがたくさんあり、頻繁に通っていたと言う。「その店の名前が"パネロ"だったんです。天然石のシルバージュエリーに出会ったのもここ。一番最初に手に入れたのは、ティアドロップの形

で中央にアクアマリンの石をはめ込んだもので、もう20年以上愛用しているんです」。それから、その店のオーナー家族とは自宅に招いてもらえるような親しい間柄になった。

このシンガポールでの生活は、4年半。2001年に日本に帰国すると、外資系の時計とジュエリーを扱う会社の、今までと同じ経理畑で、新しいキャリアをスタートさせる。また、休暇にはシンガポールに出かけ、セレクトショップ"パネロ"を訪れ、オーナー家族との交流を続けていた。そして、2011年に彼らが、東京で開催される宝石の見本市「国際宝飾展」に出展することになり、その手伝いを頼まれる。「見本市では、期待に反して全く引きがなくて。『インドから持ってきたジュエリーを全て預けるのでよろしく』って託されることになったんです。毎週自宅に友人たちを呼んでは、気に入ってくれた人に販売するということを続けていました」。その年の夏休みには、彼らの仕入れ先、シルバージュエリーを作っているインド、ラジャスタン州ジャイプルのアトリエに、初めて連れていってもらう。「そこには、サンプルを仕舞う大きな引き出しがあって、色とりどり、さまざまなデザインの美しいシルバージュエリーがぎっしり。もう無我夢中になって、欲しいものを探しました」。

その後、18年勤めた会社を退職することを決める。やりがいはあったけれども、50歳になった時に、急に"定年"という言葉が頭をよぎるようになったのだという。「優秀な後輩たちがいて、そして自分はだんだんと新しいことを覚えるのが苦になってきた。この状況を変えないといけないって、モヤモヤする日々でした」。そして、趣味のように細々と続けてきた、シルバージュエリーの輸入販売の仕事を本格的にスタートさせる。「50歳から先は、ボーナスステージだと思っているんです。今までは組織の中で地道に仕事をしてきた、これからは自由に自分の思うままに好きなことをしてもいいかなって」。シンガポールの"パネロ"は2015年に家賃の高騰などを理由に、店を閉じてしまったのだとか。児玉さんは、今、大好きだったその店の屋号とその業務をまるで引き継ぐかのように、そしてそこに自分らしいエッセンスをプラスしながら、日本での販売を展開している。「近い将来、シンガポールにお店を開きたいって考えているんです。里帰り出店ですかね（笑）」。日本とシンガポールの2カ所に拠点ができるのも、これからの児玉さんらしい暮らしに一役買いそうだ。

「Atelier Panero」について

インド、ラジャスタン州ジャイプルのアトリエにて制作された、個性的でモード感あふれる大振りなシルバージュエリーをメインに輸入・販売するブランド。シルバー925の地金と彩り豊かな天然石をあしらった上品なデザインが人気。オンラインショップでの販売のほか、年に6回ほどポップアップショップを開催、卸しもしている
URL：https://atelier-panero.com/

屋号：Atelier Panero（アトリエ パネロ）
業種：シルバージュエリーの輸入・販売
現在の拠点：東京都大田区
出身：神奈川県
現在の年齢：54歳
バックグラウンド：大学卒業後、大手建設会社に就職、財務・経理の部署に配属される。7年目に、同会社のシンガポール支店発足に伴い、現地スタッフに立候補、1997年、29歳の時に、海外に拠点を移す。4年半シンガポールで仕事に従事した後、転職し、日本帰国。2001年、33歳から、ヨーロッパの老舗ジュエリー・時計ブランドを傘下に置く会社「LVMH ウォッチ・ジュエリージャパン」に、18年勤務する。趣味の一環でしていたシルバージュエリーの仕入れを本格的にするために、2020年、52歳で開業する
創業年：2020年
起業した年齢：52歳
初期費用：約100万円（自己資金）
事業形態：個人事業主
スタッフの数：本人のみ
起業前に準備したこと：シンガポール移住時代に繋がりのできたショップオーナーとの交流を続けていたことで、シルバージュエリーの輸入をするための道筋ができた
起業してから軌道に乗るまでの期間："ビギナーズラック"で、友人たちのおかげもあって、開業から2年間は多くのお客さんに恵まれた。3年目のこれからが勝負だと思う
起業して良かったこと：時間の使い方が自由、組織に縛られない
起業して大変なこと：スケジュール管理を誰もしてくれないので、自分でコントロールしなければいけない。今は"朝のひとりミーティング"をして1日の仕事のリズムを作っている
今まで続いている秘訣：好きなものを扱っていること。シルバージュエリーを買いつけるときは、自分でも身につけられるものを意識する。実際に自分でも使っている
仕事上のポリシー：正しく、誠実に。何かトラブルが発生した時は、早めに関係各所に報告をする、それが結果自分を守ることにも繋がる
生きていく上で大切にしていること：周りの人たちと信頼関係を作る、「あの人なら間違いない」と言われるように
今後の展開：シンガポールでのポップアップショップの実現、その先の目標は、

シンガポールに実店舗を出すこと。また、メンズラインも展開していきたい

起業したい人へのアドバイス：全てひとりでやろうとしないで、自分が不得手なことは、得意な人に依頼し、いい形でまわりを巻き込んでいくといい

> 絵本業界の人たちは魅力的な人ばかり。
> 自分が好きなことを
> 仕事にするというよりは、
> 好きな仲間と仕事をするのが楽しい

いしいあや

Aya Ishii

絵本専門店
「ニジノ絵本屋」代表

　いしいあやさんが、絵本専門店を始めることになったきっかけは、保険調剤薬局で働いていた時。仕事の繋がりで、医療機関ばかりが入った雑居ビルの中の 1.5 坪の空きスペースができた時、「この場所で何かできないか」と相談されたことだ。「小児科医院の近くだったので、絵本を展示販売してみようと思いました」。小さな空間だったため、家賃は高くはなかった。それでも、仕入れをする必要があり、アルバイトのスタッフも雇いたい。そしてもちろん、売り上げはきちんと立てていかなければならなかった。そのためには、魅力的な空間作りから。まずは、壁をぱっと明るい山吹色にし、棚を取り付けて、そこに絵本を賑やかにディスプレイ。POP を書いたり雑貨も一緒に置いて、訪れる人が楽しい気持ちになれる工夫をそこかしこに施した。「仕入れに関しても全くの素人で、本の街・神保町に出かけてリサーチしたり、小規模書店の開発の仕事をしている方に相談したりしました。実績がないため最初は取次を通すことが難しくて、出版社や作家さんから直接仕入れることで、なんとか形になったという感じでしたね」。一冊売れたら、一冊仕入れるという具合に、スローペースで地道なビジネスだったという。「そうしているうちに、病院に来た患者さんからうちの娘が絵本作家をしていると教えてもらった

りして。ほかにも作家さんとの繋がりが少しずつできてきて、絵本を直接仕入れて、同時に原画展を開催したりもするようになりました」。その流れで、近隣の医療機関の待合室や保育園、幼児教室などで"絵本の読み聞かせ"を開催することになる。そしてだんだんと、地域に「ニジノ絵本屋」の存在を知ってもらえるようになった。

「ちょうどその頃、店で絵本を出版することにしました。仕入れのハードルが高かったので、自分たちで商品を作って売ればいいんじゃないかって思ったんです」。最初に手がけた絵本は、あるクラフトマーケットで知り合った、原田しんやと関かおりによるイラストレーターユニット"はらぺこめがね"作の食にまつわる絵本、『フルーツポンチ』。その後、『すきやき』『ハンバーガー』と続けて3冊を出版する。「絵本専門店が自分たちで絵本を出版することは珍しいかもしれないけれど、あえて挑戦するからには"一発屋"にはなりたくなかった。まずは2年間で3冊をしっかりと出していこうと決めたんです」。最初の印刷部数は、それぞれ1000〜2000部。店での販売のほか、卸しも叶い、4000部まで増刷した。「絵本専門店を始めて2年目にスタートした絵本出版は、もう11年。これまでに一緒に絵本制作をした作家は20人を超え、30冊のタイトルが揃います」。

最初の店がオープンしてから6年が経った頃、同じ都立大学駅近くの路面店へと移転することになる。その場所はもともと客としてよく通っていたキャンドルと器の店。店を閉めることになったのでここに移転しませんか、と声をかけてくださったのだそう。1.5坪の雑居ビルの中の店が7坪の路面店に、大きく前進した。そして、株式会社を設立、いしいさんが37歳の時だった。この後は、完全に自分の店として絵本専門店経営に100%、全力投球することができるようになったという。店が広くなったことで、読み聞かせや紙芝居、音楽の演奏を演出に取り入れた絵本ライブのイベントもより頻繁に開催できるようになった。コロナ禍になってからは、オンラインイベントを精力的に開催、こちらも好評だ。

「絵本が好きなのはもちろん、絵本を取り巻く人たちが好きなんです」。絵本作家、デザイナーやクリエイター、絵本を手にする子供たち、親たち。そんな好きな人たちを繋いでいきたいという気持ちがあって、だから、やりたいことが次から次へと思い浮かぶ。そして、それを確実に形にしている。

nijino picture book store
ニジノ絵本屋

「ニジノ絵本屋」について
東京・都立大学駅にある、夢いっぱい
の絵本専門店。セレクトした日本の絵
本を中心に、「ニジノ絵本屋」で出版し
た絵本も販売。店内にはギャラリース
ペースもあり、絵本の原画展などを開
催する。また、子供の年齢や季節に合
わせて「ニジノ絵本屋」がセレクトし
た絵本を送付する「絵本の定期便」も
好評だ。オンラインショップあり
URL：http://nijinoehonya.com

屋号：ニジノ絵本屋
業種：絵本専門店経営
現在の拠点：東京都目黒区
出身：東京都
現在の年齢：43 歳
バックグラウンド：高校卒業後、やりた
いことが見つからず、親の勧めで「セツ
モードセミナー」に 1 年間通う。その
後、保険調剤薬局に就職。退職し、石
垣島に 1 年移住。東京に戻り、再び保
険調剤薬局に勤務、店舗立ち上げ等に
携わる。2011 年、30 歳の時、仕事で
繋がりのあった、東急東横線、都立大
学駅近くの小児科医院ほか医療機関が
多く入った雑居ビルの 1.5 坪の空きス
ペースで、子供向けの絵本専門店をス
タート。しばらくは保険調剤薬局勤務

と二足の草鞋（わらじ）で仕事をする。2017 年、
36 歳の時に、同じ都立大学駅近くの 7
坪の物件に出会い移転。絵本屋経営に
専念するために法人化する
創業年：2011 年
起業した年齢：30 歳
初期費用：非公開
事業形態：株式会社
スタッフの数：7 名（本人含む）、ほか外
部パートナーもあり
起業前に準備したこと：個人事業主で始
めた最初の店の時は、行き当たりばっ
たり。店舗を移転し法人化する時には、
中小企業診断士や税理士、商工会議所
の専門家を紹介してもらい、会社設立、
経営のためのリサーチをした
起業してから軌道に乗るまでの期間："軌
道に乗った"といった感覚はいまだに
ない
起業して良かったこと：自分のペースで
全力で仕事に取り組める。やりたいと
思ったことにチャレンジできる環境を
自分と仲間で作っていける。仕事のや
りがいが生きがいに直結していると感
じられる
起業して大変なこと：持病があり、長期
入院をしていた時期もある。ほかのス
タッフの助けもありなんとか乗り切っ
ている
今まで続いている秘訣：全てにおいてこ
だわりを持たないこと。「書店、出版社
はこうあるべき」と考えずに、「これい
いな」「これ楽しいな」と思うことを、
どんどん実践している。それから、外
部パートナーを含めて、仲間の協力が
なければ続けられなかったと思う
仕事上のポリシー：自分の感覚を大切に
している。何かが違うと思ったことに

は手を出さない

生きていく上で大切にしていること：美味しいものをたくさん食べる、ちゃんと寝る、毎日お風呂に入る、歯を磨く……そうした当たり前のこと

今後の展開：店舗を今の2倍くらいに、もっと広くして、ライブや講演、ワークショップの回数を増やしたい。これまで、"絵本ライブ"で大型ロックフェスティバルに参加している。「サマー・ソニック」と「グリーンルーム・フェスティバル」には出演できたので、次は「フジロックフェスティバル」を目標にしている。イタリアで毎年開催される世界で唯一の子供の本専門の見本市「ボローニャ・チルドレンズ・ブックフェア」にも出展したい

起業したい人へのアドバイス：とりあえず起業してみて、走りながら調整していく、帳尻合わせをしていくといい。何度でもやり直せるし、途中でやめてもいい、柔軟な気持ちを持ってスタートを！

撮影協力：CEDOK zakkastore ASAKUSA

> "
> バイヤーの仕事を通して
> 定期的に訪れるタイとイラン。
> 訪れるたびに発見があり、
> 新鮮な気持ちで仕事ができる

神田陽子
Yoko Kanda

雑貨輸入業
「OKKO YOKKO」代表

　春夏はタイへ、秋冬はイランへ、定期的に雑貨の買いつけに出かけ、東京を中心とした展示販売をして生業にしている、神田陽子さん。神田さんの買いつける雑貨には、不思議な魅力がある。日本に入っていそうで入っていないもの。自ら現地に赴いて、地元の人たちと関係を築きながら、本気で仕入れてきたものには、味わいがあり、どこか温かみがある。

　神田さんが、生まれ育った新潟から上京したのは18歳の時。それからまもなく、表参道を歩いている時

に、ヘアサロンのモデルにスカウトされる。そして、撮影された写真が雑誌に掲載されると、大手モデルクラブから声がかかり、プロのモデルとしての活動がスタートする。「最初は、ポートフォリオに載せてもオファーがなくて。ある日、ショートカットにしたら、急に仕事が入るようになったんです（笑）」。それから、マクドナルドやロッテのチョコパイ、三菱電機の洗濯機と、CMを中心に大きな仕事が次々と舞い込んだ。ギャランティのほかにロイヤリティも入り、若くしてちょっとした蓄えができたのだと話す。そして、22歳の時に、初めての海外旅行へ、ロンドン、パリ、ローマを周遊するツアーに参加する。「街を歩いている人が皆お洒落でキラキラと輝いて見えました」。その後、海外旅行の魅力にはまり、ヨーロッパ各国、アメリ

カ、メキシコ、カナダなどを旅するようになる。そして、都会への旅に飽き始めた頃、バックパッカーになり、"ディープアジア"の旅へと、はまっていく。「初めて訪れたタイでは、その頃の人生最大の衝撃を受けました。夜遅くにチェックインしたホテルがあったのはバンコク最大の歓楽街。外に出たら、大きな象がのっしのっしと歩いていて、目の前には天秤棒（てんびんぼう）を担いでゆで卵を売っているおじいさん。ドアが開いてる店を覗くと、番号札をつけたほぼ裸の女性たち。もう何がなんだか、すさまじいカオスでした」。この時バンコクで感じた"人間のもつ強力なエネルギー"にすっかり魅せられ、その数年後、タイ・バンコクへ語学留学をすることになる。

タイでは、学校に通い、現地コーディネーターの仕事をしながら、バンコクを拠点にさまざまなエリアを旅して暮らした。チェンマイの山岳地方の民族を訪ねるトレッキングツアーにも参加する。「象に乗って山奥の村に行きました。こんな山深い場所にも人間が住んでいるんだって、驚きました」。そこでは、モン族のおばあちゃんの家に招かれ、手仕事で成り立つ生活を目の当たりにすることになる。これをきっかけに、タイで作られる生活雑貨や小物の面白さに目覚め、日本に帰国してからも、定期的にタイを訪れ、雑貨の買いつけをするようになる。そして、2010

年に、「OKKO YOKKO」の屋号で起業、自らが掘り起こしたタイの雑貨を販売するネットショップをオープン。その後は、さまざまな場所で展示販売をしたり、委託での販売もするようになる。

神田さんが定期的に雑貨を買いつけに行くもうひとつの国は、イラン。イラン北部にある小さな村のおばあちゃんたちの手作りだという手編みの靴下を仕入れて販売しているのだ。最初にこの靴下を知ったのは、東京で開催されていた雑貨の見本市でのイランのブース。この靴下が生まれる村を訪れたいと調査をすると、友人の知り合いのイラン人で現地ガイドをしている男性を紹介される。そして偶然にも、彼がたまたま、その村の出身だった。そのため、外国人には敷居の高い、この小さな村での買いつけも、スムーズにできているのだそうだ。「今は、主に夏の雑貨はタイへ。冬の雑貨はイランへ買いつけに行くというパターンです。心から好きだと思えるふたつの国にターゲットを絞り込んで、できるだけ自分の足を使って自分の心が動いたものだけを買いつける。現地での人との繋がりを大切に、もっともっと深掘りしていきたいですね」。

OKKO YOKKO

「OKKO YOKKO」について
タイとイランのふたつの国に絞り、さまざまな雑貨を直接現地で仕入れ、日本で販売。定期的に日本各地で展示販売会を開催する。代表的な商品は、イランのおばあちゃんによる手編みの靴下、タイのファブリックや生活雑貨など。買いつけたものに手を加えてオリジナル雑貨も製作・販売している
URL：Instagram @okkoyokko

屋号：OKKO YOKKO（オッコ ヨッコ）
業種：雑貨輸入・販売
現在の拠点：東京都
出身：新潟県
現在の年齢：非公開
バックグラウンド：18歳の時に上京。表参道で声をかけられ、モデルの道へ。大手モデル事務所に所属し、雑誌や広告、CMなど、幅広く活躍する。同時に、メガネのセレクトショップでアルバイトを始める。22歳の時に初めての海外旅行でヨーロッパへ、その後、世界各国を旅するようになる。モデルをやめて、アルバイト先のメガネ店に就職。仕事をしながら、世界中をバックパッカーとして旅する。その時訪れたタイに魅せられ、メガネ店を退職、約2年間タイへ語学留学、現地コーディネーターの仕事もする。帰国後、再びメガネ店へ就職、やがて取締役に就任する。2009年、退任し、翌年、オンラインストアを立ち上げ起業する
創業年：2010年
起業した年齢：非公開

初期費用：非公開
事業形態：個人事業主
スタッフの数：本人のみ
起業前に準備したこと：独学でネットショップの勉強をし、立ち上げた
起業してから軌道に乗るまでの期間：約3年。週5日アルバイトをしながらという状況から、週3日、週1日と減らして、徐々に本業1本に移行した
起業して良かったこと：何かにコントロールされることなく、全て自分のペースで仕事ができる
起業して大変なこと：苦手なことも全てひとりでやらなければいけないこと（荷造りや梱包が苦手）
今まで続いている秘訣：輸入元の国を、春夏はタイ、秋冬はイランのふたつに絞って、それぞれの国で太いパイプを作っていること
仕事上のポリシー：作る人良し、売る人良し、買う人良し、この3つが揃ったことだけをする
生きていく上で大切にしていること：心身ともに健康でいること。ジムに通ったり、毎日の食事に気を配っている
今後の展開：雑貨を通してタイやイランの文化を自分なりに深掘りしたい
起業したい人へのアドバイス：人生はミラクル！ 知らないこと、びっくりすることがまだまだたくさんあるはず。自分の内側にある純粋な気持ちを大切に、諦めずに動いてみるといい

イランのおばあちゃんの
手編くつ下

> 自分の淹れるコーヒーで、
> 目の前の人、隣の人を笑顔にするには
> どうすればいいのかを
> いつも考えている

しば田ゆき
Yuki Shibata

コーヒーショップ
「オトナリ珈琲」店主

　生まれ育ったのは栃木県、信州大学人文学部に進学し、学生時代は長野県松本市に暮らしていたしば田ゆきさん。「一度外から日本を見てみたい」と、2年生が終わってから「ワーキング・ホリデー」の制度を使って、オーストラリアのシドニー、メルボルンで1年間働きながら暮らすという経験をする。「コーヒーショップで働きたくて、現地の店に履歴書を100通持って行ったんです。でも採用してもらえなくて、日本食のレストランで働きながら勉強をしてい

ました」。オーストラリアはコーヒー文化の先進国として、特にメルボルンは世界的にも有名な街だ。地元の人たちの生活に溶け込んだ、気軽に立ち寄れるコーヒースタンドがそこかしこにある。今でこそ日本でもよく見かける光景だが、当時、しば田さんの目にはその街の姿は新鮮に映った。「コーヒーショップには毎日通って、お気に入りのメニューを見つけたり、バリスタと会話を楽しんだり、異国での生活の中でアイデンティティを取り戻せる場所でした」。そして、いつか自分のコーヒーショップを持ちたい、日本に戻ったらコーヒーのことをきちんと勉強しようと決めたのだそう。
　帰国後は、松本駅前にある大手コーヒーショップチェーン「タリーズコーヒー」でアルバイトを始める。そこではコーヒーショップでの

仕事のイロハを存分に吸収する。「常に同じ味を出すことが求められました。けれども毎日違うことが起きている。そのあたりの折り合いを見つけたくて、あとは自分で実際に試してみて答えを見つけようと思いました。自分らしいコーヒーとのかかわり方、提供の仕方、スタイルを探したいなって」。その後、上京し、いくつかのコーヒーショップの立ち上げに携わることになる。駒込の「百塔珈琲 shimofuri」では店長を任され、北千住の劇場「BUoY（ブイ）」に併設されたカフェのコンセプト作り、メニュー開発などの監修をする。「“ぶれるカフェ”というコンセプトを考えたんです。レシピが同じでも、その時の環境や気分でバリスタが出せる味は変わってくるはずで、自由にアレンジをしながらその時その時の味を提供することが“演劇的”だと思ったんです」。また、「デクノボー喫茶」という屋号で、出張珈琲ショップも展開する。書店やギャラリー、さまざまなイベント会場に出向いて、それぞれのイベントのテーマに合わせてドリップコーヒーを提供する「物々交換珈琲」や「忘れられない珈琲展」など、一風変わったコーヒーの活動もした。

こうした数々の経験を糧に「オトナリ珈琲」を立ち上げたのは、2020年5月、コロナ禍になってから。まずは、コーヒー豆のオンライン販売からスタートした。「その人に合った

コーヒー豆を選ぶ」をコンセプトに、質問に答えてもらう形で理想のコーヒー豆を提案するというしかけを作る。販売するコーヒー豆は、しば田さん自らが口にして共感できたロースタリーの豆。シングルオリジンもあれば、ブレンドもある。「どこのコーヒー豆が一番という考え方ではなく、お客さんの好みや気分を聞いて、寄り添って選んであげることができたらなと思っているんです」。翌年10月には、コーヒーショップをオープンする。場所は、神保町の路地裏、コインランドリーの2階だ。この物件を、建築の仕事をする友人と、解体する家からもらった廃材や、古道具屋などで手に入れた家具、アート作品などをアレンジして、セルフビルドする感覚で整えてきたという。「テーブルや椅子の高さも、場作りの観点からいくつか変化をつけました。ひとりで読書をしたい人、友達とおしゃべりをしたい人たち、仕事をするビジネスパーソンなど、皆がひとつの空間で共存できるようにしたかったんです」。そんな思いの詰まった店には、開業と同時にしば田さんの淹れるコーヒーを飲みたいファンが集う。「このあたりは事務所も多くて。出勤前や休憩時間に寄ってくれるんです」。今では、地元の常連客が多くいるそうだ。

オトナリ
珈琲

otonari coffee

「オトナリ珈琲」について
東京・神保町にある、コーヒーショップ。落ち着いた空間に、ユーズドのテーブルや椅子、さりげなく置かれたアートが、お洒落。コーヒー豆は月替わり、全国のスペシャルティコーヒーを焙煎する店から厳選した豆を使ったコーヒーを提供する。ホームメイドのスイーツや、コーヒー以外のドリンク、コーヒーを使ったカクテルなどもある。また、コーヒーにまつわる WEB メディアも運営している
URL：https：//otnrcoffee.com/

屋号：オトナリ珈琲
業種：コーヒーショップ
現在の拠点：東京都・神保町
出身：栃木県
現在の年齢：30 代前半
バックグラウンド：大学在学中に 1 年間休学し「ワーキング・ホリデー」の制度を使ってオーストラリアへ、現地のコーヒーカルチャーに刺激を受ける。帰国後、大学の近く、松本駅にある「タリーズコーヒー」で 2 年間アルバイト。卒業後はカタログギフトの会社で営業を 3 年、その後、駒込の「百塔珈琲 shimofuri」の店長ほかいくつかのカフェの立ち上げの仕事、「デクノボー喫茶」と名づけた出張珈琲イベント等の

活動を経て、2020 年 5 月にコーヒー豆を販売するオンラインショップをスタート、2021 年 10 月に神保町にコーヒーショップをオープン
創業年：2020 年
起業した年齢：30 代前半
初期費用：400 万円（自己資金）
事業形態：個人事業主
スタッフの数：3 人（本人含む）
起業前に準備したこと：大手のコーヒーショップでアルバイトをして、バリスタの仕事などコーヒーにまつわる基本を働きながら学ぶ。その後は、自分のスタイルを見つけるために、独学でコーヒーと向き合った
起業してから軌道に乗るまでの期間：1 年くらい
起業して良かったこと：人と人とのやりとりがあり、温もりのある場所を提供しているという実感がある
起業して大変なこと：SNS との付き合い方
今まで続いている秘訣：明確なゴールを決めて逆算して考えるのではなく、今目の前にあるひとつひとつを大切にして未来に繋げていくという意識でいること
仕事上のポリシー："手触り"を大切にする。コーヒーを淹れるのも、接客も、ルールを決め、従うのではなく、その時々の実際の状況に合わせるようにする
生きていく上で大切にしていること：あらゆるもの、ことに愛をもって生きること
今後の展開：2 号店を東京の東側に、その街にあったスタイルで作りたい
起業したい人へのアドバイス：大切なのは、始めるよりも続けること

> **"**
> 私の仕事は
> イメージをかたちにすること。
> 自家製パンでサンドイッチを作るのも、
> 自己表現のひとつ

森田三和
Miwa Morita

ベーカリー
「MIA'S BREAD」店主

　パン作りは高校生の時から、レシピ本を開きながら見よう見まねで始めたのだと話す、森田三和さん。芸大に通っていた頃は、課題の制作に行き詰まるとパンを焼く。そうすることでエネルギーがチャージされ、元気がみなぎったのだそう。「パンを焼くと、なんだかいろんなことにやる気が起こるんですよね。自分を奮い立たせるために焼いている感じもありました」。

　手作りのパンは、友達にプレゼントすると、おおいに喜ばれた。その

うちに「お金を払うから、焼いてほしい」と言われるようになり、その輪は友達からその友達、そのまた友達という具合にどんどん広がっていった。そして、そんなニーズに応えるかたちで、「ミアズブレッド」の屋号で自家製パンの受注生産を始めるようになる。もともと「自分の心が動くことを仕事にしよう、オリジナルな生き方がしたい」という気持ちが強くあったという森田さん。雑貨店経営やグラフィックデザイナーの仕事を経て、大好きな"パン"を仕事にすることは自然な流れ、そして自分を表現することの手段でもあった。

　その後、27歳で結婚、30歳で第1子、33歳で第2子の出産を経験する。育児に追われる最中も、パンの評判は口コミで広がって、忙しさに拍車がかかる。そのうちにパート

ナーにも手伝ってもらい、毎日パンを焼くようになる。「最初は配達のみの販売方法だったのが、新聞で取り上げられたことがきっかけで、訪ねて来る方が多くなって店頭販売を始めました。そこで多めに作ったパンを並べたり、食べ方の提案のひとつとして野菜たっぷりのサンドイッチにしたらこれも好評で。どんどん人が集まってきました」。それから、自宅の敷地内に小屋を建てて休憩スペースを作り、それがカフェに変わり、接客をするスタッフも雇うことに。住宅地の中にあった知る人ぞ知るベーカリーは、遠方からも客が訪れる人気店に成長した。

けれどもそんな順風満帆に見えた流れに変化が訪れる。「ベーカリーの仕事は体力勝負。早朝２時に起きて仕込みを始め、途中で眠そうな主人を起こして手伝ってもらう日々が20年続きました。私は好きで始めたことだけど、主人は私を助けるために続けていたことなので申し訳ない気持ちもありましたね。50歳を過ぎてふたりして体力がなくなっていく現実に向き合って、不安が襲ってきたんです」。その後、紆余曲折を経て離婚、それをきっかけに「ミアズブレッド」の新しい章が始まることになる。「一瞬廃業も過ったのですが、何よりもミアズブレッドを通じて知り合った人々に会えなくなると思うと、廃業するのは今じゃないって思いました」。

それから、新しいベイカーを見つけて人手を確保し、「ミアズブレッド」オリジナルのパンのレシピを守りつつ、今やこの店の代名詞でもある"野菜たっぷりサンドイッチ"を提供し続けて今に至る。店舗も郊外の佐紀町のほか、近鉄奈良駅の近くに小さな店を構えたが、５年前には地元の人も観光客も来やすい、勝南院町（ならまち）へ移転した。１階がパン屋、２、３階をカフェとして営業。日によっては店の前に行列ができ、この町に欠かせない存在になった。「場所柄観光客はもちろん、10年前、20年前に通ってくれていたお客さんが、懐かしい味を求めて店に来てくれたりもして。そんな時、パンを作ることは"文化"や"時代"を作ることなんだなって感じるんです。そして私にとっては、自分の思いや考えを表現すること、自己表現の活動そのものなんだなって」。

今年で60歳になるという森田さん。商品のパッケージを自分でデザインしたり、オリジナルのレシピを生かしたパン作りキットのオンライン販売に着手したりと、今も走り続けている。「でも最終的にはひとりに戻って、気ままにパンを焼いたり文章を書いたりしながら暮らすのもいいかなって思っているんですよね」。

MIA'S BREAD

「MIA'S BREAD」について
ならまちにある、行列ができるキュートなベーカリー。良質の材料にこだわって毎日キッチンで焼き上げるパンは、素朴でどこかクセになる美味しさ。2、3階はカフェスペースになっていて、1階の店舗で購入したパンのほか、季節の野菜をたっぷり使ったサンドイッチなどのオリジナルメニューやドリンクを楽しめる
URL：www.miasbread.com

屋号：MIA'S BREAD（ミアズ ブレッド）
業種：パンの製造・販売
現在の拠点：奈良県・ならまち
出身：奈良県
現在の年齢：60歳
バックグラウンド：芸大在学中からパンを焼き始める。卒業後、22歳の時に雑貨店を開業、常連が来る人気店だったが体を壊して2年で閉店。その後グラフィックデザイナーとして就職。雑貨店〜デザイナーの間も副業としてパンを販売する。1990年、27歳で結婚後も働きながらパンを焼く。第2子出産後にパンの販売がブレイクし、本業になる。1997年、34歳の時、自宅の玄関をパンの販売所にする。同じ敷地に2006年にカフェをオープン。2015年に移転を踏まえて椿井店をオープン。2017年に勝南院町に本店を移転。同年に法人化。2019年に椿井店閉店
創業年：1997年
起業した年齢：34歳

初期費用：1997年の立ち上げ時は、店が自宅の敷地内だったため、なし
事業形態：株式会社
スタッフの数：8人（本人含む）
起業前に準備したこと：自然発生的に始まったので、特に準備はなし
起業してから軌道に乗るまでの期間：自分で焼いたパンを知り合いに売るようになり、だんだんとその範囲が広がって、軌道に乗り始めたので、起業した
起業して良かったこと：パンを食べた人を幸せにできる。自分にしかできないことをして生きている、と感じることができる
起業して大変なこと：とにかく次から次へといろいろなことが起こる。いろいろあってあたりまえ
今まで続いている秘訣：自分が選んで始めたことの上に起こることは明るい未来のためだと信じていること。パンを通して知り合った人々が好きだということ
仕事上のポリシー：人と人とは立場よりも1対1の関係だということ。店と客というより、人と人との付き合いの場だと考えている
生きていく上で大切にしていること：体が資本。毎食全て自分で作って食べる、毎日1km泳ぐことを日課にしている
今後の展開：レシピブックと材料や道具などがセットになったキットを作って販売したい。プライベートでは理想の終（つい）の住処（すみか）を建築中
起業したい人へのアドバイス：どうしようか迷った時には、自分がときめくこと、ワクワクするほうを選んでやってみるといい

57

> "
> 店を持って街に根づくことで、
> さまざまな人たちと繋がって、
> 喜びや楽しみを
> 共有できるのが嬉しい

長谷川ちえ

Chie Hasegawa

器と生活道具の店
「in-kyo」店主

　東京・蔵前で存在感のあった、エッセイストでもある長谷川ちえさんが経営する器と生活道具の店「インキョ」が、東日本大震災から5年後の2016年に福島・三春町に移転するという話は、当時衝撃的なニュースだった。「福島県出身の夫との再婚がきっかけだったのですが、震災直後で被災地に移住することは私自身もずいぶん悩みましたし、まわりからは心配もされました」。それでも、長谷川さんは、福島に戻った夫と一緒に暮らすことをまずは優先し、移住

を決意したことで、お店はどこでもできるという"根拠のない自信"がわいてきた。今までお世話になった人、取引のある作家やお客さん、仲間のことを思うと、すでに根づいた場所から遠く離れても、店は続けるべきだと思ったのだそう。「ある友人に『お店をやめるという選択肢はないの？』と聞かれたのですが、その時に、はっとして、そんなことは思いつきもしなかったって気づいたんです（笑）。そうか、その選択肢もあったよねって」。その後、三春町に移転してからは、仕事だけではなく暮らしを大切に、楽しみながら日々を過ごしているという。

　長谷川さんが最初に東京・蔵前に店を出したのは、2007年、37歳の時だ。それまでは、ある意味自分の好きなことで仕事をするベース作りのような時期が続く。まずは、8年

勤めた大手子供服会社を退職、好きな雑貨をディスプレイする仕事を夢見て、学校に通ったりイベントに顔を出したりするようになる。ある時、東京・代官山で、大御所インテリアスタイリスト、故・岩立通子さんに遭遇。面識はなかったけれども、思い切って声をかけたのだそう。「憧れのインテリアスタイリストさんが目の前にいらして。勇気を出してアシスタント希望の意思をお伝えすると、名刺を下さったんです」。その時はアシスタントの空きはなかったものの、それから月に一度、履歴書代わりにもなるようなスタイリング作品の写真を自分で撮影して岩立さんに送るということを約1年半続けたそう。「結局、アシスタントの仕事に関してはタイミングが合わなかったのですが、この時に続けたことは、今に繋がっているような気がしています」。

スタイリストの道が絶たれ、進路を迷っていた時に恩師が紹介してくれたのが編集者だった。暮らしにまつわる本を出版することになったのはその出会いがきっかけだ。後にその編集者が立ち上げた出版社が蔵前へ移転をした際の建物の一角に、器と生活雑貨の店「インキョ」をオープンする流れとなる。「開業資金も少ない中、これまで自分が好きだった作家の方々にお店でのお取り扱いの依頼をしたり、生活雑貨のセレクトをしたり、短期間で準備するのは大変でした」。そして、出版社主催でイベントやワークショップを行うなど、徐々に人が集う場になったこと、また、蔵前の町自体にも人の流れができていったことは、店の集客の大きな助けにもなった。2012年には同じ蔵前内で物件を探し、単独の店舗として移転。この時には苦労もあったけれども、すでに実績ができていたので銀行からの融資も受けられたり、近所の仲間が移転の作業を手伝ってくれたおかげで、新たなスタートを切ることができたのだと話す。

長谷川さんは、蔵前に店があった時代に自然と集まってきた仲間のことを、親しみを込めて「チーム蔵前」と呼んでいる。「お店を通して、さまざまな人たちと知り合って、喜びや楽しみを共有できることは、この仕事の醍醐味だと思っています」。今は、この福島・三春町に根づき、新しい "繋がり" が、少しずつ広がっている。

in-kyo

「in-kyo」について

東京・蔵前で始まり、現在は、福島・三春町に店を構える、作家ものの器やカトラリー、台所道具、収納のためのかごなど、日々の暮らしの中で長く使っていきたいと思う生活道具を集めた店。不定期で、注目の作家の新作展示販売を開催。また、「aalto coffee（アアルト コーヒー）」のコーヒー豆など、厳選した美味しい食品も販売している
URL：https：//www.in-kyo.net

屋号：in-kyo（インキョ）
業種：器と生活道具の店経営
現在の拠点：福島県田村郡三春町
出身：千葉県
現在の年齢：53 歳
バックグラウンド：短期大学卒業後、大手子供服会社勤務等を経て、雑貨スタイリングの教室に通い、ものや暮らしにまつわる執筆を始める。2007 年、37 歳の時、著書の版元「アノニマ・スタジオ」の蔵前にあったオフィスの一角に、器と生活雑貨の店「in-kyo」1 号店をオープン。2012 年、42 歳の時、蔵前の別の場所に移転。2016 年、46 歳の時、再婚をきっかけに福島県出身の夫とともに、現在の場所へ。エッセイストとして執筆も続けている
創業年：2007 年
起業した年齢：37 歳
初期費用：300 万円（自己資金）
事業形態：個人事業主

スタッフの数：本人のみ
起業前に準備したこと：計画的な開店準備などはしてはいなかったが、雑貨スタイリングの勉強の他、ギャラリーや美術館に通ったり、映画やインテリア雑誌を見ていたことは役立っている
起業してから軌道に乗るまでの期間：蔵前は、問屋が町の中心だったこともあり、店がメディアに取り上げられてからも初めの 1 〜 2 年は静かな町だった。まわりにもお店ができ始めてから徐々に人の流れができ、お客さんも増えた
起業して良かったこと：経営面でもモチベーションの面でも安定させながら、ブレずに続けていること
起業して大変なこと：いつも「私なんかが店を経営していいのだろうか」と不安になるが、お店を通して出会う作家さんやお客さんに引き上げられて続けていられるのだと思う
今まで続いている秘訣：「商売は商い＝飽きない」だとアドバイスをいただいた。人に喜んでもらうために、まずは自分が飽きずに心から楽しむこと
仕事上のポリシー：仕事は表現することのひとつ（詩人の故・永井宏さんに教えてもらったことのひとつ）
生きていく上で大切にしていること：すこやかであること。そのために、掃除をしたり、花瓶の水を替えたり、日々の暮らしの中で空気を澱ませない工夫をする
今後の展開：暮らしの学校を作りたい
起業したい人へのアドバイス：自分が好きなこと、やりたいこと、同時にやりたくないこと、実現するために必要な数字も明確にしてみる。でも仕事ばかりではなく、まずは健康あってこそ。暮らしや家族を大切にすることも忘れずに

"
初めて高品質なダージリンを
飲んだ時に受けた衝撃が忘れられない。
この"本物"の美味しさを
広めていきたい

岡本麻衣子
Maiko Okamoto

ダージリン紅茶専門店
「Tea Shop Parvati」店主

　店名"パールヴァティ"は、ヒンズー教の女神の中のひとりの名前で、"ヒマラヤの山の娘"という意味を持つ。紅茶の中でもその最高峰とも言われるダージリンにこだわっている店らしく、ダージリン茶葉の産地、ヒマラヤの麓に位置するインドの西ベンガル州、ダージリン地方を思い起こさせる響きだ。店主の岡本麻衣子さんが、ダージリンに注目するようになったのは、今から20年前。「初めて飲んだ高品質なダージリンの紅茶が想像を超える美味しさで！　香

り豊かで、透き通った味わい。まさに"本物"の味。自分の紅茶専門店を作る時は、ダージリンにこだわって、この素晴らしさを伝えたいと思ったんです」。ダージリンは、生産量が少なく希少価値の高い茶葉だ。ほかの植物や果実と同じように、天候などの栽培条件に大きく影響を受けて、毎年出来不出来があり、味が変わる。「3～4月の収穫はファーストフラッシュ、5～7月はセカンドフラッシュ、ほかにも秋の収穫があって、収穫時期によっても味わいが違うんです」。店では、それぞれの茶葉のメニューがあり、専門家が茶葉のテイスティングで使うポットとカップを茶器として使い、提供している。「これだと、二煎目まできっちりと楽しむことができます」。
　岡本さんが、今の店に辿り着くまでには、地道な努力の積み重ねがあ

った。もともと紅茶が好きで、最初に"紅茶"を仕事にしたのは学生時代、紅茶を茶葉から抽出して出すカフェでのアルバイト。それからメーカー勤務を経て、女性がひとりで茶葉をインドから輸入して運営する紅茶専門店の噂を聞きつけ、弟子入りするような形で働き始めたという。「この店が、ダージリン紅茶専門店だったんです。だから、ダージリンの素晴らしさ、専門知識、茶葉の輸入の方法、インドとのコネクションの作り方、そして店の運営、ブランディングの仕方まで、ありとあらゆることを学びました」。

それから、いよいよ自分の店を開業しようと、物件を探し始めた。「東京の下町に良さそうな物件を見つけて、契約もしたんです。けれども、どこかひっかかるところがあって、賃料は高いし、ここでずっと営業していくことができるのかと不安になって。中小企業診断士の方に相談したら"勇気ある撤退を"と言われたんです」。このアドバイスは岡本さんの腑に落ち、高額なキャンセル料を払って白紙に戻す。それから、この先自分の店を持つことができるのかと思い悩む日々を送ることになるが、それでも「絶対に諦めない」という確固たる気持ちは持ち続けていた。「そんな時に、東京都チャレンジショップ『創の実』が1年間限定で出店者を募集していると知ったんです。締め切り間近で、企画書を大急ぎでまとめ

て応募したら、採用されて。運が良かったです」。『創の実』とは、東京都中小企業振興公社による「若手・女性リーダー応援プログラム」の一環で、商店街で開業を目指す人に店舗運営の機会を提供し、将来の独立開業をサポートするための期間限定のチャレンジショップのこと。2017年にスタートし、現在、吉祥寺と自由が丘で展開されている。「このプロジェクトに参加できたことで、初期費用がほぼかからなかったのと、実際の店のオペレーションの訓練ができましたね」。そして何よりたくさんのお客さんに店の名前を知ってもらうことができ、自分の夢を叶えるのに大きく前進できた。

こうした経験を力に、千川駅近くにオープンした理想の紅茶専門店。「紅茶＝アフタヌーンティーではなくて、本物のダージリンを心ゆくまで味わっていただけるような店にしたい。だから、女性はもちろん、男性がひとりでも入れるような空間づくりを心がけています」。友人の建築家に依頼したという内装は、どこか無骨で、ユニセックスでかっこいい。オープンして3年、地元の千川でもすでに一目置かれる存在になっている。

TEA SHOP
Parvati
from India

「Tea Shop Parvati」について
東京・千川にあるダージリン紅茶専門店。インド・ダージリンより直輸入した100%ピュアの茶葉にこだわって使用しているのがウリ。ファースト・フラッシュ、セカンド・フラッシュ、オータムナルと、茶葉の収穫時期も選ぶことができ、その味の違いを楽しめる。オリジナルのパッケージ入りの茶葉も販売している
URL：https://teashop-parvati.com/

屋号：Tea Shop Parvati（ティー ショップ パールヴァティ）
業種：ダージリン紅茶専門店経営
現在の拠点：東京都豊島区
出身：千葉県
現在の年齢：48歳
バックグラウンド：学生時代は、東京・銀座のカフェでアルバイトをする。大学卒業後、メーカーに入社、会社の立ち上げで経理関係の仕事に5年携わる。退職後は、西麻布にあった知る人ぞ知る女性がひとりで経営するダージリン紅茶専門店で修行を兼ねて2年間働く。その後、家庭用品の輸入商社などを経て、2018年、44歳の時に東京都の商店街活性化プロジェクトに参加する形で吉祥寺に一号店を1年間の期間限定でオープン。2020年、46歳の時に現在の場所に移転オープンする
創業年：2018年
起業した年齢：44歳

初期費用：約300万円（自己資金）
事業形態：個人事業主
スタッフの数：3人（本人含む）
起業前に準備したこと：ダージリン専門店に勤め、紅茶の中でもダージリンに特化した知識、茶葉の仕入れ方法、店の運営などを、働きながら総合的に学んだ。自分の店で焼き菓子を出すことを想定し、製菓学校にも通った
起業してから軌道に乗るまでの期間：すぐに軌道に乗った。最初の吉祥寺の店は、東京都のプロジェクトの一環で、その場所を目指してくる多くのお客さんに恵まれた
起業して良かったこと：会社員時代とは比べものにならないほど、さまざまな業種の人たちとの出会いが多い
起業して大変なこと：体力勝負なところ
今まで続いている秘訣：日々の仕事を通してお客さんとの信頼関係が育つのを感じられるのが喜び、これがあると頑張ろうと思える
仕事上のポリシー："本物の"ダージリンを伝える
生きていく上で大切にしていること：辛い時期があっても、それは将来の成功のためのステップだと思い、諦めない
今後の展開：不定期で続けている、クラフトビールやダージリンをレシピに加えたお酒の提供をするバータイムを定着させたい。また、地域を盛り上げるのと同時に、日本各地でのポップアップショップの回数を増やしたりと、もっと外に出ていくこともしていきたい
起業したい人へのアドバイス：自分だけで全てを決めるのではなく、専門家の意見をひとりではなく、複数人に聞きながら進めるといい

> ❝
> 書店員人生まっしぐら。
> "自分は何者でもない"という
> 時期を経て出した答えは
> "やっぱり本がいい"だった

花田菜々子
Nanako Hanada

新刊書店
「蟹ブックス」店主

　実録私小説『出会い系サイトで70人と実際に会ってその人に合いそうな本をすすめまくった1年間のこと』（河出書房新社）の著者としても有名な、花田菜々子さん。本業は書店員。壁にぶち当たりながらも、着々とキャリアを積みあげ、2022年には自ら経営する新刊書店「蟹ブックス」を、オープンさせ、話題になっている。

　花田さんの書店員としての始まりは、23歳の時、「ヴィレッジヴァンガード（通称、ヴィレヴァン）」六本木店でのアルバイトだった。「ヴィレヴァン」は"遊べる本屋"をキーワードにしているだけあって、書籍のほかに、DVDや雑貨類、生活小物からジャンクなもの、フードまで、幅広く商品をセレクトし販売している、サブカル色の強い店だ。「当時は下北沢に住んでいて、アート＆カルチャーに生きる人生、"青春"していました（笑）。その流れで、『ヴィレヴァン』で働き始めたんです。ここは"文化系体育会"な感じで、なかなかハードワークでしたね。個性的な人も多くて、でも私はなんだか馴染んじゃって」。その後、ショッピングモールの中に入っていた宇都宮店の店長のポジションが空いて、花田さんは、初の女性店長としてここに配属されることになる。「結果が出せれば正社員になれると言われて、無我夢中でした。とにかく、前の店長

がしていなかったことを片っ端からやろうと思って、トライ&エラーの連続でしたけど」。その後、落ち込んでいた店の売り上げは上向きに。花田さんは正社員に起用され、京都店、下北沢店、そして、日本各地の新店舗の立ち上げ時に"本のスペシャリスト"として選書をし、売り場を作る仕事を担っていく。そして、「ヴィレヴァン」で仕事をして11年が経った頃、商材としての本の割合が大幅に減り、花田さんは転職を考えるようになる。

「その頃の2年間は、自分探しの期間というか、もやもやとした日々を送っていました。ある時"自分は何者でもないんだな"と感じて、それだったらやっぱり"本"を仕事にし続けたいって、"本を売る人になりたい"って再認識したんです」。それから、2015年に「二子玉川 蔦屋家電」がオープンすることを知り、転職。オープニングスタッフとして、働くことになる。ここでは主に実用書、女性エッセイ・生き方の書籍の棚を担当していた。その後、仕事で付き合いのあった出版取次の会社の人の口利きで、日暮里にあるベーカリーカフェに併設された書店「パン屋の本屋」の立ち上げにかかわり、店長として働くようになる。「10坪ほどの小さな店だったけれど、地元のお母さんと子供たちが通ってくれる温かくて居心地のいい店でしたね」。そのうちに、「HMV」が、女性向けの書店「日比谷コテージ（HMV&BOOKS HIBIYA COTTAGE）」をオープンするにあたり、花田さんに、店長にならないかと引き抜きの話が来る。「この時は迷いました。なので、最初はアドバイザーとしてかかわって。けれども、実情を知るうちにほっとけなくなってしまって、店長の仕事を受けることにしたんです」。それから約4年、「日比谷コテージ」の仕事は忙しく充実しつつも、戦いの日々だったとも振り返る。「本社の方針に沿いながら、15人のスタッフの管理をして、まるで大きな船の操縦を任されたような気分でしたね。小さな船と違って操縦は難しいけれども、うまくいけば遠くまで行くことができるんですけどね」。

2022年2月に、惜しまれつつ「日比谷コテージ」は閉店することになる。その後、カリスマ書店員で著作もある花田さんは次に何をするのかと注目されていたが、著作がヒットして手に入れた印税を元手に、2022年9月に晴れて、自身の書店「蟹ブックス」をオープンさせた。「毎日が楽しいです。今は本当に好きな仕事をしていると実感できていますね」。

「蟹ブックス」について

東京・高円寺駅、商店街の外れにある小さなセレクトブックストア。店内には、新刊本を中心に、書評家でもある店主花田菜々子さんが選書した、自分や他者、世の中について考える本や、ビジュアルブック等が並ぶ。スタッフはほかに、デザイナーの柏崎沙織さんとアーティストの當山明日彩さん。ギャラリースペースあり、イベントも定期的に開催中

URL: https://www.kanibooks.com/

屋号：蟹ブックス
業種：新刊書店経営
現在の拠点：東京・高円寺
出身：東京都
現在の年齢：43歳
バックグラウンド：大学卒業後、飲食業界に就職。何かが違うと感じ、しばらくは下北沢に住み"サブカルな若者"をしていた。2002年、23歳で「ヴィレッジヴァンガード」でアルバイトをスタート、六本木店に勤務し、3年後、店長職のオファーをきっかけに宇都宮店へ異動する。その後、正社員になり、京都店で1年半、下北沢店で5年、また、新規オープン店の立ち上げなどに携わるようになる。2015年、36歳で「蔦屋家電」にオープニングスタッフとして入社、1年勤務。2016年、37歳で、「パン屋の本屋」のオープニングに携わり、店長になる。2018年、39歳で「日比谷コテージ（HMV & BOOKS HIBIYA COTTAGE）」のオープニング店長に抜擢される。2022年2月に同店が、閉店。同年9月、43歳で、「蟹ブックス」起業
創業年：2022年
起業した年齢：43歳
初期費用：約1000万円（自己資金、クラウドファンディング489万円）
事業形態：個人事業主
スタッフの数：3人（本人含む）
起業前に準備したこと：物件を借りて内装整備、書籍の仕入れ
起業してから軌道に乗るまでの期間：オープンしてすぐに人が集まる店に。良いスタートダッシュが切れた
起業して良かったこと：毎日が楽しい。店のカウンターを仕事用のデスク仕様にしていて、ここで店を眺めながら仕事をするとデスクワークが捗（はかど）るようになった
起業して大変なこと：開店準備期の資金の減り方がすごい、滝のように流れていく。踏み出したはいいけれどもやっていけるのか、と不安になったこともある
今まで続いている秘訣：まだ始まったばかりでわからない
仕事上のポリシー：店は、自分の好きな空間ではなく、お客さんにとって良い空間になっているかどうかを常に意識する
生きていく上で大切にしていること：何か困ったことがあっても、「死にはしない」

と腹を括るようにしている

今後の展開：トークイベントのほか、ディベート形式のものや、集まった人皆で一斉に本を読む会など、ユニークなイベントを増やしていきたい

起業したい人へのアドバイス：起業をしようとする時に、まわりの人が大変だよって脅してくるのは嘘ではないけれど（笑）。こっちの世界のほうが断然、楽しい

"
仕事はずっと続けたい。
おばあちゃんになったら、
小さな "町のおはぎ屋さん"
をしたいと思っている

渡辺麻里
Mari Watanabe

和菓子工房
「ニセコ松風」代表

　北海道・ニセコエリア倶知安 町は、自然あふれる魅力的な町だ。さらさらのパウダースノーを求めてオーストラリア、中国、台湾をはじめ、世界中からスキー愛好家が集い、最近では大自然の素晴らしさに魅せられて移住する人も多い。「ニセコ松風」という屋号を掲げて、和菓子の仕事をする渡辺麻里さんは、札幌から、結婚をきっかけにこの町にやってきた。「ここはおいしい湧き水が飲めて、地場の野菜も生命力にあふれている。それに小豆やビートも獲れ

る。和菓子の素材の宝庫でもあるんです」。新築で建てた自宅は2階が住居、1階が和菓子工房になっている。自家製の和菓子は年に数回、不定期でイベントなどで販売している。最近では2020年にオープンした「パークハイアット ニセコ」のために、客を歓迎するための "Welcome 和菓子" を製作したりもした。ほかにも、札幌でのマルシェイベントに参加したり、料理研究家などのクリエイターたちとコラボレーションして日本各地でフードイベントをすることもある。また、この場所では、和菓子教室を開催している。一度に集まる人数は5人ほど。窓から望む緑あふれる自然を感じながら、水羊羹や桜餅など季節の和菓子を1種類作る。出来上がった和菓子はお茶とともに、皆でいただくという内容。「教室は、札幌やそのほかの場所、オンライン

でも開催しているのですが、ニセコにいらっしゃったお客さんのリラックス度が明らかに違うんです」。ウェブサイトに掲載された、フォトグラファーのパートナーが撮影した写真からもその気持ちのいい様子は伝わってくる。

　渡辺さんが和菓子に興味を持ったのは、4歳の時。テレビで、教育番組『できるかな』のキャラクター"ノッポさん"が粘土で和菓子を作っているのを見た時だ。「きれいな色の粘土をこねたり、ひねったり、楽しそうでした」。その興味はどんどん膨らんで、高校生の時には夏休みを利用して近所の和菓子屋でアルバイトをするようになる。卒業後も迷わず、和菓子を勉強できる学校へ。進学先の大阪あべの辻製菓専門学校は、和菓子クラスの講師陣が充実していると聞いて入学したそうだ。「大阪での学生生活は、親には頼らないと決めて、奨学金をもらって、夜は飲食店でのアルバイトをしながらでした。だからこそ、学校で教えてもらえることは全て、余すことなく学び、自分のものにしたい、という気持ちでしたね」。

　札幌に戻ってからは、高校時代のアルバイト先の和菓子屋に再び勤務することになる。同時に、夜の時間を使って、洋菓子店でケーキ販売のアルバイトも始める。また、仕事を通じて知り合った料理教室の先生に声をかけられ、教室のアシスタントの仕事も経験する。「この時は、レシピの書き方や、教室の準備の仕方など、多くのことを学びました。今の自分の教室で、生徒さんに楽しんでもらうにはどうしたらいいかを考える時のベースになっています」。それから、友人でもあり、仕事仲間の料理ユニット「pippin（ピピン）」のふたりと一緒に、ケータリングのプロジェクトをしたり、2004年には、「pippinと松風」という店名で、和菓子も食べられる定食屋をオープンする。「この時代に、多くのお客さんとの出会いがあり、今も親交は続いているんですよ」。

　和菓子を作る時、ひとりでもくもくと作業するのが好きなのだと話してくれた渡辺さん。多い時は1日に300個作ることもある。プレッシャーはあっても、ひとつひとつの作業をこなしていくのが楽しくてしかたがないのだそう。「和菓子の仕事はずっと続けたいですね。小豆があって、餅米があって、砂糖があれば、和菓子は作れる。おはぎでもお汁粉でも。おばあちゃんになったら、数量限定で無理なくできる小さなお店、この町の人たちが気軽に寄ってくれる"おばあちゃんのおはぎ屋さん"をしたいと思っているんです」。

松風

「ニセコ松風」について

北海道・倶知安にある和菓子工房。美しいデザインの和菓子製作に定評がある。和菓子の販売は年に数回のイベントのみ。ニセコ工房と札幌工房での参加型＆オンライン和菓子教室、出張和菓子教室もしており、人気がある。レシピ本の出版や、レシピの提供なども行う

URL：Instagram @niseko_matsukaze

屋号：ニセコ松風
業種：和菓子製造・販売、和菓子教室主宰
現在の拠点：北海道・倶知安
出身：北海道札幌市
現在の年齢：45歳
バックグラウンド：4歳の頃から和菓子に興味を持つ。高校時代、夏休みを利用して近所の和菓子屋でアルバイトをする。和菓子の授業が充実している大阪あべの辻製菓専門学校に入学、1年間学ぶ。卒業式に表彰されるほどの優等生だった。卒業後、札幌に戻り、高校時代のアルバイト先の和菓子屋で働きながら、夜間は洋菓子店でのアルバイトもする。その後、料理教室のアシスタントなどを経て、独立。2004年、24歳の時「松風」の屋号で和菓子を作り、知り合いのカフェで販売するようになる。2006年、26歳で仲間と一緒に定食と和菓子の店「pippinと松風」を開店。結婚を経て、2009年、29歳でパートナーとともにニセコエリア倶知安町に引っ越し。2階が住居、1階を和菓子工房にして活動をしている

創業年：2004年
起業した年齢：24歳
初期費用：知り合いのカフェでの販売からスタートしたので、特になし
事業形態：個人事業主
スタッフの数：本人のみ
起業前に準備したこと：製菓学校に通う、和菓子屋で働く、仲間と一緒にケータリングのプロジェクトをするなどの活動を通し、知名度をあげる
起業してから軌道に乗るまでの期間：小さな一歩からスタートしたので2～3年かけてゆっくりと体制を整えていった
起業して良かったこと：組織の中で仕事をするのが苦手。今の仕事は自分のペースでできる
起業して大変なこと：自分ひとりで運営しているので倒れることができないというプレッシャーがある
今まで続いている秘訣：教室では生徒さんと、イベントでは仲間との信頼関係ができていること
仕事上のポリシー：自分が納得のいく和菓子を誠実に作る。自分が楽しむことを大切にする
生きていく上で大切にしていること：体が基本。日々散歩をしたり、疲れ切ってしまう前に温泉に入り体をリセットするようにしている
今後の展開：和菓子教室をベースに、良い出会いのもとさまざまな場所へ出向いてのイベントをしていきたい
起業したい人へのアドバイス：小さなスタートを切るといい。意気込まず、今できることから始めてみる

©Yoichi Watanabe

©Yoichi Watanabe

> **"**
> " 私にはこれがある " と
> 胸を張って言えるのが今の仕事。
> 自家製の肉マンは手間をかけて
> まじめに手作りし続けたい

角田志保

Shiho Tsunoda

**肉マン専門店
「Who's that MAN?」代表**

　肉マン専門店を経営する角田志保さんが、肉マンを商材にしようと決めたきっかけは、2016年、仲間6人で台湾へ旅した時。屋台で料理を食べ歩いている時に、手作りの美味しいニラ入り肉マンに出会った。「素朴な美味しさはもちろん、その存在感になぜか妙に惹かれて、『自分も " 肉マン " をやろう！』と、ひらめいたんです」。

　角田さんは、短大を卒業後、弁当屋でアルバイトをしたり、マスコミ業界で記者をしたり、大学で秘書を

したりとさまざまな仕事をしてきた。母親の介護に専念する期間もあった。「いつか自分で何かをしたいと思っていて。私にはこの仕事がある、と自信を持って言える仕事をいつも探していたのかもしれません」。39歳の時、大学での仕事を離れて、いよいよ、ずっと温め続けてきた肉マン専門店オープンに向けて動きだす。

　屋号は「Who's that MAN?」、日本語にすると「フザマン」。肉マンとMAN（人）をかけている。イエローをトレードカラーにし、ちょっと気の抜けた " 人 " のイラストを添えてみた。肝心の肉マンは、100％無添加、化学調味料や食品添加物を使わないことに決めた。さらに、たんぱく加水分解物、酵母エキスにも頼らない。直接加えないだけでなく、こうした材料を使用した調味料も一切排除する。「今まで食べていた肉マ

ンを心から美味しいと思ったことは
なかったんですよね。どこか添加物
の味がして、口の中に違和感が残る。
だから、自分で作るのであれば、自
然のうまみを感じられるような美味
しさにこだわりたかったんです」。そ
して、まさにゼロから、本腰を入れ
て試作を始めることになった。

　まずは生地作りから。材料は北海
道産の小麦粉。ベーキングパウダー
は使わない。天然酵母でゆっくりと
低温発酵させるところにこだわっ
ている。「生地の発酵は失敗が多く
て、何度も何度も試作を繰り返しま
した」。そして餡のための、鶏白湯作
り。市販の鶏ガラスープやだしを入
れずに、鶏ガラそのものを仕入れて、
自分の手で煮詰めたスープだ。「なか
なか味が決まらなくて心が折れそう
になってしまって」。そんな時、テ
レビのドキュメンタリー番組で、淡
路島の玉ねぎ農家の存在を知る。真
面目に農業に取り組む姿に感動して、
その玉ねぎを取り寄せて使ってみ
ることにした。この選択は正しかっ
た。淡路島産玉ねぎと、地元群馬産
の豚肉、7種類を取り寄せて厳選し
た、一番臭みが少なくて甘味の強い
もの。このふたつのコンビネーショ
ンが、求めていた味にピッタリとは
まった。「でもやっと完成した餡も、
生地と合わせてみると味がぼやけて
いるような気がして、さらに調整を
繰り返して……」。理想の味を求め
て試作を繰り返すこと、200回以上。

1年半近くの日数がかかったという。
「大変だったけど、一口目で『おっ、
これは美味しい』と感じられ、後か
らスープのうまみがじわじわとくる、
奥深い味わいのものができたと思っ
ています」。

　角田さんは、この自家製肉マンを
武器に、2020年から販売をスタート
する。まずは、1日3種×40セット
（120個）を、受注生産する形で、親
戚や友人たちが経営する食品店や雑
貨店の店先で。味も定番のニクマン
のほかに、ショウガマン、アンチョビ
チーズマンと3種類が揃った。それ
から、全国からこだわりの美味しい
ものを集めたスーパーマーケットに
も置いてもらう。2021年からは、冷
蔵の肉マンをオンラインで販売。コ
ロナ禍で定着した、おいしいものを
インターネットで気軽に取り寄せる
新習慣の流れに乗って、順調に注文
が入ったそう。「月、木は生地と餡
の仕込み。火、金はセイロで蒸して、
夕方までに発送。水、土は自分の車
で取り扱い店に配達。ひとりで回し
ているのでなかなか、大変ですね」。

　そんな忙しい日々を送りながらも、
心は強く、前向きだ。イベントやポッ
プアップショップなどを展開して活
動範囲を広げ、もっともっと多くの
人に気軽に食べてもらいたいと、夢
は広がっていく。

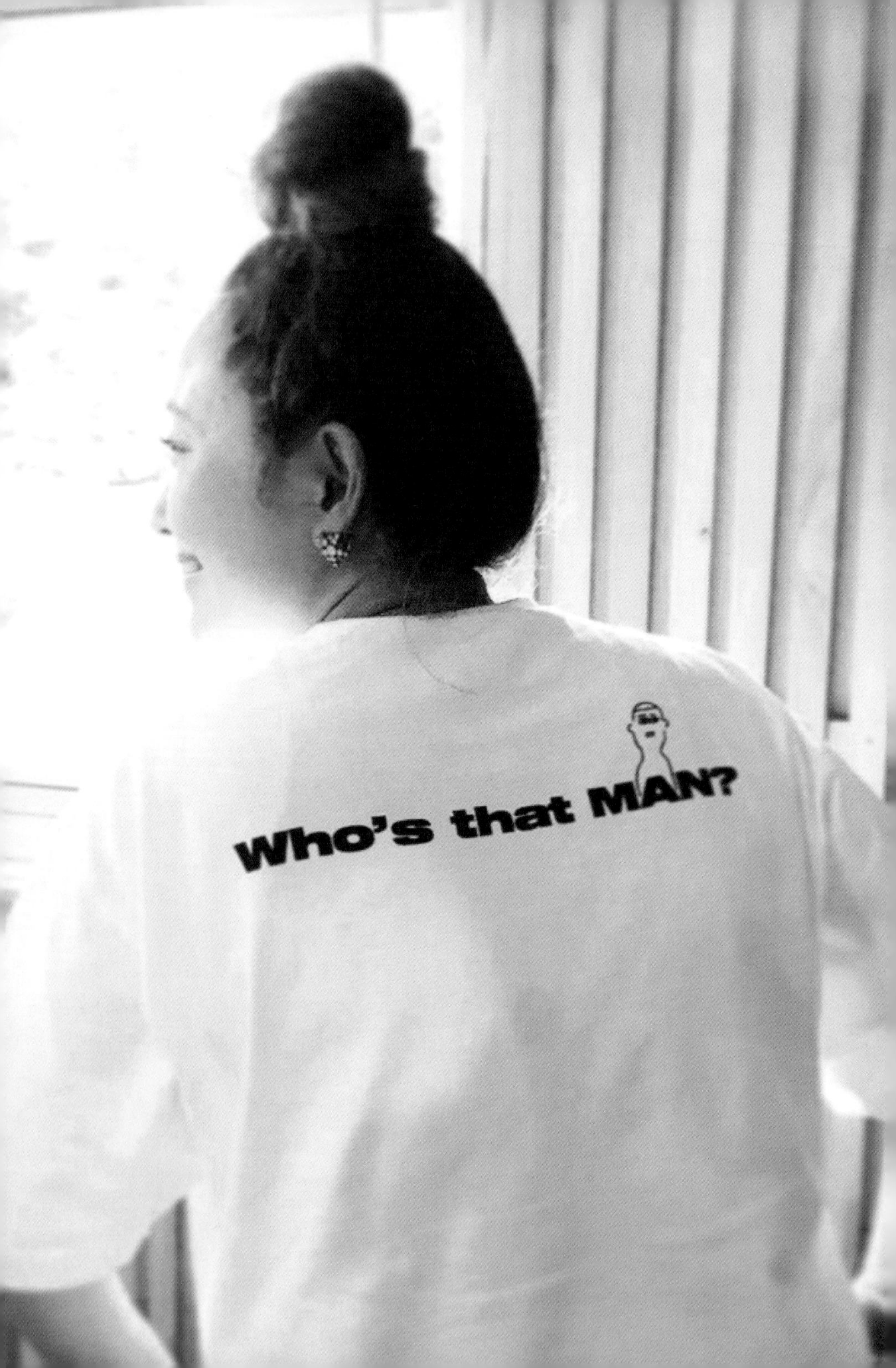
Who's that MAN?

「Who's that MAN?」について

群馬県前橋市にあるキッチンを拠点に活動する、自家製肉マン専門店。化学調味料、食品添加物、たんぱく加水分解物、酵母エキスを無添加、直接加えないばかりか、これらを含む調味料も使用しないという徹底ぶり。メニューは定番の「ニクマン」のほか、「ショウガマン」「アンチョビチーズマン」などが揃う。ホームページより注文可能
URL: https://whosthatman.com

屋号：Who's that MAN?（フザマン）

業種：肉マン製造・販売

現在の拠点：群馬県前橋市

出身：群馬県

現在の年齢：42 歳

バックグラウンド：東京の短期大学を卒業後、弁当屋でのアルバイトを経て、日本ジャーナリスト専門学校へ。週刊誌の記者等を経て、2006 年、26 歳の時に母親の病気発覚をきっかけに群馬に戻る。しばらくは母親の介護に専念。2014 年、34 歳から 5 年間は大学の医学部で秘書の仕事をする。2019 年、39 歳の時、退職し、肉マン専門店を経営すべく、肉マンの試作を 1 年半にわた

り行う。2020 年、40 歳の時、知り合いが主催した会合にて、予約を受ける形で「フザマン」をスタートする

創業年：2020 年

起業した年齢：40 歳

初期費用：約 90 万円（自己資金）

事業形態：個人事業主

スタッフの数：本人のみ

起業前に準備したこと：約 1 年半かけて試作をし続け「フザマン」らしい肉マンを完成させた

起業してから軌道に乗るまでの期間：今もまだ軌道に乗っているのかどうかわからない

起業して良かったこと：「私にはこれがある」と言えるものが何かひとつ欲しかった。今はこの仕事が“これ”になった

起業して大変なこと：美味しくできているかどうかに責任がのしかかる。毎日試食するせいか 10kg も太ってしまった

今まで続いている秘訣：自分が疲れてしまっては美味しいものは作れない。昨夏、疲労が溜まってしまい、思い切って 1 カ月半の夏休みをとったところ、頭の中をすっからかんにすることができて、リフレッシュした

仕事上のポリシー：まじめに手作りする。化学調味料、食品添加物を使わない

生きていく上で大切にしていること：パートナーに優しく接する。彼には癒しの存在でいてほしいので

今後の展開：ポップアップショップなどを展開し、東京をはじめ全国に、販売する範囲を積極的に広げて行きたい

起業したい人へのアドバイス：好きなこととはいえ、趣味ではなく仕事なので、覚悟がいる

"

仕事のかたちは変化し続けても、

根っこにあるのは

人が健やかに暮らすことへの願い。

シンプルなテーマを深掘りしたい

大倉千枝子

Chieko Okura

おむすびショップ
「おむすびまるさんかく」主宰

　大倉千枝子さんが "おむすび" を仕事の中心にしようと決めたのは、40歳を過ぎてからだった。色彩のプロフェッショナルとしての経験を積んでから、住宅メーカーでカラリストとして働き、独立後もフリーランスで、医療施設、企業の福利厚生施設、住宅や商品開発の色彩設計の仕事をこなしていた。仕事は途切れることなく、業界新聞に取り上げられ、大手のクライアントが増えてきたこともあり、2002年、40歳の時に有限会社を設立する。

　ちょうどその頃、"衣食住" で言うところの中心にいる "人間" により関心を持つようになったのだそう。「人が生きていくということを、根源的な視点で捉えたかった。何が一番大切かと考えたら心身共に健やかに生きること、それに直結する食ではないかと思ったんです」。そして、身近に "おむすび" という最もシンプルで完成されたものがあることに気づいたのだそう。

　それから、おむすびの研究を本格的にすることになる。食物としてはもちろん、文化、造形、栄養、科学、あらゆる切り口の関連書籍を読み漁り、同時に独学で素材、そして調理を学び始めた。「おむすびの材料の基本は、米と水と塩。それぞれの素材について、日本各地に出向き、風土との関係、環境のことを研究しました。産地はもちろん、誰がどんな

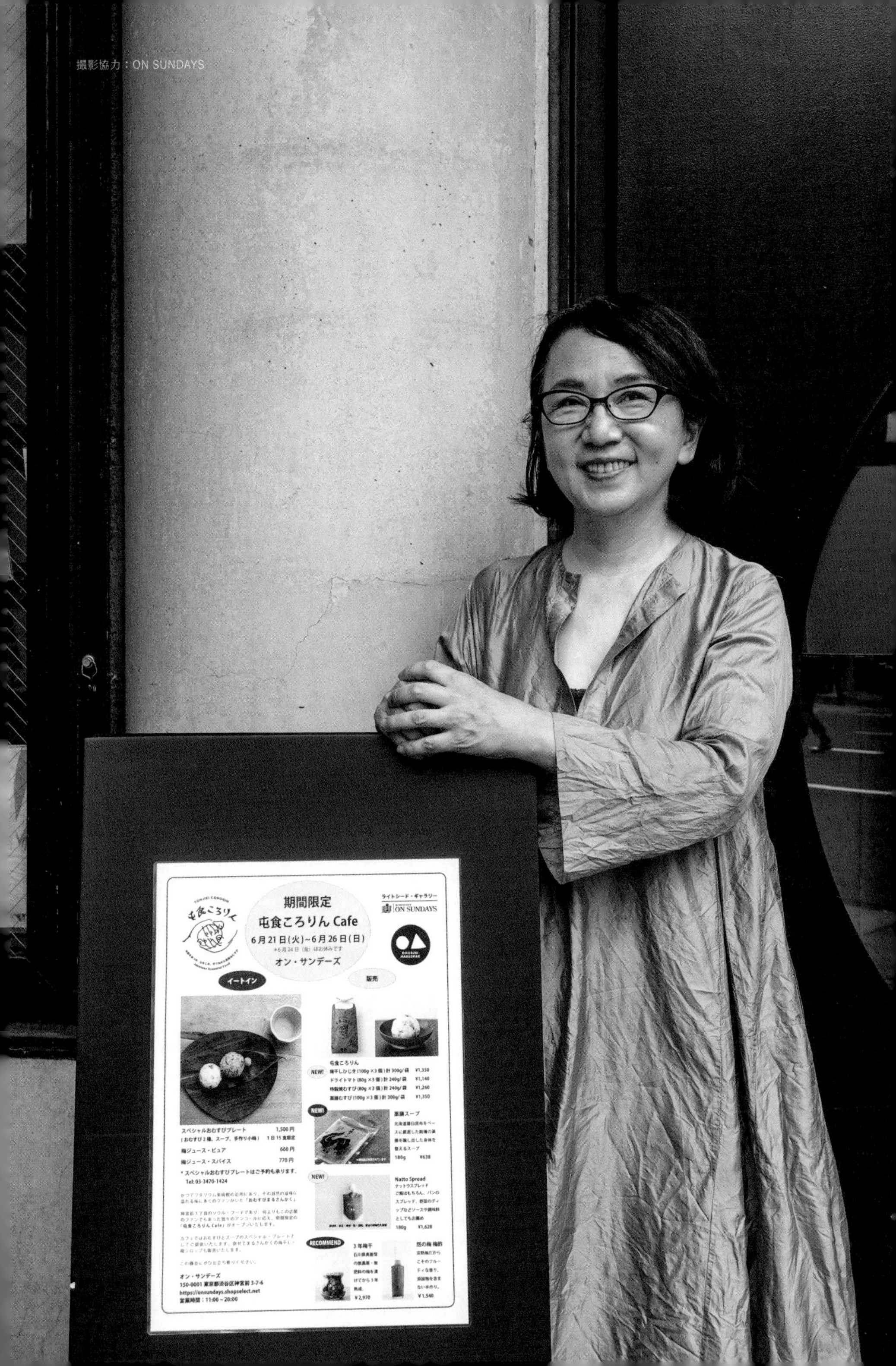

撮影協力：ON SUNDAYS

環境で作っているのかを見ることで、生産者は自然とどのようにかかわっているのかも学んだんです」。そうした経験が一層、良質な食材で豊かなおむすびをつくりたいという気持ちに繋がった。そして、取引のあった塩工房が廃業したのを受け継ぐ形で、自ら塩工房のオーナーにもなってしまう。その塩には「海の泉の塩」と名づけ、森が豊かな海の循環を作っていること、そして塩はその結晶なのだと伝え続けている。

　大倉さんの作るおむすびは、まんまる、そして丸みを帯びた三角だ。その形は自然と手から生まれたのだと話す。具は、梅干しからひじき、薬膳の食材、ドライトマトまで、カラフルで、もちろん全て素材にこだわっている。ポップアップショップやイベントを中心にこの個性豊かなおむすびを提供するようになると、"おむすびにとことんこだわって仕事を作り出している人がいる"と口コミで話題になり、書籍の出版のオファーが来るまでに。45歳で『むすんでみませんか？　おむすび。』（ピエブックス）を上梓し、51歳の時には飲食店「おむすびまるさんかく」を東京・神宮前にオープン。この店は、神宮前のソウル・フードレストランと呼ばれ、多くのファンが集うようなった。店舗運営のほかにも、ケータリングや仕出し弁当の大口の注文が入り、とにかく忙しい毎日だったのだそう。「独立してしばらくは、経営

を安定させるためにカラリストの仕事と二足の草鞋だったのですが、この頃にはおむすびと、そこから派生する食関係の仕事だけになりましたね」。

　その後、60歳手前、店舗をクローズさせることになる。「体調を崩したこと、同時にやりきった感もあり、今が店を閉めるタイミングだと思ったんです、丁度コロナ禍の直前のことでした」。それからは、店という形を持たずにできること、体に負担をかけず、身の丈に合わせて仕事の形を変えていくことを心がけているという。「神宮前の店に通ってくれた忙しく働く人や子育て中のお母さんや子どもに食べてもらうおむすびをつくりたいという思いがあって、素材を厳選し最新の冷凍技術を取り入れた商品開発をし、通販を始めました」。ほかにも、Natto Spread、薬膳スープ、そして気づけば36年続けているという"梅仕事"の梅干や梅酢などの商品には国内外からのファンも多い。また、塩に関しては今春ブランディングを新たに、発売を再開する。

　「私の仕事はどんどん進化して、変化しています。それでも根本にあるのは、人が健やかに生きるためになること、ずっと変わらないんです。シンプルなテーマだから深掘りしがいがあります」。

OMUSUBI
MARU3KAK

「おむすびまるさんかく」について
おむすび専門店。お米をはじめ、厳選した良質な素材、添加物を含まない材料でひとつひとつ手作りしたおむすびに、ファンは多い。おむすびのほか、惣菜や梅干し、シロップなどの製造・販売もする。リブランディングした自家製「おむすびの塩」の販売も予定している。現在は、ポップアップショップや、オンラインショップでの販売が中心
URL：Instagram @maru3kak

屋号：おむすびまるさんかく
業種：おむすびをはじめとする食品の企画・製造・販売。ワークショップ、イベント主宰
現在の拠点：東京都
出身：東京都 / 山形県
現在の年齢：63 歳
バックグラウンド：高校卒業後、日本の色彩研究のパイオニアである稲村耕雄氏が設立した稲村色彩研究所（現在は閉所）で実践的に学ぶ。その後住宅メーカーに勤務、色彩設計の仕事をする。1992 年 32 歳で独立、フリーランスのカラリストとして仕事をする。2002 年、42 歳の時に有限会社設立、その頃、"食"への関心が芽生え、子供を対象におむすびワークショップをする。2005

年、45 歳の時におむすびに関する書籍を出版。2011 年、51 歳の時に飲食店「おむすびまるさんかく」を東京・神宮前にオープン。2019 年に同店舗をクローズ。現在は、通販をメインにおむすびなどを販売、おむすびの魅力を伝えるポップアップ、イベントを中心に活動する
創業年：2002 年（有限会社「Lavia」設立）
起業した年齢：42 歳
初期費用：1000 万円（自己資金、会社設立時）
事業形態：有限会社
スタッフの数：2 人（本人含む）
起業前に準備したこと：新規のおむすび事業に専念する前は、おむすびにまつわるあらゆることの研究と調理実践を学んだ。また、しばらくは手堅く稼げるカラリストの仕事と二足の草鞋で、会社として安定した経営を心がけた
起業してから軌道に乗るまでの期間：5 〜 6 年
起業して良かったこと：おむすびを通していろいろな人に出会えたこと
起業して大変なこと：店をしていたときに長時間の立ち仕事で体を壊してしまったことがある
今まで続いている秘訣：常に環境に合わせて進化、変化することを心がける
仕事上のポリシー：感謝の気持ちを大切に。やりたいことがあったら、恐れずに、自由に泳いでみる
生きていく上で大切にしていること：日々のひとつひとつを大切に、丁寧に向き合う
今後の展開：お店を持たないからこそできる新たな場を創出する。より一層の

本質を明確にした物作り。そのほか、建築的試みを含めた自然と人をむすぶ場をテーマにしたプロジェクトを進行中

起業したい人へのアドバイス："好き"で始めたなら、辛いことも道程の一部

> お菓子の"楽しさ"を広めるために、
> 表現の工夫やアイデアを
> 形にするのが好き。
> 自分が飽きないように、動き続けている

いがらしろみ

Romi Igarashi

**ジャムと焼き菓子のブランド
「romi-unie」代表**

子供の頃からお菓子作りが好きだったといういがらしろみさん。高校生になると、親にねだって、憧れの菓子研究家、今田美奈子さんの教室に通い、短大時代には、六本木にあった老舗のフランス菓子専門店「ルコント」でアルバイト、卒業後は、お菓子の製造の仕事に1年間従事する。「製造の仕事は、主に生地の仕込みでした。職人の世界でしたね。でも、いったい今作っているお菓子はどんな人が食べるんだろうって。これは自分が本当にやりたいことなのかわからなくなってしまって。私は、人と接してお菓子の楽しさを広めたいんだって、気づいたんです」。

それから、フランス菓子を勉強するために、フランス留学をすることにした。アルザス地方にある街、ストラスブールで3カ月の語学研修、それから、パリの「ル・コルドン・ブルー」パティスリーのディプロム・コースで1年間学ぶ。「ストラスブールでは、学生寮に入ってフランス語漬け。もう卒倒するぐらい（笑）勉強しました」。パリでは、16区の2DKのアパルトマンに暮らし、こちらも学びの日々。帰国後は、日本の「ル・コルドン・ブルー」の事務局で働きながら、さらに8カ月ほど短期フランス留学をする。アルザス地方で暮らしながら、地元の市場で手に入る果実を使ってジャムを作ったり、田舎の"村祭り"を訪れては、珍し

い地方菓子を食べ歩いたりした。そして30歳になった時、菓子研究家として独立する。

菓子研究家になると、雑誌や書籍の仕事の他に、20代の頃から、たまに友人のレストランの休業日に間借りして開催していたフードイベントを、全国各地で行うようになった。ちょうどカフェブームが起こった時代。手作り感のある焼菓子やジャムをかわいくパッケージングしたのが好評だった。また、鎌倉の海辺のアトリエで、たくさんの種類のジャムをテーブルの中央に置いて、皆でワイワイと楽しむブランチのイベントも定期的に行っていた。すると、ある日、東京にある雑貨店から、その「ブランチ」のスタイルをテーマに企画し、売り場で展開して欲しいと依頼される。それが後に転機ともいえる仕事となった。「1カ月間のイベントでその期間に販売しようと思っていた量が、たった2日で完売。泣きながら追加を作ったのを覚えています。嬉しい悲鳴でしたね」。その後、六本木ヒルズ開業に合わせて、その雑貨店系列のライフスタイルショップがオープン、そこに定期的に販売用のジャムを卸すことにも繋がった。この成功体験が、いがらしさんに「ジャムの店を作ろう」と決心させる。「自分がやらないで、他の人が始めたら悔しくて歯ぎしりしちゃうって、そんな気持ちでした」。

ジャムの店を作ろうと思った時に、いがらしさんが最初にしたことは、運営を担ってくれる会社を探すことだった。「自己資金が足りなければ、私のビジネスプランに共感してくれる企業に協力してもらえばいいんじゃないかって思ったんです。"社長"という肩書きのある名刺をいただく機会があると、そのたびに話を聞いてもらっていましたね」。そして、長野県の食品会社の社長が賛同し、いがらしさんを雇う形で、ジャム専門店「ロミ・ユニ コンフィチュール」を会社のひとつのプロジェクトとして展開する。「物件選びもブランディングも運営も、全て自由にさせてくれて、とてもいい環境でした」。スタート時点でこうした後ろ盾があるのは、どんなに心強いだろう。その後、プロジェクトごと独立し、2007年、35歳で「ロミ・ユニ」として会社を設立することになる。

そして、独立してからはますます、時流に乗って、「ロミ・ユニ」はその存在感を大きくしていく。「大変なこともたくさんあるけれど、今も飽きていないってことは、意外にも経営者に向いていたのかなあ（笑）」。将来的には、事業譲渡を視野に入れていて、今からスタッフにも話をしているといういがらしさん。「私がもしいなくなっても、店を続けること。そのための選択肢だと考えているんです」。

romi-unie

「romi-unie」について

菓子研究家、いがらしろみが経営する、ジャムと焼き菓子の製造・販売をする店舗。手仕事で作る季節の果物をふんだんに使ったカラフルでお菓子のようなジャムで有名だ。店舗は、神奈川・鎌倉の「Romi-Unie Confiture」、東京・学芸大学の「Maison romi-unie」などを展開。オンラインショップや全国でのイベントも充実している

URL：https://romi-unie.jp/

屋号（ロミュニ）：romi-unie
業種：ジャムと焼き菓子の製造・販売
現在の拠点：神奈川・鎌倉／東京・目黒
出身：東京都
現在の年齢：51 歳
バックグラウンド：小学生の頃からお菓子作りが好きで、子供向けの料理雑誌を愛読していた。高校生の時に、当時原宿にあった今田美奈子のお菓子教室に通う。短期大学の家政学部在学中は、六本木にあった老舗のフランス菓子専門店「ルコント」でアルバイトをする。卒業後、1 年間、菓子製造の仕事に従事。その後、フランスへ短期留学。アルザスで 3 カ月の語学研修後、パリの「ル・コルドン・ブルー」パティスリーのディプロマ・コースで 1 年間学ぶ。帰国後は「ル・コルドン・ブルー」東京校、横浜校の事務局で働きながら、さらにフランスへ短期留学。アルザスを拠点に、地元の菓子を食べ歩き、現地の素材でお菓子を作る生活を送る。2002 年、

30 歳で結婚、同時に菓子研究家として独立、定期的にフードイベントに参加する。2004 年、32 歳の時、最初のジャム専門店「Romi-Unie Confiture」を鎌倉・扇ガ谷（おうぎがやつ）にオープン（2015 年に鎌倉・若宮大路に移転）。2007 年、35 歳の時、株式会社 romi-unie 設立。2008 年、焼き菓子とジャムの店「Maison romi-unie」を東京・目黒にオープン。2017 年、46 歳の時、チョコレート菓子の店「Chocolaté romi-unie」を秋冬限定店として鎌倉・西御門（にしみかど）にオープン

創業年：2004 年
起業した年齢：32 歳
初期費用：なし（自己資金はなく、スポンサー企業を探し、その会社の事業としてスタート）
事業形態：株式会社
スタッフの数：65 人（本人含む）
起業前に準備したこと：学生時代からの経験全てが起業に繋がっている。最初の店を出す時は、運営会社を探すため、精力的に動いた
起業してから軌道に乗るまでの期間：フードイベントで集客ができていたので、店を開いたときは、最初から一定の人に認知されていた
起業して良かったこと：会社のルールを自分の基準で、理想通り矛盾なく作れる
起業して大変なこと：コロナ禍で 1 カ月店を閉めた時に「これは潰れる」と思った。店を再開して回復した
今まで続いている秘訣：立ち止まらない、動き続ける、挑戦し続ける
仕事上のポリシー：手仕事の美味しいものを、かわいく表現した形で届ける
生きていく上で大切にしていること：無理

はしない。楽しむ

今後の展開：一番初めのジャム専門店の
こぢんまりとした規模感の良さ。この
感じを地方で展開できないかと思案中

起業したい人へのアドバイス：他人を信じ
て、ひとりで頑張ろうとしないこと

Atmosphère
アトモスフェール
いちじくとポルト酒とシナモン
fig・port wine・cinnamon

フランス産いちじくにポルト酒とシナモンを加えた
ふくよかな味のジャム。アイスクリームにかけても。

80g ¥890

アルコール入ってます。

Romi-Unie Confiture

Gilberte
ジルベルトアールグレイ

190g ¥1,460

Caramel Cheminée
キャラメル・シュミネ
キャラメルと発酵バター、
ペカンナッツとスモークソルト
caramel・butter・pecan nut・smoke salt
焼きの香りがはんのりするキャラメル発酵バターと
ローストしたペカンナッツもキャラメルクリームです。
80 g　¥ 920

Patate
パタット
さつまいもとバニ
sweet potato・vanilla
さつまいもに甘く香ったバニラを配合
スイートポテトのソースです。

Enfance
バナナとキャラメル
190 g　¥ 1,460

Merci
ブルーベリー
blueberry
190 g　¥ 1,460

飲食の仕事が好きで、
働きたい店に積極的に
アプローチして経験を積む。
その集大成が今のかたち

赤池敏美

Toshimi Akaike

古民家カフェ
「木花日和」店主

　古民家カフェ「木花日和」の店主、赤池敏美さんが、一番最初に飲食の仕事を経験したのは、高校生の頃。生まれ育った新潟県新潟市にあるジャズ喫茶「器（うつわ）」で、アルバイトを始めた。「ずっと飲食の仕事に憧れがあって、お願いして働かせてもらったんです。楽しかった。でも、マスターに『喫茶店をやるなら料理もできた方がいいから、学校へ行くよりも直接レストランで働いたら』って言われて、そうしようって、レストランで働くことにしたん

です」。20歳で上京すると、代官山にあった、伝統的なイタリアンの店「パパ・アントニオ」に、一目惚れし仕事がしたいと申し出る。すると、キッチンではなく、ホールの仕事からスタートするという条件で採用される。「いつかコックコートを着るぞって、必死で頑張りました」。その後、念願のキッチンへ。ここでは、イタリア人のオーナーにもかかわらず、日本ならではの調理器具を存分に活用していた。例えば、ジェノベーゼはすり鉢を使って作る、魚介類の処理、ドレッシングの玉ねぎは銅のおろし器を使って手作業ですりおろすなど。「イタリアの伝統料理が日本で昔から使われている調理器具でこんなに美味しく作れるんだって、新しい発見がありました」。その後、洋菓子店「ラ・ポムベール」での菓子の製造の仕事を経て、多くのファンの

いる有名店、国産小麦自然発酵種パン店「ルヴァン」でパンの製造、そして隣接したカフェの仕事をすることになる。「『ルヴァン』のパンをオーガニックスーパーで最初に手にした時、パンがつやつやと光っていて、食べたらものすごく美味しい。作っている人の心意気が伝わってくるようで衝撃を受けました」。そして、この店で働きたいと「ルヴァン」を訪れ、直接お願いしてみる。「同じような人がたくさんいて、順番待ちだと言われました。でもどうしてもここで仕事がしたくて、他のことをしながら待機していたんです。そうしたら1年も待たずに空きができて、今思えば恵まれていましたね」。

パンを作る人の朝は早い。開店時間までに、パンを焼き上げなければならず、自転車で毎日4時には出勤していたという。それでも大変だと思わなかったのは、日々の仕事を通して次から次へと新しい発見があったからだ。「焼き上がるパンは毎日微妙に違うんです。酵母菌は生きていて、職場の空気が良くて前向きに仕事をしているととても美味しくなって、どこかみんなが寂しい気持ちでいると"寂しいパン"になるんですよね。それに、"美味しくなーれ"って焼くと、美味しいパンができる。理屈じゃなくて、本当にそうなるんです」。また、オーナーの甲田幹夫さんの「食べ物は命。信頼できる相手から材料を仕入れ、添加物を加え

ず、シンプルな製法で作れば、身体にいいパン、皆が平和になるパンになる。そしてそれは、人や自然、社会や世界の問題を考えることに繋がる」という言葉を、赤池さんは実際に体験して理解できたとも話してくれた。「『ルヴァン』で働いた経験は、私の中に、飲食の仕事をする上での指針、軸のようなものを作ってくれました」。

こうして、常にアグレッシブに、さまざまな飲食の仕事を得て、経験を積んだ赤池さん。そんな積み重ねの集大成が、今の古民家カフェだと言っていい。結婚したパートナーの実家が築90年の古民家で、その一角をカフェとして使えるようになったのも、偶然ではなく、必然だったのかもしれない。「この場所は、結婚当初私たち夫婦が住んでいたリビングとダイニングキッチンなんです。味わいのある家に、アンティークの家具。窓からは生い茂る庭の緑が見える。『今自分がいつの時代のどこにいるのかわからなくなる』ような非日常な空間で、心をこめて作った料理を召し上がってもらいたいですね」。この店の名物メニューのひとつが"空飛ぶプリン"(写真)。デッドストックのパフェグラスに、まるで宙に浮いたように、手作りのプリンを盛り付けたものだ。「このプリンを"空飛ぶプリン"と命名してくださったのは、『ルヴァン』の甲田さんなんです。ありがたいですね」。

「木花日和」について

東京・永福町の住宅地にある築90年の古民家の一角を改造して作った、アットホームなカフェ。新鮮な野菜をふんだんに使った日替わりランチプレートや、手作りのタルトやスコーン、「空飛ぶプリン」などのスイーツ、鎌倉のカフェ・ヴィヴモン・ディモンシュの豆を使ったコーヒーや、オリジナルブレンドのハーブティーも人気だ

URL：https：//conohanabiyori.jimdofree.com

屋号：木花日和（コノハナビヨリ）
業種：古民家カフェ経営
現在の拠点：東京都・永福町
出身：新潟県
現在の年齢：非公開
バックグラウンド：高校生の頃から、地元新潟県にあるジャズ喫茶でアルバイトを始める。20歳で上京。東京・代官山にあった老舗イタリアンレストラン「パパ・アントニオ」で仕事をする。ホールからキッチンへ、基本の仕事を見て学ぶ。退職し、イタリア・アルバへ拠点を移し、レストランで3カ月修行をする。帰国後、代官山にあった洋菓子店「ラ・ポムベール」で製造の仕事を3年。東京・富ヶ谷の国産小麦自然発酵種パン店「ルヴァン」でパンの製造を4年、隣接したカフェの仕事を3年経験する。2012年に結婚。その後、漢方の学校に通ったり、博物館でも仕事をす

る。2018年に自宅の一部を古民家カフェに改造し、起業する
創業年：2018年
起業した年齢：非公開
初期費用：約500万円（自己資金）
事業形態：個人事業主
スタッフの数：3人（本人含む）
起業前に準備したこと：起業家の井内由佳さんに夢の実現のしかたや考え方のアドバイスをしてもらった。店で使う器やデコレーションの小物など、"自分がときめくもの"を基準に集め出した
起業してから軌道に乗るまでの期間：近所の人を中心にすぐに人が集まる場所になった。古民家の中を見てみたいと訪れる人も多かった
起業して良かったこと：お客さんと話をしたり、繋がりができたのが嬉しい。自分の人生に彩りができた
起業して大変なこと：体力がいること
今まで続いている秘訣：常に「まだまだ店でやりたいことがある」という状態でいること
仕事上のポリシー：直感を大切に、自分の心が踊ること、ときめくことをする
生きていく上で大切にしていること：寝る前に"ありがたいこと探しと反省"をする。今日一日のありがたかったことを考え、頭の中で、あるいは口に出して、言葉として記憶に残す
今後の展開：店の人気メニューのひとつに特化した専門店をポップアップショップでやってみたい。例えば「空飛ぶプリン」専門店や「カレー」専門店など
起業したい人へのアドバイス：やりたいことがあったら、まずはディテールをかなり細かく空想してみる。それを形にしていけばいい

" 何かに必死に取り組んで、
挑戦して、自立すると、
そのほかのことも、あらゆることが
いい方向に流れていく

林亜希
Aki Hayashi

アーユルヴェーダ・ヨーガ・
リラクゼーションサロン
「atelier asha 211」代表

アーユルヴェーダセラピストとして、ヨーガ講師として、アトリエを構え運営する林亜希さん。この仕事を選んだのは、学生時代に大病をした経験がベースにあるのだそう。「私、大学生活を全く謳歌していないんです。2年生の時に病気で長期入院をして、そのまま休学。戻ってからも通院しながらで、勉強もそのほかの活動も同級生から後れをとり、全てが無意味に感じてしまって」病気が完治するのには4年がかかった。そ

れでも病気を通して、さまざまな発見があったのだと話してくれた。「今思えばこの大きな挫折が人生の分岐点。"幸せに健康に自分を生きる"という考え方が基本の"アーユルヴェーダ"と"ヨーガ"の仕事に繋がっていったんだと思います」。

アーユルヴェーダとは、古代インドが発祥、約5000年にわたって受け継がれてきた伝統医学だ。人間本来の個性に重きを置き、性質を見極め、人それぞれに合った治療法を持っている。起源を同じくするヨーガもまた、体位法、呼吸法、瞑想法といった具体的な方法で心身の調和をはかる実践哲学だ。アーユルヴェーダとヨーガはふたつの車輪のよう、健やかで豊かな人生の道を照らす道具になりえる。林さんがこの世界に入ったのは、26歳で結婚し会社勤めをやめ、家の近くにあったヨーガ教室に

通い出したのがきっかけだ。「初めて体験レッスンを受けた時に、何か自分に憑いていた余計なものが取り除かれたように身体も心もすっきりとして、感動して涙が出ちゃって」。それから毎日教室に通い、ヨーガインストラクターの資格を取るほどにまでにのめり込む。そして、2006年、31歳になるとフリーランスのヨーガインストラクターとして、都内ヨーガスタジオ、企業や介護施設での指導、プライベートレッスンも依頼されるようになる。同時に、それまで気に留めていなかった、パートナーの本棚にあるインド哲学関連の本を読み漁るようになった。

2010年、35歳の時には、南インドの都市、マイスールにあるアシュタンガヨガの聖地を訪れ1カ月ヨーガ研修に参加する。そしてこの地で、忘れられないアーユルヴェーダ医師に出逢うことになる。「マイスール郊外の村医者で、鋭く優しい目の医師でした。治療院は明かりとりの小さな窓がひとつ、中央に、薬木であるニーム製のベッドがあるだけなんです。治療は60分ほど。もうとにかく衝撃的な治療でした。ヨーガでは五感は制御せよ、アーユルヴェーダでは五感は鍛えよという言い方をするんですが、まさに五感と魂が震えるよう、目指すところは一緒なんだと感じました」。それから、アーユルヴェーダセラピーを学び資格を取得、屋号をつけて起業、まずは自宅の一室をサロンにして、営業をスタートさせる。「個々の体質に合わせたヨーガレッスンとアーユルヴェーダのオイルを使用したトリートメントを提供しました。ありがたいことに、ヨーガインストラクター時代の生徒さんがたくさん通ってくれて、すぐに安定した運営ができるようになったんです」。

それから、東京・世田谷で見つけた古民家をリノベーションし、最初の独立したサロンに。2022年には、東京・千川にある、建築ファンには有名なデザインアパートメント「Appartement Montparnasse（アパートメントモンパルナス）」の一室に移転し、まるでパリのアトリエのような空間でクライアントを迎えている。また、軽井沢の森の中にある元修道院「アネモネ院」での活動もスタート、2拠点でトリートメントを行い、セラピスト養成講座も開くようになり、いずれも順調だ。

こうして仕事が流れに乗るとともに、私生活でも良い変化があったのだそう。「20年の結婚生活で葛藤の時期が何度かあったんです。でも、ひたすら仕事に打ち込むうちに、"わたしとあなた、違うふたりはもしかしたら違わない、もとは同じ、結婚はそんなふたりが一緒にいるということなんだ"って、ふと腑に落ちるようになって。それが、いい関係を取り戻すことに繋がったんです。仕事に助けられたんですね」。

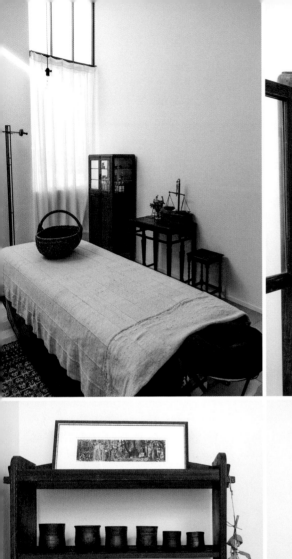

atelier asha

「atelier asha 211」について
東京・千川の「Appartement Montparnasse」にあるサロンをメインに、長野県軽井沢町にある「アネモネ院」でも定期的に、アーユルヴェーダセラピー、ヨーガプライベートレッスンを提供している。完全予約制。そのほか、オンラインレッスン、セラピスト養成講座なども展開、好評を得ている
URL: https://atelierasha211.com

屋号：atelier asha 211（アトリエ アーシャ）
業種：リラクゼーションサロン
現在の拠点：東京都豊島区 / 長野県軽井沢町
出身：東京都
現在の年齢：47 歳
バックグラウンド：学生時代に病気を患い 1 年休学。その時に「幸せに健康に自分を生きる」ことを強く意識するようになる。卒業後は、法律事務所、大手テレビ放送局での秘書の仕事をする。2001 年、26 歳で結婚。ヨーガを習い始め、2006 年、31 歳の時に、ヨーガインストラクターとしてフリーで活動開始。同時に、ヨーガの考え方のベースにもなっているアーユルヴェーダの勉強を始め、2012 年、37 歳の時に、アーユルヴェーダセラピストとしても活動開始。最初は自宅サロンにて、5 年後には、洋服お直し職人「retouches（ルトゥーシュ）」の早水佳名子さんより引き継いだ古民家をリノベーションしてヨーガとアーユルヴェーダサロン「atelier asha 105」を作り、起業。2022 年に現在の場所へ移転、「atelier asha 211」として、友人の池田早紀さんと一緒に運営をスタート。長野県軽井沢の森の中にあるアネモネ院でのセラピー、レッスンも行っている

創業年：2017 年
起業した年齢：42 歳
初期費用：約 100 万円（自己資金）
事業形態：個人事業主
スタッフの数：本人のみ
起業前に準備したこと：自宅サロンの次は、古民家でのスタートだったので自分の部屋をつくる感覚で、憧れのインテリアショップ「Rungta（ルンタ）」に空間作りの相談をした
起業してから軌道に乗るまでの期間：ヨーガの生徒たちが通ってくれたり、口コミで、開業から 3 カ月ほどで収入は安定
起業して良かったこと：誰の目も気にせず自分のやり方で、好きなことに集中できる。ヨーガとアーユルヴェーダのできることをさらに本気で考え、取り組むようになった
起業して大変なこと：古民家をサロンにしていた時は、冬の底冷えが激しくて大変だった
今まで続いている秘訣：計画性がないから？ 柔軟性を持って、何でも楽しむ、自由な気持ちで仕事をしている
仕事上のポリシー：お客さんとの関係作りで、"お客様扱い"をするのではなく、大切な友人として迎え、上下関係が生じない寄り添い方を心がける。自分を犠牲にしない
生きていく上で大切にしていること：素直

であること。つぶやき、感じていることなどノートに書いて、いつも自己観察する

今後の展開: 自然の中に、森か、海辺か、両方か、海外か日本かに、アーユルヴェーダの治療院をつくること。究極は、自然と一体となることが治癒・治療に繋がると思っているので、そうした環境をつくり、人の役に立ちたい

起業したい人へのアドバイス: 最終的に決断するのは自分なので、自分の中に沸き起こる声をよく聞き、心でそれに応えていくことを積みかさねていくと、自然と物事がいい方向へ流れていく。へこたれそうになった時は、心身を休めてそのことを思い出してみる

❝
自分が楽しめているかを、
立ち止まって時々確認する。
忙しすぎると
自分を見失ってしまうので

山口夏実

Natsumi Yamaguchi

焼き菓子店
「ふくふく焼菓子店」店主

　東中野の大久保通り沿いにある
「ふくふく焼菓子店」。元カレー屋さ
んだったという約5坪ほどの小さな
空間にあるのは、キッチンと販売用
のカウンターのみだ。扉を開けて中
に入ると、焼き菓子の美味しい匂い。
カウンターには、焼き立ての季節の
フルーツやナッツなどを使ったマフ
ィン、スコーン、パウンドケーキ、ビ
クトリアンケーキ、店のトレードマー
ク、ふくろう型のクッキーなどが、
賑やかに並ぶ。その向こうには、店
主の山口夏実さん。次から次へと焼

き菓子を仕込んでは焼き続け、お客
さんが店に入ると、手を止めてにこ
やかに接客をする。「この物件は、自
宅から自転車で15分という近さに
惹かれて決めました。賃料も驚くほ
ど安かったんです。ここでまずは契
約期間の3年頑張って、うまくまわ
していけるようになれればと思って
います」。
　山口さんは、大学卒業後、老舗菓
子メーカーに就職するが、体調を崩
してしまい、2年半で退職すること
になる。しばらく休養した後、リハ
ビリのために、大好きな焼き菓子作
りを始めることにした。「自宅のキッ
チンで、毎日一種類は必ず焼こうと
決めました。家族や友人に食べても
らって、感想を聞いて、レシピに変
更をかけたりして。ある意味、楽し
くて充実した時期でした」。それか
ら、山口さんの作る焼き菓子を食べ

た仲間たちに「美味しい、売ってみたら？　喜ばれると思う」と言われるようになり、東京・高円寺にあるシェアキッチンを借りて、月に1、2回、自作の焼き菓子を販売するようになる。「ちょうどコロナ禍が始まった頃で、それが逆に追い風に。平日でもリモートワークの人たちが買いに来てくれて、よく売れたんです」。その後、場所を変えて、カフェの間借りという形で、営業日を増やして販売していく。ほかにも、コロナ禍で経営の苦しい飲食店をサポートする民間の社団法人主導の昼食用の弁当等を販売する“応援キッチンカー”に特別に置いてもらったり、スコーン教室を開いたりと、地元の人たちに食べてもらえる機会を作る努力を地道に続けていった。「少しずつ前進して、そうすると現状に物足りなくなって、次のステップへ進むといった流れでしたね」。

こうした“足慣らし”の時期を経て、晴れて初めての自分のお店を持つことになった山口さん。「今までの活動中に常連になってくれたお客さんや、地元の方が散歩途中に寄ってくださって。オープンしてすぐに人が集まる店になりました」。先日は、ここ地元の小学校で、お世話になった先生が、店舗開業を聞きつけてブルーベリーとストロベリーを送ってくださったそう。それを使って作ったマフィンは、とてもおいしくできたと話す。「うちで提供する焼き菓子は、毎日食べても飽きない、お母さんが家で作ってくれるような素朴な味わいを目指しています」と目を輝かせる。

自分の店を持ってから1年が経った今、ひとつ心がけていることがあるのだそう。「とにかく無理をしないようにすること。自分の体と心と相談しながら、きちんと自分が楽しみながら仕事をしているかを確認しながら、営業するようにしています。仕事で体を壊してしまった経験があるので、ワンオペレーションで運営している今、特に気をつけないといけないと思っているんです」。試行錯誤を続け、現在営業日は週末の3日のみ。残りの4日は、2日を仕込み日に、2日はしっかりと休養することに決めているのだそう。そうすることで、今日も笑顔で焼き菓子を作り、販売することができている。

「ふくふく焼菓子店」について

"幸福を呼ぶ"と言われる、ふくろうがトレードマークの、東中野にある、小さな焼き菓子専門店。店内は、次から次へと焼き上がるマフィンやスコーン、クッキーなどの美味しい香りがあふれていて、幸せな気持ちになれる。オンラインショップでは、不定期で、季節の焼き菓子をセットにした「ふくふく便」を販売中

URL：https://fukufukubake.wixsite.com/mysite-1/home

屋号： ふくふく焼菓子店
業種： 焼き菓子製造、販売
現在の拠点： 東京・東中野
出身： 東京都
現在の年齢： 29歳
バックグラウンド： 大学卒業後、老舗菓子メーカーに就職、2年半勤める。退職後しばらくは、自宅で焼き菓子を作り、家族や友人に試食してもらう日々を送る。2019年、26歳の時から、東京・高円寺にあるシェアカフェで、月に1、2回、キッチンを借りて焼き菓子を作り販売を始める。その後、カフェの間借りスペース、ポップアップショップなどで、営業をする。2021年、28歳の時に現在の場所に店を構える
創業年： 2021年
起業した年齢： 27歳

初期費用： 約160万円（自己資金）
事業形態： 個人事業主
スタッフの数： 本人のみ
起業前に準備したこと： ワンオペレーションで経営している焼き菓子店の視察。焼き菓子のメニュー開発。間借り、ポップアップショップでの試し販売
起業してから軌道に乗るまでの期間： 間借り、ポップアップショップ時代のお客さんがついていたので、店をオープンしてすぐに売り上げを立てることができた
起業して良かったこと： 焼き菓子の販売を通して、地元の人と気軽に会話ができる、繋がりができる
起業して大変なこと： 仕事を詰めすぎていた時は、体力的にも精神的にもきつかった
今まで続いている秘訣： 全て自分ひとりでこなしているので、体力的に厳しいと感じた時は、無理せずに、営業時間などの変更をするようにしていること
仕事上のポリシー： お客さんの希望に100％応えようとするのではなく、無理をしないようにする。無理をすることで、結局お客さんに迷惑をかけてしまうことになるので
生きていく上で大切にしていること： 忙しいと仕事に集中してしまうので、自分自身が楽しめているかを、時々確認するようにする
今後の展開： まずはこの場所で3年、しっかりと利益を出せる営業をしていきたい。また、オンライン販売の分量を増やしたい
起業したい人へのアドバイス： 見切り発車でもいいので、とりあえずできることから始めてみる

> "
> スパイスは奥が深くて、
> やってもやっても追求しきれない。
> だから飽きないし、もっとできる、
> と前向きになれる

日沼紀子
Noriko Hinuma

**スパイス調合、スパイス料理店
「CROISEMENT」代表**

　日沼紀子さんとスパイスとの出会いは、大学を卒業後就職した長野県にある食品製造販売会社に在籍していた時。入社して数カ月が経ってから、社長から直々に「スパイス部門を立ち上げるので担当してもらえないか」と声をかけられたという。もともと研究者肌なところがあり、約5年間、スパイスについての調査と商品開発に没頭する日々を送る。「日本にあまり資料がなくて、海外の文献などを調べたり、あらゆる種類のスパイスを取り寄せて、挽いたり、調合

してみたり、試食を繰り返して。大変だけれども好きな作業でした」。開発した商品は、ハーブティーや、カレー粉、シーズニングなど100種類以上にのぼったという。「私生活でも料理にスパイスを使う機会が増えて、ハンバークの種に加えればさわやかになったり、コクが出たり。グラタンにスパイスを入れると味がみるみる変わったり。毎日発見続きで、楽しかったですね」。

　こんなに優れた食材なのに、日本では使い方の本があまり出版されていないことにも気づく。だから、自分で、スパイスの使い方一覧表を作った。洋書を参考にしたり、スパイスメーカーやカレー店のスタッフに教えてもらったことをもとに、実践し、まとめたもので、本来は会社のスタッフ教育のために作ったもの。けれども、これが日沼さんにとって、ス

パイスの使い方を体系的にまとめていくことの原点になったという。

独立したのは、「スパイスに慣れて、いろいろなことができるようになったのと同時に、大衆向けではなく、マニアックな方向に興味が向いてきたから」なのだそう。それから、マーケティングベンチャーの企業に勤務、29歳で個人事業主になってからも、スパイスを調合するワークショップなどをしながら、カフェの運営や、ワイン専門店での仕事などさまざまな経験を積み重ねる。また、私生活では、結婚、出産もした。そして、37歳の時、パートナーの転勤をきっかけに、岡山県に移住することになる。「田舎はいいですね。子供たちがのびのびとしています」。そして、今は地方にいても発信ができる時代。日沼さんのやりたいスパイスの仕事も、形を変えつつ新たにスタートすることになる。

「まずはオンラインで、独自に調合したスパイスの販売を強化しました」。"スパイス定期便"と名づけられたこのサービスは、毎月、日沼さんが調合したスパイスとレシピが家に届き、追加の情報がオンライン上にアップされ、会員のみが見ることができるという仕組みだ。コースはふたつ。ベーシックコース（1300円/月）では、定番の家庭料理にスパイスをプラスするコツを教えるもの。マニアックコース（1600円/月）は、スパイスを使って世界のエスニック料理を作るというもの。会員は増え続けていて、今では常時100人ほどだそう。

それから、「スパイス大学」という、座学のスパイス講座もある。これは、オンラインで、出張で、日沼さんが、スパイスの知識を教えるというもの。いくつかのクラスを用意し、初心者から料理人まで、多くの人が学べるようになっている。このほかにも、料理教室や、スパイスの講師として、学校や企業に出向くこともある。「移住してから、地元の山陽新聞に活動が取り上げられ、連載もスタートしました。それをきっかけに、ここでの人脈が広がって、スパイスの仕事も調子が出てきたんです。この土地はひとりと知り合うと芋づる式に面白いようにいろいろな人と繋がっていくんですよ」。

また、40歳になると、スパイスとスパイス料理のレストラン「restaurant CROISEMENT」をオープンした。岡山県備前市伊部の大ヶ池のほとり、全部で20席の小さな一軒家だ。営業は不定期だが今は月に4日ほど、予約ですぐにいっぱいになってしまうという。「スパイスと向き合ってきて、やっと自分らしいスパイスの調合が見えてきたような気がしています。スパイスを使って、絶対に美味しいものを作る、この気持ちはずっとゆるぎません」。

CROISEMENT

「CROISEMENT」について
スパイス調合家、日沼紀子さんがスパイスをテーマにさまざまに活動する拠点。独自の調合をしたオリジナルスパイスを販売するほか、岡山県備前市伊部にあるスパイス料理レストラン「restaurant CROISEMENT」を運営。座学のスパイス講座「スパイス大学」ほか、さまざまな場所で、スパイスについて教えている
URL：https://www.ateliercroisement.com/

屋号：CROISEMENT（クロワズモン）
業種：スパイス調合、スパイス料理店経営、スパイス講座講師
現在の拠点：岡山県備前市
出身：秋田県
現在の年齢：42歳
バックグラウンド：大学卒業後、長野県にある食品製造販売会社「サンクゼール」に就職。商品部でジャムやドレッシングの商品管理を行う。新しく立ち上がったスパイス部門の担当になり、商品研究・開発を主導する。この時にスパイスの魅力を知り、5年間勤めた会社を独立後は、スパイス調合家に。2009年、29歳の時、屋号「CROISEMENT」で活動をスタート。マーケティングベンチャーの企業勤務、カフェ運営、ワイン・地酒専門店でのアルバイトを経て、2017年、37歳の時、パートナーの転勤をきっかけに、岡山県に移住。2020年、40歳の時に、スパイス料理レストランを始める。そのほか、オリジナルスパイスの販売、スパイス講座の講師としても活動する
創業年：2009年
起業した年齢：29歳
初期費用：最初は特になし
事業形態：個人事業主
スタッフの数：本人のみ、パートナーが手伝う
起業前に準備したこと：いままでしてきた経験が全て今の仕事のためのベースになっている
起業してから軌道に乗るまでの期間：岡山県に移住してから5年が経って、少しずつ落ち着いてきた
起業して良かったこと：自分で全てを決められる。始まりから終わりまで全てを見届けられるのでモヤモヤしない
起業して大変なこと：自分の代わりになる人がいないので、責任重大
今まで続いている秘訣：スパイスは奥が深くて、やってもやっても追求することがあるので面白い。あとは、日曜日だけは必ず休む、家族が一緒にいる日と決めていること
仕事上のポリシー：絶対に美味しいものを作る、という気持ちでいる
生きていく上で大切にしていること：全てのことにうそをつかない
今後の展開：日本でスパイスの使い方について、もっと知ってもらえるような活動をしたい。料理人やシェフの方々にも、スパイスの調合の妙などを知ってもらいたい

起業したい人へのアドバイス:好きなことを仕事にしたいという憧れだけでは続かない。余計なプライドは持たずに、いろいろな経験を積み重ねていけば、それが編まれて、形になる

仕事とプライベートの境目はなくて、働くことが暮らすこと。この仕事は一生涯、毎日少しずつでも成長しながら続けたい

オザワリエ

Rie Ozawa

雑貨店
「JAMCOVER」代表

　今から27年ほど前、雑貨作家たちによる個性的なアイテムや、世界中のかわいいものをぎっしりと詰め込んだ雑貨店「ジャムカバー」を、下北沢にオープンさせたオザワリエさん。この店は、雑貨ブームの流れに乗って、あっという間に雑貨好きの憧れの場所になった。その後、オザワさんの出身地の群馬県高崎市に2号店を開き、1号店は当時ユニークな店が集まりつつあった東京・馬喰町（ばくろちょう）に移転。2017年には、群馬県高崎市下室田町に、ふたつの店舗を統合する形で「JAMCOVER VILLAGE（ジャムカバーヴィレッジ）」、まさにその名の通り、「ジャムカバー」の村を作ってしまった。敷地面積は約1000坪、カラフルな三角屋根の、雑貨店、お菓子の製造販売をするおやつ店のほかに、オフィスとして使っているアトリエ棟、トイレ棟が軒を連ね、その前にはガーデンが広がり、隣には50台分の駐車場もある。「下北沢に住んで、お店を運営しているときに、その家賃10年分で地元の群馬県ならば家を建てることができるなって思ったんです。それでUターンして、同時にお店を広々と展開できる場所をずっと探していたんです」。

　店の場所を、集客が難しそうな郊外に移してからも、オンラインストアに軸足を移すことはしない。「リアルな店で十分。それよりも、遠くても出かけたいと皆に思ってもらえる

場所に、常にアップデートしていきたいと思っているんです」。広々と、自然あふれる"ヴィレッジ"にある店々には、雑貨やお菓子がぎっしりと詰まっていて、その商品は頻繁に入れ替わり、定期的に作家のイベントを開催したり、個数限定の珍しいお菓子やフードも店先に並ぶ。実際「ジャムカバーヴィレッジ」には、わざわざこの場所を目指してくる客がほとんどだ。地元はもちろん、東京や長野からの客も合わせて、多い時で1日70人が訪れる。客単価は約4000円、雑貨店としては順調だ。そして、ここには定休日はない、年中無休で運営している。「お客さんがお休みを気にせずにいつでも来ていただけるようにという目的もありますが、私自身、仕事を休むという感覚がないんです。仕事が暮らしそのものなので、毎日オフィスに来てしまうんですよね（笑）」。

コロナ禍の最中（さなか）も、1日も休まず営業を続けた。場所柄、密になりづらいこともあり、客足は途切れなかったそう。「人の流れ、売れるものの変化は感じましたね。リモートワークが増えたりと仕事の仕方が変わったせいか、平日にいらっしゃるお客さんが増えたと思います。それから、家の中で過ごすことが多くなったせいか、花瓶やテーブルウエアがよく売れました」。現場にいてそうした"流れ"を察知すると、すぐに、商品構成を変えたり、関連イベントを企画したりと、スピーディに売り場の様子が変化していく。

「間違っていない方向に努力をし続けていれば、必ず結果がついてくると思っています。少しずつでいいので、ずっと成長していきたいですね」。最近では、地元に密着したプロジェクトもいくつか手がけているそうだ。「高崎の農産物を『ジャムカバー』の世界観でブランド化することを考えています。敷地内に地元農家の直売所も作りたいんです」。次から次へとアイデアが生まれ、それを着々と実現していく。大の雑貨好きが始めた小さな雑貨ショップが、努力を積み重ねて、自分の興味や好きの範囲を広げていく。そんな見本のような例である。

JAMCOVER

「JAMCOVER」について

1995年、東京・下北沢からスタートした雑貨店。現在は、店主オザワリエさんの地元、群馬県高崎市下室田町の「ジャムカバーヴィレッジ」を拠点に、雑貨アーティストが作る個性豊かな雑貨のほか、セレクトしたキュートで遊び心のある雑貨、オリジナルブランドの子供服、自家製の焼き菓子やチョコレートなどのスイーツも、独自の世界観で販売している

URL: www.jamcover.com

屋号：JAMCOVER（ジャムカバー）
業種：雑貨店経営、焼き菓子製造販売
現在の拠点：群馬県高崎市下室田町
出身：群馬県
現在の年齢：52歳
バックグラウンド：音楽学校卒業後、雑貨＆インテリアショップ勤務を経て独立。1995年、24歳の時、東京・下北沢に「JAMCOVER」1号店をオープン。その後下北沢で一度移転後、2008年、37歳の時、群馬県高崎駅近くに2号店「JAMCOVER 高崎店」をオープン。2011年、40歳の時、1号店が東京・馬喰町に「JAMCOVER East Tokyo店」として移転オープン。2017年、46歳の時、1号店、2号店を統合する形で、群馬県高崎市下室田町に、雑貨とおやつをテーマにショップ展開するほか、ガーデンやアトリエも敷地内に作った「JAMCOVER VILLAGE」をオープンする

創業年：1995年
起業した年齢：24歳
初期費用：300万円（自己資金ほか）
事業形態：個人事業主
スタッフの数：12人（本人含む）
起業前に準備したこと：雑貨＆インテリアショップでの経験、店舗のオープン直前には海外（ニューヨーク）で雑貨や古書の仕入れをした
起業してから軌道に乗るまでの期間：4年
起業して良かったこと：自分にしかできない仕事で、皆に楽しんでもらえること
起業して大変なこと：売り上げは変動するので、金銭的に安定しないこと
今まで続いている秘訣：常に自分自身を、そして店をアップデートする
仕事上のポリシー：惰性や楽をして働かないようにしている
生きていく上で大切にしていること：少しずつでも正しい方向に努力を積み重ねて成長し続けたい
今後の展開：今展開しているビジネスの中で、特に食の分野の研究をさらに深め、パッケージデザインを含めて広く提案していきたい
起業したい人へのアドバイス：やりたいことが自分に向いていることかどうかを見定めること

> ## 外国人向けの家庭料理教室は
> ## メニュー開発から準備、アテンドと
> ## やることが満載。そして刺激的で
> ## 幸福感にあふれている

岡田真由子
Mayuko Okada

**外国人向け料理教室
「Mayuko's Little Kitchen」代表**

　外国人に向けた日本の家庭料理教室を主催する岡田真由子さん。このビジネスを始めようと思ったきっかけは、イギリス発フレッシュハンドメイドコスメの会社「LUSH」で販売の仕事をしていたときに遡る。店頭で、夏休みに毎年日本を旅行するというフィンランド人のカップルを接客している時に話が盛り上がり、名前を教え合う。そのカップルは翌年の夏も店を訪ねてくれたそう。またその翌年は異動で勤務店が変わっていたけれども、わざわざ真由子さん

を探して、異動先の店まで来てくれた。「嬉しかったですね。これはもうって縁を感じて、ふたりと連絡先を交換し、プライベートの時間を使って、日本食のレストランに行ったり、スポーツジムに連れていったり、東京のリアルな生活を共有したんです」。この楽しかったアテンドの経験がずっと記憶の中にあって、ある日「外国人に日本のリアルな文化を知ってもらえる仕事をビジネスとしてやってみよう」と思い立ったのだという。

　真由子さんの母親は、自宅で焼き菓子の作り方を教える料理の先生だった。その姿を子供の頃から見ていて、ターゲットを外国人に置き換えて自分でもやってみようと動き出す。まずは、英語力のブラッシュアップ、それから、さまざまな形態の料理教室に通い、同時に外国人たちがどん

な料理教室を求めているかを、街中でヒアリングしたりと、足を使ってリサーチをする。その結果、ツーリストをターゲットにした、出汁から作るラーメン＆餃子のクラスと、巻き寿司のクラス、そしてすでに日本に住んでいる外国人が新しい食材に出会い、料理に使えるようになることを目的にした、別称"サバイバルクラス"を展開することになる。「場所は自宅のキッチンを使いました。もともとは妹とふたり暮らしをしていた場所だったので、それなりの広さがあって。1回で6人のアットホームな教室になりました」。調理器具や食器は、祖父母の家から譲り受けた、実際に日本の家庭で使われてきたものを中心に、鰹節削り器や、和包丁、大容量のセイロ、それから、九谷焼の器や江戸切子のグラスを使い、その道具や器の歴史的背景もクラスの中でレクチャーする。教室のインテリアも、母親が創作したという"日本"をテーマにしたアート作品が飾られていて、会話を楽しむための小道具になっている。「広く日本のカルチャーに興味を持っている方が多くて、毎回質問攻め、盛り上がります。仲間意識も生まれて、繰り返し通ってくれたり、今では教室のお手伝いをしてくれる生徒さんもいるんです」。

こうした教室の場合、なんと言っても集客力があるかどうかが明暗を分けるものだが、真由子さんの場合は、アメリカのオンライン旅行サイト「トリップアドバイザー」をメインに集客を行った。「ツーリストがメインターゲットだったので、迷わずここで集客を展開していきました。注目してもらうには、良質な数多くのレビューが必要です。最初は、知り合いに参加してもらい実際に感じたことを書いてもらった3つのレビューから。7年かかりましたが、今では800以上のレビューが掲載されています」。そして2018年には、東京で日本のカルチャーを体験できる教室のトップ10に選ばれたのだそう。口コミでもどんどん評判が広まって、参加者は多い時で月に100人。「この時はほぼ毎日教室を開催していて、睡眠中、夢でも教えているほど忙しかったですね」。その後、コロナ禍で、ツーリストが減り開催が難しくなり、100万円近くのキャンセル料の返金をしたという苦い経験も。けれども、このことをきっかけに、オンラインのクラスをスタートさせ、今ではこちらも軌道に乗っているのだそうだ。「とにかく、毎日刺激があって達成感もある。さまざまな国から日本を訪れるお客さんとの出会い、それから、コラボレーションだったり、インタビューのオファーだったり、料理教室の仕事から派生する新しい流れにも、わくわくします」。

「Mayuko's Little Kitchen」について
外国人観光客、在日外国人に向けて、日本のベーシックな家庭料理を教える、サロンスタイルの料理教室。定番のコースは「出汁から作るラーメン＆餃子クラス」と「巻き寿司クラス」。このほか、ベジタリアン向けクラス、日本に住む外国人に特化した、別称「サバイバルクラス」、千葉県銚子市の日本家屋で開催するクラスや、オンライン教室も人気がある
URL：https://www.mayukoslittlekitchen.com

屋号：Mayuko's Little Kitchen
（マ ユ コ ズ リ ト ル キ ッ チ ン）
業種：外国人向け料理教室主宰
現在の拠点：東京都
出身：千葉県銚子市
現在の年齢：39歳
バックグラウンド：欧米文化への憧れがあり、英語科のある高校へ進学、そこでオーストラリアへのホームステイも経験、大学は英文科へ。卒業後は会社勤めをしつつ、レゲエダンスパフォーマーのセミプロとして活躍する。その後、2010年、27歳の時、外資の化粧品会社に入社、4年間販売の仕事に携わる。その時に出会った外国人のお客さんとの縁で、外国人をアテンドする、彼ら彼女らに日本の素晴らしさを伝えることの楽しさを知る。会社を退職し、

翌年、2015年、32歳の時、外国人向けの日本家庭料理の教室をビジネスとして始める
創業年：2015年
起業した年齢：32歳
初期費用：自宅のキッチンで始めたためほぼ必要なかった
事業形態：個人事業主
スタッフの数：本人のみ、不定期でアシスタント8人
起業前に準備したこと：英語の学び直し。料理講師の母親に料理を学ぶ、またリサーチのため6カ月間、毎週料理教室に通う。システム作りの参考のためにビジネス書を100冊読破。外国人観光客に街頭インタビューをするなど足を使って市場リサーチを行う。開業半年後に起業スクール「企画経営アカデミー」に通い経営者としての心づもりを学んだ
起業してから軌道に乗るまでの期間：半年
起業して良かったこと：毎日刺激にあふれている。国籍、年齢、職業関係なく多くの人との出会いがあり、新しい価値観を知ることができる。また自分も含め生徒さん同士も繋がっていくことに喜びを感じる
起業して大変なこと：忙しくて、家事がおろそかになってしまうことがある
今まで続いている秘訣：仕事が仕事を生む形でイベント参加やインタビュー依頼などさまざまなオファーが届き、活動の場が広がるのが楽しく、飽きることがない
仕事上のポリシー：鉄は熱いうちに打ちまくる。何かアイデアを思いついたら、スピーディーに行動に移す
生きていく上で大切にしていること：仕事

ばかりではなく適度に遊ぶ。その遊び
から仕事のアイデアが生まれることも
多い

今後の展開：料理教室の内容に、参加者
の方が主役になれるようなイベント性
を取り込み、さらにオリジナリティを出
していく。外部のプロフェッショナルな
人たちと組んでチームとして活動をし
ていく

起業したい人へのアドバイス：まずは軽い
玉を軽い気持ちで投げてみる感じで始
めてみる。ひとつのことを極めるのは
ハードルが高いので、好きでパッショ
ンを感じられること、得意なことをいく
つか組み合わせて、いろいろと試して
みるといい

> "
> 自分がなぜ生地を作るのか、
> 自分でないとできない理由を考え、
> いつも自分を納得させながら
> 仕事をしている

坂本あこ
Ako Sakamoto

テキスタイルブランド
「gochisou」代表

　愛媛県に住んでいた高校生の頃からファッションやデザインに興味があり、卒業後は東京の美大に進学し、テキスタイルデザインを専攻していたという坂本あこさん。かなり早い段階で、好きなこと、やりたいこと、自分ができることを意識していて、それを仕事にしようと決めて、突き進んでいるように見える。「大学院生の時に染め型を使って職人の手で一枚一枚染色を行う染色法、手捺染（シルクスクリーンプリント）の魅力を知ったんです。研究テーマ

を決めることになって、この手捺染で、パンをモチーフにデザインして、オリジナルのテキスタイルを制作することにしました。実際のパンを同じパンの柄の布で包んだら面白いなって思って」。それから、バゲットやクロワッサン、カンパーニュ、クリームパンにベーコンエビ、さまざまな種類のパンをモチーフにデザインを考えた。生地のほかに、パン屋さんで使ってもらうことを想定したパンを入れるためのバッグも作ったそう。この活動は、2017年に、東京・富ヶ谷にある自然発酵種で有名なパン屋「ルヴァン」とのコラボレーションにも繋がり、「ルヴァン展」として店先で、作品のお披露目をすることになる。「この時のデザインは、生地を壁に吊るした時に絵になるように、というのを意識しましたね」。店の壁に、さまざまな形のパンが美し

くレイアウトされた布をあしらえば、空間には動きが生まれ、明るさと楽しさに包まれる。その布は、今では、自宅の一角にあるアトリエの壁に飾られている。

それから、パンからどんどん広がって、デザインのテーマは"食"全体に広がっていく。屋号も、美味しい響きの"ゴチソウ"に決めた。「山菜をテーマにデザインしたこともあります。今は、お菓子をテーマにしたものが多いですね」。人気のドーナツ柄や新作のバームクーヘン、そのどれもが洗練され、また独自の存在感に裏づけられた力強さも感じられる。同じモチーフをデザインしても、生地の素材、例えばコットン100%、麻100%、麻レーヨンなど、によって表情が変わるのも面白い。「デザインをする時は"かわいくなりすぎない"を意識した大人かわいいテイストが基本。リアルさの加減や生地の素材との相性、色味の変化など、毎回試行錯誤しながら、作り上げています」。大学院を修了してから、まずは、5種類の生地を貯金をはたいて作成するところから始めたオリジナルの生地製作。今ではその生地を使って、バッグやワンピース、エプロンなどさまざまな商品開発にも力を入れている。

こうして作品作りに真摯に向き合いながら、自分のブランドを広く知ってもらうための外への発信も精力的に行っている。24歳の時には、学生時代にアルバイトをしていた型染めのユニット「kata kata（カタカタ）」の計らいで、手紙社が主催する生地や布小物の展示販売イベント「布博」に「gochisou」として出展した。「来場者のみなさんの反応を知ることができる良いきっかけになりました。実質この時が『gochisou』の公式スタートなんです」。それから、期間限定のショップを運営する機会にも恵まれた。東京都中小企業振興公社が、将来の独立開業をサポートするために展開しているプロジェクト、東京都チャレンジショップ「創の実」に参加し、2019年から1年間、吉祥寺の店舗で、「gochisou」の布や生地を使って制作した小物やアパレル商品の販売をした。「良い経験になりました。いつかちゃんと自分の店を持とうという目標もできました」。

ファンが増えていくのを日々実感していると話す坂本さん。やりたいことが次から次へと思い浮かび、力強く前進し続けているその姿は、キラキラと輝いている。

gochisou

「gochisou」について
食をテーマにしたデザインのオリジナルテキスタイルブランド。バゲットや食パン、クロワッサンなどのパン、ドーナツやバームクーヘン、クッキー、カヌレなどを、大胆にスタイリッシュにデザイン、独特の世界観がある。オリジナルファブリックを使って作ったエプロンやバッグなどの小物も多く制作、オンラインショップやポップアップショップで販売中
URL: https://www.gochisou-textile.com

屋号：gochisou（ゴチソウ）
業種：テキスタイルデザイン、オリジナルテキスタイル＆小物制作
現在の拠点：東京都中野区
出身：愛媛県
現在の年齢：31歳
バックグラウンド：東京造形大学大学院デザイン科修士課程修了、専攻はテキスタイルデザイン。大学院在学中に手捺染の魅力を知り、自らオリジナルのテキスタイルを制作、ホームページを作成したり、イベントに出展したりと"食をテーマにデザインしたテキスタイルブランド"を立ち上げるべく動き出す。型染めで人気の染色ユニット「katakata（カタカタ）」でアルバイトの経験もする。2014年、22歳の時、ふろしきデザインコンペ最優秀賞受賞、2015年、23歳の時、コッカプリントテキスタイル賞「inspiration」準グランプリ受賞、2016年、24歳の時、大学院修了と同時に自身のブランドを立ち上げ、本格的にオリジナルテキスタイルの制作＆販売を始める

創業年：2016年
起業した年齢：24歳
初期費用：約60万円（自己資金）
事業形態：個人事業主
スタッフの数：本人のみ
起業前に準備したこと：大学院在学中から、起業を視野に入れて、オリジナルのテキスタイルを制作し、ポップアップショップなどに出展し、お客さんの反応を見ることができた
起業してから軌道に乗るまでの期間：2年
起業して良かったこと：所属する会社に合わせる必要がなく、自分のやりたいことをとことん追い求められる
起業して大変なこと：最初は経営をするための知識が全くなく、またビジネス的な視点を持つことができなかった
今まで続いている秘訣：この仕事を始めた時に考えた自分のやりたいこと、信念をずっと持ち続けていること
仕事上のポリシー：初心を忘れず、信念を持ち続ける
生きていく上で大切にしていること：日々の暮らしの中で、自分と向き合う時間を意識的に作るようにしている。そうしないと1日があっという間に終わってしまうので
今後の展開：日本のさまざまな地域の"食"、郷土料理だったり、和菓子だったりに注目し、デザインに落とし込んだテキスタイルのシリーズを考えたい
起業したい人へのアドバイス：できるかできないかを考えるのではなく、一度やってみる

> モノにはそれぞれにストーリーがあり、
> 独自のエネルギーがある。
> 「よくここに来てくれた」
> という気持ちを忘れずに商いをしたい

矢田佳子

ビーズとボタンの店
「idola」店主

京都市中京区三条通にある大正時代に建てられたレトロな洋館、その3階にある小さなビーズとボタンの店「イドラ」。店主の矢田佳子さんの友人が名づけ親だという店名の"イドラ"とは、イギリスの哲学者、フランシス・ベーコンにより広められた言葉で"偶像"などと訳される。店のロゴマークは、ヨーロッパから仕入れたボタンの中に紛れ込んでいたココナッツの殻製で人の顔を模したボタンのデザインをアレンジ。「最初このボタン見つけたときに、なん

だかふわっと不思議な感覚があって、その魅力にはまっていきました。フランスの蚤の市のストールで見つけて、その時にあるだけ買ってしまったんです。後にフランスのボタンメーカーに樹脂でカラフルなレプリカも作ってもらいました」。

矢田さんは、子供の頃からビーズやボタンなど、小さなアクセサリーや手芸用のパーツが大好きだった。少しずつ集めてはお気に入りの箱に詰めて、まるで宝物のように大切に持っていたのだそう。大人になってから、その時の気持ちを思い出させてくれたのが、20代後半、体調を崩して実家でのんびりと暮らしていた頃、神戸で友人が経営している輸入雑貨店を訪れた時だった。「彼がフランスから仕入れたものの中に、個性的なデザインのアクセサリーのパーツ、ビーズやボタンがたくさんあっ

て、心が躍りました。こうした商品を売る自分の店を持ちたい、そう思ったのもこの時です」。そして、まだその店に並んでいなかったビーズやボタンの在庫を預かり、卸し先を探すことを頼まれる。「当時、病気をして入院生活を終え、自宅で療養していた時期だったので、ゆっくりと仕事を始める良いきっかけになりました」。

営業先として最初に思いついたのは、現在「イドラ」が入っているSACRAビルに店があったオーダメイドシャツの人気店「モリカゲシャツキョウト」。「店を訪ねた日のことは忘れられません。ちょうど店主の森蔭さんが休憩中でいらっしゃらなくて。隣の店で待ちながら立ち話をしている時に『そこの5坪の部屋が空いてるよ。ビーズやボタンに丁度いいのでは？』という話を聞いて、背中をぐーっと押されたんです」。それから、ビルのオーナーを紹介してもらい、賃料を聞くと「なんとかなりそうな金額」だった。「これは流れに乗っていこう、いかないとって心が決まりましたね」。

そして、1993年、矢田さんが35歳の時に、この大正時代に建てられたレトロな洋館の一角、たった5坪の小さな空間で「イドラ」はスタートする。店に並ぶビーズやボタンは、1900年代頭初から中期のデッドストックから現代のものまで、ヨーロッパのものが90%、日本のもの

が10%、どれも矢田さんの審美眼にかなった、個性的で美しいものばかり。「最初は友人が仕入れてくれた、約300個から。売り上げに合わせて、新たに仕入れをして少しずつ数を増やしていきました」。そのうち自らフランスに買いつけにも出かけるようになる。「パリでは、まずカフェでゆっくりと過ごすんです。それで、おしゃれな人や、アーティスト風の人を見つけたら声をかける。『こんなものを探しています、教えてください』と書いたフランス語のスクリプトを用意しておいて、それを見せるんです」。そうすると、たいていの人が、隠れ家的な店や問屋に連れていってくれるのだそう。そこで仕入れた商品はまず外さないのだとか。それから買いつけ先は、ヨーロッパの他の国、イギリス、ベルギー、トルコ、インド、タイ、青島（中国）、韓国へと広がっていく。日本の1950〜60年代に作られたビンテージやデッドストックにもユニークなものが見つかるという。

2021年には、気持ちを新たに店舗をリノベーションした。5坪ほどの小部屋をライブラリー風の売り場にし、向かいの部屋をキャッシャーとギャラリーにした。「荷物をロッカーに入れて、ゆっくりと時間の許す限り材料と向き合ってもらえるようにしました。ひとりで自分と向き合う時間、これからとても大切だと思うのです」。

idola

「idola」について

京都市中京区三条通、大正時代に建てられた趣のあるビルの3階に店を構える、ビーズとボタンの店。1900年代頭初〜中期のデッドストックから現代のものまで、ヨーロッパのものを中心に世界中の、個性豊かで美しいビーズやボタン、手芸の材料が集まる。ギャラリーも併設し、不定期で店の材料を使って作った作品の展示販売を行う

URL：https://www.idola-kyoto.com

屋号：idola（イドラ）

業種：ビーズとボタンの小売り

現在の拠点：京都市中京区

出身：京都

現在の年齢：64歳

バックグラウンド：大学を卒業後、大学教授秘書の仕事を3年、大阪のギャラリーに1年勤務する。その後、東京でメーカーに勤務、企画の仕事に6年携わる。体を壊して、京都へ戻り、しばらくの療養後、兵庫・神戸で輸入雑貨店を営む友人の計らいで、ヨーロッパの珍しいビーズやボタンを預かり、地元京都で販売の手伝いをするようになる。1993年、35歳の時に理想の物件に出会い、店をオープン。2000年、42歳で、個人事業主から、有限会社にする。2021年、57歳の時に、店舗をリニューアルし、ギャラリーを併設した空間に生まれ変わった。また、2012年、54歳の時に、家業を引き継ぐ形で、100年続く老舗の砂糖問屋の3代目代表取締役社長にも就任している

創業年：1993年

起業した年齢：35歳

初期費用：約500万円（自己資金ほか）

事業形態：有限会社

スタッフの数：4人（本人含む）

起業前に準備したこと：神戸にある友人の輸入雑貨屋さんが仕入れてきたヨーロッパのボタンをたくさん預かって、置いてくれないかと営業したことが、今の店のベースになっている

起業してから軌道に乗るまでの期間：1年ぐらい、雑誌で紹介されて知れ渡るようになった

起業して良かったこと：人見知りする性格だったけれども、共通点のある人たちに出会える喜びを知った

起業して大変なこと：スタッフとの関係作りが大変な時期もあった

今まで続いている秘訣：続けようと思わない、続けなきゃと思わないこと

仕事上のポリシー：縁があってこの店に来てくれたヨーロッパや日本の新旧さまざまな時代のビーズやボタン。「よくこの店に来てくれた」という気持ちを忘れずに、またお客さんにもその気持ちを含めて受け渡していきたい

生きていく上で大切にしていること：今、自分が何を感じているか？　それを穏やかに表現すること

今後の展開：ギャラリーの企画展を増やす。ちょっとゲリラ的にいろいろな場所で、店を開く"旅する手芸店"をしてみたい。トラックにビーズやボタンを詰め込んで巡回するのも楽しそう

起業したい人へのアドバイス：何かきっかけがあれば、始めるタイミング。背中を押される感じがあったら、抵抗しないで流れに乗ってみるのがいい

撮影協力：神奈川県立地球市民かながわプラザ（あーすぷらざ）

> **ルワンダで惹かれた「イミゴンゴ」。
> とことんのめり込んで、
> この文化を
> 広く紹介していきたい**

加藤雅子
Masako Kato

ルワンダ伝統工芸アートブランド
「imigongo anywhere」代表

　現在、東アフリカにある内陸国、ルワンダに住む加藤雅子さん。2017年に移住し、今年で6年目になる。日本から遠く離れたこの場所で、かつて存在した王国時代から継承されているという、伝統アート「イミゴンゴ」のリサーチと、作品を日本のマーケットに広め、販売する会社を現地で立ち上げ、活動している。「イミゴンゴ」は、画材に仔牛の糞と灰で作った粘土状の素材を使うのが特徴だ。木版の上に下絵を描いたら、この素材を手を使ってなぞるように線の上に乗せていき、さまざまな幾何学模様を立体的に作り上げていく。色は赤、黒、白、灰色の4色が伝統的な色使いとされている。線を描いたら、乾燥させ、やすりをかけ、着彩。この作業を数回繰り返し完成させる。全て手仕事による、美しいデザインだ。「現地では、女性の作り手さんが比較的多いですね。昔は伝統を守るために、結婚前に女性が"嫁入り修業"として技術を磨いたという話も聞きます。今でも、国内には大小さまざまのアトリエがあって、多くの女性たちがそこで、日々、制作に勤（いそ）しんでいるんです」。

　加藤さんがアフリカに興味を持ったのは、大学時代に、アフリカの人々の暮らしに関する講義を受けたことがきっかけだ。その後"現地でスワヒリ語を学ぶ"プログラムに参加する形で、ケニアを訪れる。「街がエネ

ルギッシュで溢れんばかりの活力がある。私はいつかこの大陸に住むんだろうなと感じました」。それから、大学を卒業してホテル業界に入るが、その選択には「大手のホテルならば、アフリカに支店があるので、移住できるチャンスがあるかもしれない」という思いがあった。結局、アフリカへの移住の夢が叶うのはホテルに数年勤めた後だった。

　その後、ルワンダで「イミゴンゴ」との運命の出会いをする加藤さん。最初は、2017年の6月、移住のためにルワンダのキガリ国際空港に降り立った時だ。「個性的な幾何学模様のタペストリーが飾られていて。なんだろうって、気になって仕方がなかった」。それから、街のカフェやショップ、友人宅でも目にし、それが、ルワンダの伝統工芸アート「イミゴンゴ」だと知る。その後リサーチをスタートさせるも、情報が少なく、研究者にも辿り着けなかった。「もう、実際に『イミゴンゴ』の作り手さんに話を聞くしかないと思って、アトリエを訪ねることにしたんです」。けれども、このアトリエ訪問も一筋縄ではいかなかった。よその国の人間が突然やってきて、「イミゴンゴ」を作るところを見たいと言っても、警戒されるのは想像に難くない。最初は、中には入れてもあまり応答が得られなかったという。「けれども、とにかく通うことを続けました。迷惑だったと思います。作り手さんがど

んなマインドで作っているのかを感じたくて、同じ空間にいるだけでいいからという気持ちでした」。それから、少しずつ、心が打ち解けてきたのを感じるようになる。「徐々に『イミゴンゴ』にまつわるいろんな話をしてくださるようになり、作り方の手ほどきも受けました」。今では、週の半分はアトリエへ通う日々。そして、自分でも作品を作りながら、「イミゴンゴ」をさらに深く知るための調査と解釈を重ねている。同時に、日本のマーケットに、この作品を伝え、ビジネスとして展開もしている。販売サイトの運営、年に数回の日本での展示販売会の企画、そしてレクチャーなどへの登壇と、ルワンダと日本を行き来しながら精力的に活動し、着々と日本でのファンを獲得しているようだ。「できるだけ多くの人が、核の部分を保ったままの『イミゴンゴ』に触れられるといいですね。そのためにも、いつかルワンダに『イミゴンゴ』をまとめた施設を作りたいんです」。

「imigongo anywhere」について
「カルチャル キャピタル ルワンダ 研究開発会社」のメインの活動で、アフリカ・ルワンダの伝統アート「イミゴンゴ」を調査し、解釈し、その魅力を日本に伝え、現地で生み出された作品を日本に紹介し販売するためのブランド。定期的に日本での展示販売、また、オンラインショップでの販売のほか、委託販売も行っている
URL：https：//imigongoanywhere.com

屋号：imigongo anywhere（イミゴンゴ エニウェア）
業種：伝統アート調査・販売
現在の拠点：アフリカ ルワンダ・キガリ
出身：青森県
現在の年齢：非公開
バックグラウンド：大学を卒業後、ホテル業界へ。東京ディズニーリゾートに隣接するホテルで、6年間キャリアを積む。その後、ホスピタリティ・ビジネス®を学び企業研修などを経験。2017年、大学時代から興味を持っていたアフリカ大陸（ルワンダ）へ移住。2018年、ルワンダで法人設立。ルワンダで出会った伝統アート「イミゴンゴ」の調査活動を開始。作品やそのまわりの文化背景・暮らしなどの紹介を行う
創業年：2018年
起業した年齢：非公開

初期費用：特になし
事業形態：アフリカ・ルワンダで法人「Cultural Capital Rwanda R&D LTD.（カルチャル キャピタル ルワンダ 研究開発会社）」設立
スタッフの数：本人のみ
起業前に準備したこと：アフリカ・ルワンダに住んでいるという恵まれた環境を生かして、「イミゴンゴ」を作る工房を毎日訪れたり、伝統文化に詳しい方に教えを乞い、繋がりを作っていった
起業してから軌道に乗るまでの期間：今もまだ軌道には乗っていない、手探り中
起業して良かったこと：「イミゴンゴ」を通して、日々発見がある、知るということに終わりがないことを知ることができて楽しい
起業して大変なこと：調査活動とビジネスの境目、バランスの取り方が難しい
今まで続いている秘訣：ずっと“好き”という気持ちが続いているので、「イミゴンゴ」への興味が途絶えない
仕事上のポリシー：マーケットに合わせてビジネスをするというよりも、作品の背景、本質をそのまま伝え、買い手の知性や感覚に委ねる
生きていく上で大切にしていること：たくさん寝ること
今後の展開：いつか、アフリカ・ルワンダに「イミゴンゴ」をまとめた施設を作りたい
起業したい人へのアドバイス：自分が大切にしたいことを大切にしてくれる人と進んでいけるといい

> " 理想の暮らし、住まい。
> そこから続く、自分の店。
> 自身の目で選んだ確かなものを、
> 提案していきたい

浅川あや
Aya Asakawa

生活雑貨店
「日用美」店主

多摩美術大学のデザイン科で立体デザインを学んだ、浅川あやさん。大手内装・設計会社を経て、家具・インテリア関連商品の企画・販売会社に転職する。「その会社はライフスタイルショップもしていて、接客もしました。お客さんにインテリア、さらにはライフスタイルの提案をするんです」。そして、プライベートでは、28歳で結婚したパートナーと一緒に鎌倉・材木座に家を建てることを計画する。「それまでは都内近郊のマンション暮らしだったんです。で

も、広々とした家で暮らすお客さんに暮らし方の提案をするうちに、自分の今の暮らしがとても貧しいなって感じてしまって。人にアドバイスをするからには自分の生活を豊かにしないといけないんじゃないかって。それで、郊外に一軒家を作ろうと決めたんです」。

念願のマイホーム、3階建ての1階部分は、店舗用に設計した。「いつか自分の店を持てるなら、日用品の美しさという意味で、『日用美』という名前にしようとずっと心の中で温めていました。この家でそれを実現しようと考えたんです」。やがて、出産、そして会社を退職し、少しずつ自分の店を開く準備に軸足を移す。けれども、心の準備はなかなかできなかったという。「子供のことや、お金のこと、考え出すと二の足を踏んでしまって……」。そんな時、大学時代の

友人で、現在ガラス作家として活動するアキノヨーコさんから、作品がたくさん送られてくる。「店をするなら置いてって。それを見た時に、いいなって。考えすぎないで、できることからやったらいいんだって、背中を押されたんです」。そして、2013年、鎌倉・材木座の自宅の1階に、ずっと夢見ていた、生活雑貨店「日用美」がオープン。店にはすぐに、地元の人々が集い、鎌倉散策に訪れる旅行客も足を延ばす人気店になった。

そんな鎌倉での暮らしも6年近くが経って、浅川さんの中で「もっと自由に暮らしたい、自然の中で、土のある生活がしたい」という思いが強くなっていく。それには、子供が通っていた"パーマカルチャー(Permaculture)"を実践する保育園に触発されたところがある。"パーマカルチャー"とは、パーマネント(永続性)、アグリカルチャー(農業)、カルチャー(文化)を合わせた造語で、簡単に言うと、持続可能な建築や自己維持型の農業のシステムを取り入れ、社会や人々の生活を考えるデザインの概念のことだ。「子供たちが毎朝、落ち葉を集めてコンポストに入れたり、焚き火をして灰を肥料にしたりして。豊かだな、あるべき姿だなって」。

それから、さらに田舎へ。「海と山があり、相模湾沿いで」の条件で新しい拠点探しが始まる。そしてまもなく、神奈川県中郡二宮町の、小高い丘の上に建つ、築約80年、50年間空き家だったという、木造建築、和洋折衷の館を見つける。周囲には木々が高く生い茂り、鳥や虫たちが自由きままに生きる自然あふれる環境だ。敷地面積は380坪近くあり、離れの部屋を残して、一度更地にして自宅を建てることにした。「ここは、ある昭和の財界人が持っていた別荘だそうで、趣のある建築でした。特に離れは、応接室として使っていたのか、壁にはピンクの花柄の壁紙が貼られていたんです。部屋にはウイスキーの瓶や葉巻、鹿の剥製や、ピアノ、レコードが置いてあって、独特の雰囲気でした。木の窓枠やさりげなくあしらわれたステンドグラスなど、味わいがあって、このまま、できるだけ構造を残し改装をして店にするべきだって思いました」。こうして、2020年に、移転オープンした「日用美」。ここにはどこか深い静粛さがあって、すっと心が落ち着く感じがある。そして、浅川さんの眼力で選ばれた、上質で美しい生活雑貨や工芸品、アート作品たちが、気持ちよく溶け込んでいる。「この場所で、たくさんの作り手と一緒に企画展をして、多くの人に良いものを届けていきたいですね」。そして、ゆくゆくは「日用美の美術館」と銘打った展示をして、アートを生活に取り入れる提案もしていきたいとも話してくれた。

日用美

「日用美」について

もともと鎌倉・材木座にあった人気店が、相模湾を望み山に囲まれた自然あふれる町、二宮に移転。店舗は趣のある木造建築、そこに店主の選んだ、美しい日用品の数々が並んでいる。季節ごとに、陶芸家やガラス作家などによる企画展も開催。毎週日曜日に店頭で販売する「日用美のかすてら」は個数限定、すぐに売り切れてしまうとか

URL：https：//nichiyobi365.wixsite.com/nichiyobi

屋号：日用美（ニチヨウビ）

業種：生活雑貨・作家による器や作品の小売り

現在の拠点：神奈川県中郡二宮町

出身：福岡県

現在の年齢：49 歳

バックグラウンド：多摩美術大学でインテリアデザインを学び、内装・設計会社「丹青社」に就職、博物館や美術館の内装、展覧会の企画デザインの仕事に携わること 8 年。家具・インテリア関連商品の企画・販売会社「アイ・スタイラーズ」に転職し、ライフスタイルショップの運営も担当する。2002 年、28 歳で結婚。8 年勤めた後退職し、出産し子供が 2 歳になったのをきっかけに、2013 年、40 歳の時に、鎌倉の自宅の 1 階に「日用美」をオープン。2017 年閉店。2020 年、47 歳の時に、神奈川県二宮町の古民家を改装し、自宅と、隣に店舗を作り、移転し、再オープン

創業年：2013 年

起業した年齢：40 歳

初期費用：約 100 万円（自己資金）

事業形態：個人事業主

スタッフの数：本人のみ

起業前に準備したこと：会社員としてライフスタイルショップの運営をしていた経験が、今に生きている

起業してから軌道に乗るまでの期間：店をオープンしてすぐに、地元の人たちが来てくれて、仲間の集う店になった

起業して良かったこと：会社勤めをしているとさまざまなノルマがあるけれども、自分の店は、良くも悪くも自分の責任。なので余計なストレスがかからない

起業して大変なこと：自然の多いエリアで店をしているので、日々自然の厳しさに直面する

今まで続いている秘訣：店だけが人生ではないので、日々の生活とバランスを取りながら、無理をしないこと

仕事上のポリシー：自分に嘘をつかない

生きていく上で大切にしていること：毎朝自宅と店と、ほうきをかけて掃除をする。その後コーヒーを淹れて一息ついてから 1 日を始める

今後の展開：「日用美の美術館」と名づけたギャラリーのような空間を作り、"ART" を生活に取り入れる提案をしていきたい

起業したい人へのアドバイス：小売店をするなら、店の個性は選んだ商品が作る。だから、自分の店で販売する商品は、それが好きで、売れ残ってしまっても自分のものにすればいいというくらいの覚悟を持って仕入れをするといい

自分が経験してきたすべてを生かせる場所、

機会を与えてもらっている

というスタンスで、

日々の仕事に取り組んでいる

桶田千夏子
Chikako Okeda

家具・空間・
プロダクトデザイン事務所
「Luft」共同運営

　プロダクトデザイナーとして、主に食にまつわるプロダクトを制作している桶田千夏子さん。例えば、ひとり用のお盆に乗せることができる小さな醬油差し「テーブルソイソース」（木村硝子店）や、職人の手仕事ながらマスプロダクトのような日常的な使いやすさを追求したボウルやプレートなどの器（Erdeシリーズ）など、使い手の心と生活に寄り添った商品開発には、定評がある。
　桶田さんの経歴は、ドラマチック

だ。弁護士の父親の影響で、早くから法律家を目指して、大学の法学部へ進学する。卒業後は、父親の経営する法律事務所でパラリーガルをしながら、司法試験を受け続けた。法律家ならば人の役に立つ仕事ができる、という思いが強かったと話す。けれども、ある時、目に異変が起こり、文字が見えにくくなり、事務仕事や勉強ができないような状態に追い込まれてしまったのだそう。「もうこれは、違う道を目指しなさい、ということなのかと、思いましたね」。そして、視点を変え、好きだった料理の道へ進もうと、動き出す。
　「法律家としてやりたかったことが、料理の世界でもできるんじゃないかと思ったんです」。桶田さんの目指していた法律家は、医療の世界で言うところの予防医学を推進するような立場。つまり、何か問題が起こ

前に対策ができるようにアドバイスをする専門家になりたかった。そして、それを料理に置き換えてみる。心身ともに健やかな生活を送るための、食生活の提案ができないかと考えたのだ。「仕事のかたちが違うだけで、私にとっては、全て同じことなんです」。

それから、「毎日食べているいつものご飯、例えば、味噌汁やきんぴらごぼう、切り干し大根の煮ものを、真剣に作ってみたらどうだろう」と考え、それを実現できる自分の食堂を持つことを目標にした。そして、築地の場外市場にある豆問屋で仕事を始める。「市場なので朝5時出勤。賄いも担当していました。自転車通勤をしていて、後ろの荷台でお米を浸水させて、店についたらすぐにお粥が炊けるようにって、段取ってましたね（笑）」。その後、京都の蕎麦懐石の店で下働きの修業を経験させてもらうことになり、約2年間、月に1週間は京都で仕事をするという生活を送る。「店主の仕事を間近で見て、料理の極意のようなものを知りました。塩味を決める時の、ある一線を瞬時に見極めているあの感じ、これが経験の成せる技なんだと感動しました」。

そして、いよいよ、2010年、東京・清澄白河に、桶田さんの店「山食堂」がオープンする。「張り切って、朝食、ランチ、夕食、お茶の時間も通し営業。今思えば、無謀ですよね（苦笑）」。すぐに常連客が増え、客の中から店を手伝ってくれる人も出てきて、店は軌道に乗り出した。ところが、店を始めて2年が経った頃、過労がたたったのか、桶田さんは倒れてしまった。「あの頃は、体調が悪くても、乗り切るしかないって無理をしていて」。病院では脳膜炎と診断され、しばらくの間ICUに入り、3カ月の入院生活を送ることになる。退院した時は、ようやく車椅子なしでなんとか歩けるようにはなっていたが、その後も杖をつきながら、以前のペースに戻して仕事をすることは予想以上に難しかったのだそう。

そんな時、常連客のひとりだった、デザイナーの真喜志奈美さんから、彼女が立ち上げた事務所「ルフト」に参加して、食まわりのプロダクトのデザインを中心に活動してはどうかと声をかけてもらう。「自分はこの時、真喜志さんに拾ってもらったんです。プロダクトデザインの仕事は初めてだったのですが、今までしてきたことと根幹は同じだって気持ちで、やってみようと思いました」。その後、食堂は、途中から手伝ってくれていた仲間に経営権を譲り、沖縄に移住することを決める。「ここでの暮らしは、毎日が充実しています。今まで経験してきたことを生かせる場を与えてもらっているというスタンスで日々、目の前の仕事に向き合っています」。

Luft

「Luft」について
2005年、ともにデザイナーの竹島智子さん、真喜志奈美さんが設立した、広く、家具・空間、プロダクトを手がけるデザイン事務所。2012年に、桶田千夏子さんが加わり、3人それぞれが、独立したスタンスで仕事をしている。2020年、沖縄県那覇市壺屋に、ショールーム＆ギャラリー「Luft shop」をオープンした
URL：https://luftworks.jp

屋号：Luft（ルフト）
業種：プロダクトデザイン
現在の拠点：沖縄県浦添市
出身：東京都
現在の年齢：45歳
バックグラウンド：法律家を目指して、慶應義塾大学法学部に進学。父親の法律事務所でパラリーガルをしながら司法試験を受け続ける。目の病気になり、司法試験を断念、食をテーマに仕事をすることに決める。築地市場の豆問屋、京都の蕎麦懐石の店での修業を経て、2010年、33歳の時、東京・清澄白河に家庭料理の店「山食堂」をオープン。1年半が経った時、脳膜炎で倒れてしまい、3カ月間の入院生活を送る。退院し、少しずつ仕事を始めるが、病気と付き合いながらの生活でなかなか以前のペースには戻らなかった。そんな時、店の常連客だったデザイナーの真喜志奈美さんの誘いで、「Luft」に参加することに。2012年、35歳の時から沖縄と東京の2拠点で仕事を始める。2013年、36歳の時に、「山食堂」の経営を譲渡後「Luft」に専念する。2014年、37歳で沖縄に移住

創業年：2010年（山食堂）、2012年（Luft）
起業した年齢：33歳（山食堂）、35歳（Luft）
初期費用：約1000万円（山食堂、自己資金）、特になし（Luft）
事業形態：個人事業主
スタッフの数：「Luft」には、同じくデザイナーの竹島智子、真喜志奈美と3人が所属。それぞれが独立した形で仕事をしている
起業前に準備したこと：生活の拠点を東京から沖縄に移したこと
起業してから軌道に乗るまでの期間：仕事のペースが摑めるようになったのは、沖縄に移住してから3年後ぐらい
起業して良かったこと：商品を、使い手に「実際に使って役に立った」と言ってもらえるのが嬉しい
起業して大変なこと：自分のビジョンを作り手と一緒に形にしていく時、すれ違ってしまうことがある。時間をかけて気持ちを通じ合わせていくしかない
今まで続いている秘訣：仕事仲間と、楽しく会話ができる関係を築くよう心がけていること
仕事上のポリシー：挨拶、感謝の言葉、謝罪の言葉をきちんと伝える。その上で、思うことがあれば、言いにくい内容でも伝えるようにする
生きていく上で大切にしていること：情報の伝達手段について、できるだけ葉書を出したり、電話をかけるようにしている。そうすることで、距離感を保ちつ

つお互いを身近に感じられるような気がしている

今後の展開：卓上で使えるオイル用の容器を作りたいと思っていて、現在リサーチ中

起業したい人へのアドバイス：自分がした いことの"根っこ"を掘り下げてみるようにするといい。ひとりでやるよりも、仲間と一緒に、協力してくれる人を大切に、人との関係作りをきちんとしていくといい

> **"好き"を追求していたら、仕事が作り出せたという感覚。これからも、広げるではなく深めることを大切にしたい**

久我恭子
Kyoko Kuga

アートギャラリー
「Gallery Kuga」オーナー

アートギャラリーオーナーの久我恭子さんの、今の仕事の背景にある転機のひとつは、43歳の時。パートナーの転勤で、東京からイギリス・ロンドンに移住したことだ。3年近く崩していた体調も良くなり、ふたりいる娘の子育ても落ち着いて、海外で生活をするのであれば、その異国の地で日本人のひとりとしてやりがいのある仕事をしたいと思った。そして、「日本の骨董品をロンドンで販売する」仕事を始めることにする。「20〜30代の頃、仕事でヨーロッパに行くことが多くて、そこで知り合った仲間に『日本の骨董品を探しているヨーロッパ人は多い。いつか販売してみたら』って言われて、そのことがずっと頭の片隅にあったんです」。

それから、知人に紹介してもらった、奈良県の骨董品のディーラーから、約200万円分の骨董品、65点を仕入れて、ロンドンへ持ち込む。セレクトしたのは、古伊万里の器や漆器の文箱や弁当箱、銅製のやかん、水注ぎなど、古き良き日本の生活洋式が伝わるものだ。ロンドンでは、街の中心にある、アンティークショップばかりが入居した、通称"アンティークビル"の中に、小さなスペースを借りた。勇んで日本から持参した骨董品を並べ、定期的に品替えをするも、全く売れなかったという。「本当に売れなくて。それで、一般の方

172

ではなく業者に売ろうと業者向けの催事に出たりもして。それでも軌道に乗る兆しは見えなかったんです」。そんな時、イギリス人のアンティークディーラーと出会う。久我さんの売り場にふらりと立ち寄って、日本の骨董品の中でもコレクターの多くいる"根付"について語り出したと言う。「彼の話を聞いていたら、骨董、アンティーク業界の現場をもっと勉強したくなって、弟子にしてくださいってお願いしたんです」。そして、このイギリス人ディーラーを師匠に、修業の日々が始まった。「客に媚びることなく、自分を一番高いところに置けば、本物の客に出会える」「良いものは将来、絶対に売れる。自分の中で少しでも妥協があって買いつけたものは、売れない」「買い方にも売り方にもいろいろな道がある。方法はひとつだと思うな」等々、数多くのことを学んだという久我さん。「彼からは、今自分がしていることに続く、大切な"視点"を得たと思っています」。

その後、47歳の時に日本への帰国が決まるが、ある出会いがありそれからしばらくは日本とイギリスを行き来する生活を送ることになる。それは、今も久我さんの仕事でありライフワークでもある、イギリスの陶芸家、スティーブ・ハリソン（Steve Harrison）の作品との出会いだった。「イギリス人友人宅でサーブされたティーセットに感動して、その作家

であるスティーブのロンドン郊外にある自宅兼アトリエを訪れたんです。そこで、彼が作った器で愉しむティータイムを体験することになって。実際に触って、使ってみて、作品の魅力にどっぷりとはまっていきました」。スティーブ・ハリソンの作品（写真）は、燃え盛る窯に塩を投じて焼き上げるソルトグレーズ製法（塩釉）で作られる。そのため、まるで奇跡的に出来上がったかのような、ひとつひとつ独特の表情が生まれる。ほとんどがお茶のテーブルで使用する、いわば生活用品でありながら、美術品のような力があり、「彼の存在はどこか著名な女性陶芸家の、ルーシー・リーを思い起こさせる」のだと話してくれた。

それから、2012年、スティーブ・ハリソンの魅力を日本でしっかりと伝え、作品の販売をするために、完全予約制のギャラリーをオープンさせる。そこで、彼の作品を心から気に入ってくれた、いわば顧客に向けて、丁寧に作品を紹介し続けている。また、2020年からは、ギャラリーでさまざまな企画展やイベントを手がけることにした。「ギャラリーという場所を整えたら、作家との縁が次々と生まれるようになったんです」。そして今の形になって早2年、着実にギャラリーの存在感は大きくなってきている。

「Gallery Kuga」について
東京都世田谷区弦巻のマンションの1階にあるギャラリー。オーナーの直感で選ばれた、物語のあるイギリスや日本などのアンティーク、スタイルのあるコンテンポラリーアートの企画展、それに派生するトークイベントやワークショップを開催中。同時に、スティーブ・ハリソンほかによる現代工芸品の輸入販売も行う
URL：www.gallerykuga.com

屋号：Gallery Kuga（ギャラリー クガ）
業種：アートギャラリー経営
現在の拠点：東京都世田谷区
出身：神奈川県
現在の年齢：58歳
バックグラウンド：大学卒業後、大手電機メーカーに総合職で入社。学生時代からイタリアに留学する夢があり、そのための資金が貯まったため、2年半で退職。1990年、26歳の時に、イタリア・ペルージャに10カ月留学、大学でイタリア語とイタリア文化を学ぶ。帰国後、1992年、28歳で最初の結婚、翌年1人目を出産。イタリア語通訳者を経て、イタリアのシューメーカーの日本オフィス、日本のシューメーカー、イタリアのバッグメーカーバイヤーとして勤務後、体調を崩し、退職。1997～2001年、33～37歳は何もできない"暗黒時代"を過ごす。2001年、37歳

の時に、ドイツ人のパートナーと再婚、翌年2人目を出産。2007～2012年、43～47歳は、パートナーの転勤でイギリス・ロンドンへ。ロンドンでは、日本の骨董品を販売、イギリス人のアンティークディーラーについて仕事を学ぶ。2012年、47歳の時、日本に帰国。東京とロンドンを行き来する生活を送る。同年、ゲストルームの予定だったスペースのレイアウトを変更し、ギャラリーとしてオープン。最初は、イギリスを拠点に活動する陶芸家、スティーブ・ハリソンの作品のみを展示・販売。2021年からは、さまざまな切り口の企画展を定期的に開催している
創業年：2012年
起業した年齢：47歳
初期費用：特になし（自己資金で自然に始めた）
事業形態：個人事業主
スタッフの数：本人のみ
起業前に準備したこと：2009年から、イギリスのスティーブ・ハリソン自身の工房を訪れて作品を買い始めた。この素晴らしさを日本で広く伝えていきたいと、自然の成り行きでギャラリーがスタートした
起業してから軌道に乗るまでの期間：比較的早くから、スティーブ・ハリソンの良さを理解するお客さんに恵まれた。ギャラリーとしてさまざまな企画展を展開するようになったのは、2020年から
起業して良かったこと：素晴らしい作り手に出会え、彼ら彼女らの作品を、展示会の期間中ずっと間近で見ることができる
起業して大変なこと：好きなこと、好きなことに付随することをやっているの

で、大変だと思ったことはない

今まで続いている秘訣：やめなかったこと。やめなかったから続いている

仕事上のポリシー：お金のやりとりをクリアにする。作家にはできるだけ早く支払いをする。また、仕事をする時は、上下関係なくフラットな関係を心がけている

生きていく上で大切にしていること：きちんとした食物を食べること。安心できる食材を信頼できる店で手に入れ、自分でシンプルに調理をして、食べる

今後の展開：2023年春、ギャラリーが版元となり、スティーブ・ハリソンのアート・ブックを出版予定。また、"大人の贅沢な遊び場" であることを意識して最近始めた、展示会から派生した「スティーブのうつわと楽しむチーズの会」のような少人数制サロン的な企画を増やしていきたい

起業したい人へのアドバイス：直感を理性で打ち消さずに、自分が好きだと感じることに、情熱を注ぎ、追求する

©Tomoko Osada

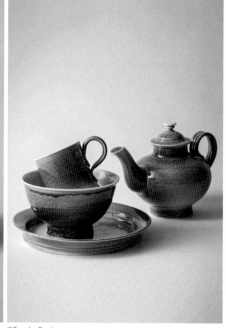

©Tomoko Osada

お店を始めて4年が経った頃、
"自分が好きでしている"が
"お客さんに喜んでもらいたい"に
意識が変わった

小林由佳
Yuka Kobayashi

**コーヒーショップ
「ミルコーヒー＆スタンド」店主**

　栃木県の生まれ育った町に、人気のパン屋さんがあった。その店ではケーキやコーヒーも売っていて、小さなイートインスペースがある。小林由佳さんは子供ながらに「自分もこんな店をやりたいな」と思ったそう。その気持ちをずっと持ち続け、高校を卒業すると上京し、クリエイティブな業界の仕事が学べる専門スクールとして人気のある「レコールバンタン」で、カフェプロデュースを専攻する。同時に、「セガフレード・ザネッティ・エスプレッソ」や「DEAN & DELUCA」など、フードも充実する外資系の人気カフェでアルバイトも始める。その後、カフェを開くために「コーヒーをちゃんと勉強したい」と、下町にあるコーヒーロースタリー「マキネスティコーヒー」に勤務することになる。「ここでは、バリスタの仕事の基本を叩き込まれ、コーヒー豆の知識、産地による違いや、管理方法などを学ぶことができました。それに焙煎についても毎日近くで見ることができて知ることは多かったです」。そして1年後には、カフェのホールの仕事を経験するために、東京・代々木上原にある、当時ファイヤーキングの器で夜遅くまでコーヒーが飲めると話題になった人気の"夜カフェ"「ファイヤーキングカフェ」での仕事を始める。ここには、レストラン出身の同僚がいて、お客さんとの接し方、

サービスの仕方をしっかり教えてもらったという。こうして実践を積み重ねていった小林さん。「25歳で自分の店を持つことを目標に、それまではありとあらゆる経験をしたいと思っていたんです」。

25歳になった時、まだ始めの一歩を踏み出すことはできなかった。「資金も貯まっていないし、物件も心当たりがない、何より心の準備が全くできていない」。それから2年間、具体的な開業に向けての準備期間がスタートする。不動産に詳しそうな友人たちに物件を探していることを伝え、元同僚が神奈川県茅ヶ崎市で始めたコーヒーロースタリーのコーヒー豆を、自分の店で使う手筈を整える。そうこうするうちに、鎌倉の材木座に良さそうな物件が出たと聞き、下見に出かける。「以前はベーカリーだったそうで、薄い緑色の細長いタイルの壁や、木製の窓枠、ところどころに使われた色ガラス、ビンテージ風のドアなど、雰囲気が良くて。そのまま居抜きで使える物件だったんです」。鎌倉・材木座という場所も理想的。海が近くのんびりとしたエリアで、観光客が鎌倉の中心部から足を延ばすにもちょうどいい距離だ。すぐにこの場所に決めたという。その後、カウンターとテーブルは地元の大工さんに作ってもらい、椅子はセミオーダー、コーヒーショップに欠かせないエスプレッソマシンは「ラ・マルゾッコ」。1年前に買って保管していたものを設置した。そして、2013年のオープンと同時に、地元の人たちが足を運び、口コミで遠方からも店を目指して客が訪れる、人気店になった。

そんな順調な店の経営も、オープンして4年ぐらいが経つと、スランプを迎える。「お客さんが増えるのと同時に忙しくなりすぎてしまって、接客がおろそかになってしまっていたんです。今思えば少し傲慢になっていたのだと思います」。それから、お店を始めた頃の、コーヒーを淹れながら客とたわいもない会話を楽しむ、店の中を見回してお客さんのために動くなど、初心にかえって働く姿勢を変えてみた。「この頃"自分が好きでやっている店"から、"お客さんに楽しんでもらう店"というふうに店に対する意識が変わったような気がしています。そしてまた店がうまく回るようになっていったんです」。

最近の日課は、5時に起きて、住んでいる長谷から海岸沿いを散歩しながら、20分かけてゆっくり出勤することだそう。「気持ちいいですよ。店に着くと、すっきりとした気分で、その日店に出すマフィンとスコーンを焼き始めることができるんです」。

mill coffee & stand

「ミルコーヒー＆スタンド」について

鎌倉・材木座にある人気のコーヒーショップ。海の近く、のんびりとした場所柄、店内も居心地が良く心からリラックスできる。茅ヶ崎にある自家焙煎所のコーヒー豆を使ったエスプレッソ系のコーヒーメニューはもちろん、マフィンなどのホームメイドの焼き菓子や具だくさんのサンドイッチなども人気メニュー

URL：https：//www.facebook.com/millcoffee

屋号：ミルコーヒー＆スタンド
業種：コーヒーショップ経営
現在の拠点：神奈川県鎌倉市材木座
出身：栃木県
現在の年齢：36 歳
バックグラウンド：小学生の頃からカフェをしたいという希望があり、高校卒業後上京し、専門スクール「レコールバンタン」でカフェプロデュースを学ぶ。「セガフレード・ザネッティ・エスプレッソ」や「DEAN & DELUCA」でのアルバイトを経て、本格的にコーヒーの勉強をするために、東京・両国にあるコーヒーロースタリー「マキネスティコーヒー」に 1 年勤務、バリスタの仕事を学び、焙煎の仕事に触れる。その後、ホールの仕事を、東京・代々木上原の「ファイヤーキングカフェ」で 5 年経験する。2013 年、27 歳で、自分の店をオープンする

創業年：2013 年
起業した年齢：27 歳
初期費用：約 600 万円（自己資金など）
事業形態：個人事業主
スタッフの数：3 人（本人含む）
起業前に準備したこと：カフェを経営するための知識を専門スクールで、自分の店を運営していくにあたって必要となる現場の仕事を、カフェや飲食店で実際に働くことで身につけた
起業してから軌道に乗るまでの期間：オープンしてすぐに軌道に乗った、が、4 年目で落ち込み、その後、また調子が戻った
起業して良かったこと：お店の仕事を通して自分自身が成長していると感じられること。人生が豊かになった
起業して大変なこと：お店を始めて、4 年目に、仕事でいっぱいいっぱいになってしまい、疲れてやる気がなくなった時期がある
今まで続いている秘訣：意地。自分が好きで始めたことだからやめられない、という気持ちがある
仕事上のポリシー：とにかくコーヒーが美味しいということが大前提、という気持ちでコーヒーを淹れている
生きていく上で大切にしていること：人の話を聞いてあげたい、聞き役をしっかりとしたい
今後の展開：店でのイベント、アパレルの展示会やワインの試飲会などを増やし、定期的に開催していきたい
起業したい人へのアドバイス：いろいろと考えすぎず、まわりを気にしすぎず、突っ走ってしまうことも大切。好きなことならどうにかなる

家族を大切に、
ライフスタイルの変化に合わせて、
欲張らず、でも好きなことを
生業にしていきたい

藤山なおみ
Naomi Touyama

シューメーカー
「イチリヅカシューズ」代表

　藤山なおみさんは、いままで、好きなことで2回、起業をしている。一度目は、1999年、35歳の時。当時はまだ大阪に住んでいて、英会話学校で知り合った友人、久保よしみさんとふたりで、「やりたいことを全部する」ための拠点を作ろうと決めて、「チャルカ」という屋号を掲げて店をスタートする。いまや「チャルカ」は、日本各地からファンが訪れる、東欧雑貨と手しごとにまつわるものを売る人気店だが、一番初めは少し違っていた。当時、藤山さん

は海外出張の多いライターで、ヨーロッパやオーストラリアに出かけるたびに、フリータイムを利用して蚤の市を訪れた。そのうちに自分たちで蚤の市を企画して買ってきた雑貨を売り始めて、その楽しさから「雑貨店を作ろう！」と盛り上がる。また、久保さんはフラワースタイリスト、だから、店の一角に小さな花屋を併設した。そして、「カフェもやってみたいね」と、飲食ができるスペースも作ってしまったという。「本当にあの時は、やりたいことを全部していたと思う」。それから、徐々に東欧周辺に絞って雑貨の買いつけに行くことが多くなり、東欧雑貨店「チャルカ」として確立、全国規模の人気店に成長する。そしてスタッフも増え、2004年には法人化に踏み切り、有限会社になった。

　藤山さんは法人化する前の2001

年、36歳の時に長男を出産、その後、41歳の時には長女を出産。どんどん大きくなる会社の共同経営者として、仕事と育児に追われる日々を送っていた。「それまでは、自分のやりたいことはちょっと頑張ればなんだってできたんです。でも、子供ができてからは、あれ？ あれって。思うようにいかないことが多くなってきたんですよね」。それから、少し仕事のペースを落としながらも、思い通りに動けずもどかしい日々は続き、最終的には「チャルカ」から離れることを決意したという。「共同経営とはいえ、自分が経営している店なんだから辞めるという選択肢はないという意識に縛られていたんです。でも、そんなことはないと思い直して。自分は引こうと決めたらすごく楽になれました」。

藤山さんが「チャルカ」を辞めたときに一番したかったのは"ちゃんとお母さんをする"ということ。時間をかけて料理を作って、おやつだって手作り、家族全員で長旅もしてみたかった。そして「子供の夏休みを利用して、夫の仕事も調整し、1カ月の家族旅行をしたんです。イギリス、フランス、ベルギー、ドイツ、各地の友人宅を訪ねる旅で、本当に楽しかった」。実はこの旅行中、パリの泥棒市で、藤山さんは運命の出会いをする。「子供用の布製のバレエシューズを見つけたんです。黒地に白の水玉で、かわいくて。これを見た

時に『あっ、靴を作ろう』と思いついたんです」。それから、靴職人が主催するワークショップに参加したり、見よう見まねで娘用の革靴を作ってみたりする。「不安と同時に、きっとなんとかなるという妙な自信がありました」。

その後、生まれ育った広島県に戻り、2014年、49歳で、2度目の起業をはたす。尾道に理想的な物件を見つけ、2階を住居に、1階をアトリエにし、その土地の古い地名から名づけた「イチリヅカシューズ」を立ち上げたのだ。履きながらその人の足に馴染ませ革を育てていく、独特のころんとしたデザインの靴は、口コミで評判になり、藤山さん自身が旅をしながら開催する受注会には多くの人が訪れるようになった。

「気がついたら尾道の暮らしも10年が経っていて、子供たちは独立したり、留学したりで、また夫とふたりになってちょっと途方にくれちゃってるんですよ」。そして最近、同じ広島県に住んでいた実母と一緒に住む家を作って、新居での暮らしをスタートさせた。「尾道のアトリエと住まいを分けたことで、またライフスタイルにも変化が起きました。薪ストーブを取り入れたり、畑仕事を始めたり、理想の"オフグリッドの生活（公共のインフラ設備を使わずに生活すること）"を始めています」。

ichirizuka
SHOES

「イチリヅカシューズ」について
広島・尾道の坂の途中にある小さなアトリエを拠点に、1点ものの靴を作るシューメーカー。シンプルで、コロンと丸いつま先で、切りっぱなしのラフな表情で、はっとする色合わせが「イチリヅカシューズ」らしさ。履くほどに革が育って、自分の足に馴染んでいくのも楽しみ。日本各地で受注会を開催している
URL：https://ichirizuka-shoes.com

屋号：イチリヅカシューズ
業種：オリジナルシューズ製作・販売
現在の拠点：広島・尾道
出身：広島県
現在の年齢：58歳
バックグラウンド：広島生まれ、鳥取育ち、大学入学と同時に関西へ。新卒で印刷会社に入社、クリエイティブ部門でライティングの仕事をメインに行い、5年勤務。会社員時代、1989年、25歳で結婚。その後、フリーランスのライターとして、雑誌や企業のカタログなどの仕事をし、取材で国内外を飛び回る。1999年、35歳の時に、友人の久保よしみさんと一緒に東欧雑貨店「チャルカ」を立ち上げる。2001年、36歳で長男を出産。2006年、41歳で長女を出産。育児と両立しながら、少しペースを落としつつ、仕事を続ける。その後、「チャルカ」から離れ、2013年、48歳の時に、出身県、広島・尾道に家族で引っ越す。準備期間を経て、2014年、49歳の時、「イチリヅカシューズ」をスタートする
創業年：1999年（チャルカ）、2014年（イチリヅカシューズ）
起業した年齢：35歳（チャルカ）、49歳（イチリヅカシューズ）
初期費用：約100万円（イチリヅカシューズ、自己資金）
事業形態：個人事業主
スタッフの数：本人のみ
起業前に準備したこと：広島・尾道の自宅の1階をセルフリノベーション。アトリエにし、拠点となる場所を整えた
起業してから軌道に乗るまでの期間：4年間は無我夢中だった
起業して良かったこと：思い描いていた通りの、のびのびとストレスのない"尾道ライフ"を送ることができている
起業して大変なこと：全て自分で考えて行動しなければいけないこと
今まで続いている秘訣：靴を作るのが楽しい。買ってくれた人が実際にその靴を履いている姿を見るとテンションがあがる
仕事上のポリシー：自分らしさを大切に。他の人には作れない靴を作って売る
生きていく上で大切にしていること：いつでも、何に対しても自分の気持ちに正直でいたい
今後の展開：田舎の"オフグリッドの生活"とのバランスを見ながら、無理なく創作活動を続ける。また、尾道のアトリエ（現在2階は宿泊可能）を、さまざまな物作りをする人たちに貸し出して、尾道に暮らすように滞在しながら、個展や展覧会をする場所として使ってもらいたい

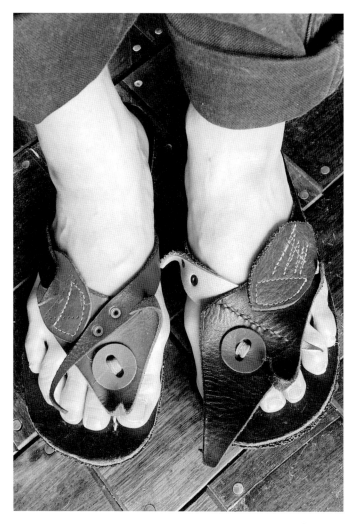

> “
> 日々の仕事を通して、マイペースに
> 自分のネイルのスタイルを追求。
> "王道"ではなく"脇道"に
> 自分らしさを見つけた

上間美絵

Mie Uema

ネイルサロン
「hokuri」オーナー

　ネイリストの上間美絵さんが、自分の仕事に「ホクリ」という屋号をつけたのは、2008年、知人のバーで出張ネイルを始めた時。平日空きの出るスペースを活用したいというオーナーの意向で、店の2階の一角に小さなネイルサロンが生まれた。「このことをきっかけにフリーランスのネイリストとして独立しました。自分の力を試すいい機会でした」。営業時間は夜9時から朝5時まで。毎日ではなかったけれども、いつもの生活のリズムを変えなければならなか

った。それに、ここでは提案したいデザインと違うテイストを求められることもあった。「でもそれがどこか新鮮で。私にとって、このバーでネイリストとして働いたことは、今まで自分が知らなかった新しい世界がどんどん広がるような、そんな体験でした」。そして同時に「長くなくていい、女性らしさを強調する必要はない。いろいろな要素を足して盛っていくのではなく、逆に引いていく、いらないものを打ち消していく」そんな自分らしいネイルのスタイルがくっきりと浮かび上がり、頭の中で明確にイメージできるようになったという。「ネイルをすることは飾るということ。そこには多くの人が求める王道があって、でも脇道もあるはず。私が進む方向は脇道のほうなんだと考えるようになりました」。
　上間さんとネイルの関係はとても

長い。子供の頃から爪を整えたいという気持ちがあって自分で爪磨きをした。建築の勉強をしていた大学時代には学園祭で「青空ネイル」を出し物にした思い出もある。実際にネイリストとして仕事をしようと決めてからは、少人数制のネイルスクールで学んだ。スクール直営のサロンでは爪のケアを重視していて、その考え方には大いに共感した。それらの経験は全て追求し続けてきた「自分のスタイル」のベースになっている。

その後、2009年、東京・荻窪に、晴れて自分の店をオープンする。最初はバス通りに面した2階建の物件。1階をネイルサロン、2階をパートナーとふたりで暮らす住居にしていた。すぐに友人たちが通うようになり、その仕上がりを見て友人の知り合いたちも訪れるようになる。その頃雑誌に掲載されたことも契機になって、コンスタントに予約が入るようになったという。「ネイルサロンは爪を長くしたり煌びやかにするところだと思ってネイルを諦めかけていた人たちに『"脇道"あるよ！』と新しい場を開くことができたのではないかと思います。『ホクリ』(脇道)を見つけてくださった方々に、提案したデザインを喜んでもらえることが嬉しかったです」。

荻窪での営業はトータルで8年間。出産を機に西荻窪に移転し、コンテナを活用してスペースを作り、ネイルサロンにした。小さな空間には、設計の仕事をしているパートナーが手がけた材料を入れる棚、施術用の席がゆったりとひとつ配されていて、どこか隠れ家的な居心地の良さがある。日祝は休み、1日に受け持つ客数はゆとりをもたせて、そして完全予約制にした。「今は子供に自分の意識の半分以上を持っていかれるので、無理のない運営に変えて動きやすくなりました」。また同時に、自らがデザインし商品化したネイルシールの販売にも力を入れている。シンプルでどこか都会的、そして、さりげなくアートを感じさせるデザインは、上間さんの世界観そのもの。好評で、オンラインショップやポップアップショップでもよく売れるのだそう。「ネイリストは自分に合う良い仕事だと思っています。ネイルを通じて気持ちが"ホクリ"と踊るような、そんな時間を届けていきたいです」。

「hokuri」について

東京・西荻窪にある、ネイルサロン。完全予約制で、ネイリストと1対1、ゆったりとした時間を過ごすことができる。オーナーの上間さんがデザインしたオリジナルのネイルシールは、シンプルで洗練されながらも、どこか温かみがあり、人気の商品。「hokuri」のオンラインショップで手に入れることができる

URL：http://hokuri.jp

屋号：hokuri（ホクリ）

業種：ネイルサロン運営、ネイルシール製造・販売

現在の拠点：東京都・西荻窪

出身：岩手県

現在の年齢：42歳

バックグラウンド：東北芸術工科大学、デザイン工学部で学んだ後、東京の店舗内装の会社へ就職、大型スーパーマーケットの内装などを担当する。その後、美容の仕事へ方向転換するため、ネイルスクールに通い、スクール直営のネイルサロンで3年、ネイリストとして仕事をする。2008年、27歳の時に、知人のバーで出張ネイルを始めるのをきっかけにフリーランスのネイリストになる。2009年、28歳の時に、東京都・荻窪にネイルサロンをオープン。2015年、34歳で出産。その後すぐに、西荻窪にコンテナを使ったスペースを作り、移転する

創業年：2009年

起業した年齢：28歳

初期費用：約300万円（銀行借入）

事業形態：個人事業主から始め、現在はパートナーの株式会社のネイル事業部という位置づけ

スタッフの数：本人のみ

起業前に準備したこと：ネイルサロンや出張ネイルで経験を積むこと

起業してから軌道に乗るまでの期間：約2年

起業して良かったこと：全て自分で納得をして仕事を進めることができる

起業して大変なこと：ひとりで運営しているので、休むタイミングが限られること

今まで続いている秘訣：仕事は私にとって生きることそのもの。作ること、コミュニケーションをとること、整うこと、それがお客さんの気持ちよい暮らしへと繋がっていて、喜びを感じる

仕事上のポリシー：ゆとりを忘れない。余白を作ることを意識する

生きていく上で大切にしていること：自分のペースを大切にする

今後の展開：新しいネイルシールのデザインを考える。また、ネイルシールを販売することを通して、ネイルサロンの存在を知ってもらう

起業したい人へのアドバイス：好きだけれども仕事として向かないこともある。好きで、それを続けることができるかどうかが大切だと思う

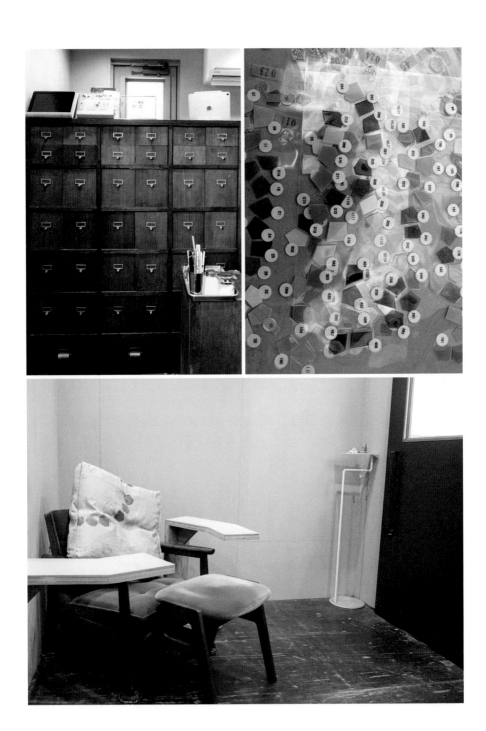

> **"**
> 好きなことを仕事にすると、
> 365日が仕事になる。
> それが苦痛でなければ、
> やれるということ、やるしかない

河瀬麻花
Asaka Kawase

保護猫カフェ
「ネコリパブリック」代表

　岐阜県で生まれ育った河瀬麻花さん。実家はかつてパン工場を営み、父親で3代目になるという老舗だった。スーパーマーケットや小学校の給食のパンを作る地元に根づいた工場で、街のパン屋として一般販売もしていたという。河瀬さんが、この家業に加わったのは、大学を卒業して派遣社員としていくつかのオフィスワークを経験した後、バックパッカーになり世界各国を旅する暮らしを送っていた頃だ。「父親から経営がうまくいっていないという話を聞いて、

これは子供たちが何かしないとって、日本に飛んで帰ってきました」。それから、4人兄弟だったこと、猫があたりまえに家にいる家庭だったことから、スペイン・カタルーニャ地方に実在する店の名前「エルクアトロギャッツ（4匹の猫）」という名前をつけたパンのブランドを展開。旅先だったひとつ、アメリカ・ニューヨーク滞在中に気に入ってよく食べていたベーグルを主軸に、その売り方にも工夫を凝らす。「ネーミングに合わせて猫の形のベーグルを作ったんです。同時にオンライン販売を開始しました。これがよく売れたんです」。そして、2011年、河瀬さんが36歳の時に東日本大震災が起こる。大の猫好きの河瀬さんは、この時に被災した猫たちがたくさんいて、ゆくゆくは殺処分されてしまうという事実を知り、心を痛め、何かしなけ

Don't buy, just Adopt.

ればといてもたってもいられなくなった。「それで"寄付つきのパン"を売り出したんです。こうすれば、たくさんの人に被災猫のことを知ってもらえる、意識してもらえるって思ったんです」。この試みは成功し、1カ月で約20万円の寄付金が集まった。「このお金が、少しでも猫たちを助けることに役立てばという気持ちでした」。

それから、河瀬さんの意識は、保護猫を助ける、ということに向かっていく。「まずは、飼い主と離れてしまった保護猫が殺処分されないための活動、里親を見つけることをボランティアで始めました」。ボランティアを続ける中で強く感じたのは、時間やお金の持ち出しが多く、気持ちがあっても続けることができないという厳しい現実だったそう。「なので、"猫助け"をボランティアではなく仕事として続けられる仕組みを作ろうって思ったんです」。

それから本格的に動き出すことになり、まずは保護猫カフェを開くことにした。最初の店は、2014年地元の岐阜市内に作る。カフェは客に保護猫と触れる機会を与え、里親を見つける場所でもあった。初期費用は、岐阜県の助成金を活用した。「実家の会社で積み重ねた実績が武器になって、2年間で2000万円の援助をしてもらえることになったんです。プレッシャーもありましたが、俄然（がぜん）やる気になりましたね」。翌年には、株式会社「ネコリパブリック」を設立する。その後は、大阪に、東京に、そして縁あって広島にと、今では少しずつスタイルを変えた保護猫カフェや食堂、シェルターを全国13カ所で運営。保護猫について知ってもらい里親を見つけるためのイベントを主催したり、本を発行したり、オリジナルの猫をモチーフにしたグッズを作って販売したりとその活動を広げ、2017年には東京・蔵前に、「ネコリパブリック」が展開するオリジナルアパレル商品のフラッグストアもオープンしてしまった。

「軌道に乗り始めるまでは、本当に毎月キャッシュが足りないのではないかと不安で、でもやるべきことをやるんだという強い気持ちで前に進んでいました。クラウドファンディングを取り入れたりして、周りの皆さんにも助けられているんです」。そして最後にこう話してくれた。「不思議なことに、ピンチの時に必ず救いの手が現れるんです。きっと猫の神様に守られてるんだって思っています（笑）」。

NECO REPUBLIC

「ネコリパブリック」について

日本全国に数多く存在する、殺処分されてしまう保護猫の数を少しでも減らすための "猫助け" を軸に、飼い主と出会うための「猫カフェ」を作り運営するほか、譲渡会イベントを開催、飲食店を経営したり、グッズ製造・販売をし、その売り上げを保護猫団体に寄付するなどのしくみを作り、展開している
URL：https：//www.neco-republic.jp

屋号：ネコリパブリック
業種：保護猫カフェ運営、関連グッズ制作・販売
現在の拠点：岐阜県
出身：岐阜県
現在の年齢：47 歳
バックグラウンド：大学を卒業後、派遣社員で外資系の商社等に勤務。その後バックパッカーになり、トルコ、ギリシャ、インドなどを自由気ままに旅する中で、アメリカ・ニューヨークが気に入り、長期滞在。2004 年、29 歳の時、実家が経営するパン工場の経営が傾きかけ、本格的に事業を手伝うことに。「エルクアトロギャッツ」というブランドを立ち上げ、ニューヨークで出会ったベーグルをメニューに加え、販売方法に工夫を凝らし、事業を立て直す。2016年、父親が他界しパン工場は廃業する。その 2 年ほど前から保護猫を助けるための活動を本格的に始め、2014 年、39歳の時に、保護猫カフェを地元の岐阜県にオープン、翌年、2015 年、40 歳で会社を立ち上げる

創業年：2014 年
起業した年齢：39 歳
初期費用：約 2000 万円（自己資金、岐阜県の助成金など）
事業形態：株式会社
スタッフの数：約 50 人（本人含む）
起業前に準備したこと：事業のコンセプトをしっかりと固めて、明文化した。それがその後の助成金の申請などに役立った
起業してから軌道に乗るまでの期間：5 年
起業して良かったこと：保護された猫が新しい家族に出会って元気になる姿を見るのが何よりも嬉しい。何年か後にその猫に会うと目が全然違う、輝いている
起業して大変なこと：起業してから 2 年目に借金だけが増えてしまい厳しい時期があった。それを乗り越えたことは今の底力になっている
今まで続いている秘訣：ピンチの時にチャンスがくる。猫の神様に守られている？
仕事上のポリシー：どんな時も感情的にならずに淡々とやり過ごす
生きていく上で大切にしていること：よく寝る、よく猫をさわる＝ "猫分" を補給する
今後の展開：高齢者と猫が人生の最後まで幸せに暮らせる新しい仕組みを作り、持続可能な保護猫活動の確立をしていきたい
起業したい人へのアドバイス：好きなことを仕事にすると、365 日全てが仕事をする日になる。それが苦痛でなければ、やってみるといい

> **66**
>
> 人間が好き。
> 人のことを考えるのが性に合う。
> 国語教室を通して子供たち、
> 子育てをする親たちを支えていきたい

安藤友里
Yuri Ando

子供向け国語教室＆絵本ショップ
「HeyHo」代表

　小学生の時から、学校の先生になりたかったと話してくれた安藤友里さん。当時、学校に今も印象に残っている先生がいた。その先生は、生徒たちの希望を聞いて、修学旅行の目的地を、お決まりの伊勢神宮から鳥取砂丘へ。見学だけでなく体をいっぱい動かすような内容に変えてしまうような先生だった。また、先生の書いてくれるコメントが楽しみで、日記をつけるのが習慣になったのもこの頃だ。そのままずっと思いは変わらず、大学は国立大学の教育学部

初等教育学科へ。小学校教諭を目指していた。
　「私が大学を卒業した年は先生が余っていて、教員採用試験に合格しても希望の校種に行けるかわからなかったんです。それでまずは一般企業に。先生にはまた時期がくればいつでもなれるからって、頭を切り替えました」。新卒で入社した出版社では編集部に配属、その後24歳で結婚、25歳、30歳で2度の出産、この期間子育てしやすいようにと残業の少ない管理セクションに異動して仕事を続ける。目まぐるしく過ぎた20代だった。
　育児休暇明けに会社を辞めて、先生として働くために動きだす。「実際に子供を産んで子育てをして、現実が見えてきました。今が先生になるタイミングだなって」。決まった就職先は、私立の高校で女子校だ。「日々

成長していく彼女たちの様子を見るのが楽しかった。きちんとみんなに向き合っていきたいという気持ちで仕事をしていました」。学校では、弓道部を作って顧問になったり、問題を抱える生徒には根気強くかかわり、どの生徒とも地道にいい関係を作っていった。そして気がつけば19年の年月が経ち、年齢は50歳目前になっていた。

「だんだんと学校教育でできることには限界があると、窮屈に感じ出したんです」。生徒はそれぞれ個性があるし、抱えている問題も違えば、状況も異なる。けれども学校では、全員に同じ指導をするのが基本だ。「自分のできる範囲でいいから、自分が正しいと思うことを、やれることをしたいと思うようになりました」。

学校を退職後、始めたのが国語教室。最初は、自宅のリビングを教室にし、作文教育の名門「言葉の森」のメソッドを取り入れて、個別指導。生徒は知り合いの子供や近所の小学生が中心で、多い時で7人ほど。授業は一度にひとりかふたりのアットホームな教室だった。それから、ホームページを作ってブログを公開したり、チラシを印刷してポスティングをしたり、口コミも広がって、問い合わせも多くなってくる。「生徒が急に増えたのは"夏休み読書感想文講座"を企画したのがきっかけのひとつです。20人を超えて、これはもうちゃんとした場所を借りないと

って、物件を探し始めました」。そこで見つけたのが、自宅の近くにあった日本家屋だ。机や椅子、ホワイトボードなどの什器を入れて、趣のある住宅用の一軒家を教室らしく生まれ変わらせた。それから、約2年後には、元整骨院だったという店舗用物件に移転する。「居抜き物件で、壁も床も、入口の受付カウンターも、そのまま使えるのがよかったです」。そして、安藤さんが選書した本を展示、販売する絵本コーナーも、エントランスの広々としたスペースに設置することができた。「小さな出版社が発行しているもの、ちょっと見つけにくいものを選ぶようにしています」。そこには、音楽バンド「SEKAI NO OWARI」のFukase作の絵本『ブルーノ』も置いてある。なんでも安藤さんはこのバンドの大ファンで、「HeyHo」という屋号も、「SEKAI NO OWARI」の楽曲の名前からとっているのだそうだ。「実は、この曲の歌詞の"この嵐の中 船を出す勇気なんて僕にあるのかい"という言葉に背中を押されて、自分で教室を始めたんです」。

これからも、教室を始めてから取得した「心理カウンセラー」の資格を生かして、「話を引き出しながら自己表現に繋げる」ような生徒たちとの関わり方をしていきたいと話す。そして、自分が今まで助けられてきたように、親や先生など子供に関わる人を応援していきたいのだそう。

「HeyHo」について

アットホームな、小学生・中学生をメインにした国語教室。夏休みの読書感想文に特化したクラスもある。ほかに、高校生向けの大学入試対策講座や、社会人に向けた就職・転職のための書類作成講座もある。教室のエントランスには、絵本のセレクトショップもあり、生徒でなくても利用可能
URL：https：//www.kokugo-heyho.com

屋号：HeyHo〔ヘイホー〕
業種：学習塾経営、絵本ショップ経営
現在の拠点：大阪府堺市
出身：大阪府
現在の年齢：55 歳
バックグラウンド：神戸大学教育学部初等教育学科卒業後、出版社勤務。編集部を経て、1992 年、24 歳で結婚、同年、25 歳で第 1 子、1997 年、30 歳で第 2 子を出産。この期間、管理部に異動し、子育てとの両立をする。育児休暇明けに退職し、教職の道へ。私立女子校の高等学校に 19 年間勤務する。2017 年、49 歳で退職し、まずは自宅で国語教室を始め、今に続く
創業年：2017 年
起業した年齢：50 歳
初期費用：特になし
事業形態：個人事業主

スタッフの数：本人のみ
起業前に準備したこと：まずは自宅で個人レッスンを始め、少しずつ教室の形を作り上げていった
起業してから軌道に乗るまでの期間：2 年半
起業して良かったこと：大きな組織の中で感じるしがらみがなくなり、ストレスが減った。自分の考えで動けている
起業して大変なこと：ひとりで運営しているので、病気になれない
今まで続いている秘訣：子育てする人を支えたい、という気持ちがある。人とかかわり、サポートすることが好きなので、教えることが全く苦にならない
仕事上のポリシー：皆が同じであるわけがないし、皆を合わせる必要はないということを前提に、その時々でその人にとっていいだろうなと思うことを選んで話したり、教えたりする
生きていく上で大切にしていること：健康管理。疲れを感じたら、すぐに寝る
今後の展開：今の教室の 2 階が空きスペースになっているので、この場所を使って、イベントを開催したい。本の読み聞かせのような子供向けのものはもちろん、子供のお父さん、お母さん、指導者も参加してくれるような内容も考えたい
起業したい人へのアドバイス：これなら絶対に大丈夫と自信を持ってスタートするのは難しい。まずは始めて、動きながら、修正しながら続けていくとなんとかなっていたりする。最初に決めたイメージにとらわれすぎないことも大切

雑貨店とピアノ教室、
インテリアデザインの3本柱で
バランスをとりながら、
"好き"を形にし続けていく

出来忍
Shinobu Deki

**ギフトショップ＆ピアノ教室
「carbon」店主**

　大阪の谷町六丁目界隈は、おしゃれな雑貨ショップやカフェが点在する街歩きするのに楽しいエリアだ。出来忍さんが経営する雑貨店「carbon」はこの街の中心的な存在だと言っていい。小さなアーティストのアトリエのような店の中には、器やキチンクロス、オブジェ、ブローチ、本など、国内外のかわいい雑貨、大切な人にプレゼントしたくなるような気の利いた小物が並んでいる。「20歳の時に初めてフランスを旅行して、ショップや蚤の市ですて

きな雑貨にたくさん出会って。いつか雑貨屋をやろうとチャンスを狙っていました」。

　出来さんが自分の店を開いたのは1999年、27歳の時だ。美術館のミュージアムショップで、店のコンセプト作りから、仕入れ、販売、接客と、雑貨の小売りのイロハを経験した後、独立した。「それまで、フランスにはパリを中心に何度も出かけていて、雑貨店を巡り、こんな店にしたいなあってイメージを膨らませていたんです」。例えば、パリの「コレット」の売り場では、「自分がダサいと思っていたものがおしゃれに見える」。虫眼鏡や細々とした道具類を扱うメンズライクなおじいちゃんの店は、「寂れた感じがあるのに、来るたびに必ず欲しいものが見つかる」。こうしたフランスで出会い、身につけた粋なエッセンスが「carbon」にはちりば

められている。

店を始める時に、出来さんが考えたのは、こうしたイメージ作りだけではない。「物件探しは、大阪市内、住宅地、路面店という条件で絞り込んで。中でも谷町六丁目、通称"谷六"には、注目される前からよく遊びに来ていて、この街は面白いぞって、店を出す場所の有力候補にしていたんです」。そして、運良く巡りあえたのが、地下室があるちょっとユニークな物件だった。「地下室をピアノ教室にしたら、小売りとは別の売り上げが立って経営が安定すると思ったんですよね」。というのも、前職のミュージアムショップにアルバイトに来ていた女性が、当時音大生で、ピアノを教える場所が欲しいと話していたのだそう。それならば、場所を提供してあげればお互いにメリットがあると考えるのは自然のなりゆきだった。

晴れて、オープンした雑貨とピアノ教室の「carbon」。そして、最初は雑貨店の一角をピアノ教室として貸し出すというスタンスから、だんだんと、出来さん自身がピアノ教室を運営していくという形に変化をしていく。「ピアノの発表会ってどの教室も似たり寄ったりで。『carbon』スタイルで開催したら喜ばれるんじゃないかなって」。ステージをデコレーションしたり、ずっと持っていたくなるプログラムを作ったり、演奏者や先生にギフトを用意したり、雑貨とデザインの力を借りて、思い出に残る発表会を演出し、ピアノの先生にも生徒さんにも大好評だったという。「正直、雑貨店だけの経営だったら、途中で挫折していたかもしれません。ピアノ教室があって、先生や生徒さんを守らないと、っていう気持ちがあるから、今も楽しく続けていられるんです」。

実は「carbon」には、雑貨とピアノのほかに、もうひとつ、手がけている仕事がある。「ライフスタイル雑誌に長屋をリノベーションした自宅のインテリアが掲載されたことがあって、それをきっかけに問い合わせがくるようになって、古い物件の改装やインテリアのアドバイスをしているんです」。実際は、店舗の依頼が多いそうで、今まで手掛けたのは、カフェやベーカリーなど10物件以上。"「carbon」の店作り"と謳って、これからも力を入れていきたいのだそう。「雑貨店、ピアノ教室、住宅・店舗のインテリアのアドバイス、この3本柱はどれも好きな仕事。バランスをとりながら、『ヒラメキのある間はずっと』続けていきたいです」。

carbon

「carbon」について

大阪・谷六にある、ピアノ教室を併設した、小さな雑貨店。"ギフト"をテーマに、誕生日、結婚、出産、そのほか小さな祝いごとなどで贈ると喜ばれそうな、国内外の気の利いたおしゃれな雑貨が揃う。オンラインショップでは、店主がセレクトしたギフトセットを販売中。住宅・店舗のインテリアデザインのアドバイスの仕事も請け負っている
URL：www.carbon1999.jp

屋号：carbon（カーボン）
業種：雑貨小売、ピアノ教室経営
現在の拠点：大阪府・谷町六丁目
出身：大阪府
現在の年齢：51歳
バックグラウンド：建築関係の仕事をしていた父親の影響もあり、短期大学の住居学部でインテリア一般について学ぶ。卒業後、ギフトカタログの会社を経て、美術館に就職、ミュージアムショップで働く。3年後、1999年、27歳の時、美術館のクローズに伴い独立。ピアノ教室を併設した雑貨ショップを大阪・谷町六丁目にオープン。4年後に同じエリアで移転、現在に至る。また、店を経営しながら、大阪市内の工務店の中にオープンしたアンテナショップ「8HATI」のディレクターや、インテリアのアドバイザーの仕事もこなしている
創業年：1999年
起業した年齢：27歳

初期費用：非公開
事業形態：個人事業主
スタッフの数：5人（本人含む、4人はピアノ教室の先生）
起業前に準備したこと：物件探しにはこだわりを持って、常にアンテナをはっていた
起業してから軌道に乗るまでの期間：お店を始めた時は雑貨ブームだったので、すぐに軌道に乗った
起業して良かったこと：仕事仲間やお客さんを通して、雑貨、映画、音楽……ジャンルを問わず常に新しい情報が入ってくる
起業して大変なこと：お金のやり繰り。特に始めたばかりの頃は、来月の支払いは大丈夫かといつも不安だった
今まで続いている秘訣：頑張らないこと
仕事上のポリシー：毎日同じことの繰り返し、日々の積み重ねを大切にする
生きていく上で大切にしていること：自分で料理を作って、きちんとした器を使ってテーブルコーディネートもして、しっかり食べる。ちょっと手間をかければ、より幸せな時間が作れると思う
今後の展開：今の雑貨店とピアノ教室、そしてインテリアデザインの3本柱を、バランスを取りながら淡々と続けていきたい
起業したい人へのアドバイス：どんな時も人を大切にすること。人を大切にできる人は"人生"で失敗しないと思う

> **地元産の自然栽培の米粉を使った
> 安全で美味しい米粉菓子。
> 世界中からお客さんが訪れるような
> 店になるのが夢**

根木美弥
Miya Neki

**米粉菓子店
「ミツバチ米粉研究所」代表**

　根木美弥さんは、岡山県瀬戸内市牛窓町の出身、20代を関西で過ごし、30代半ばでずっと住みたかった東京へ。会社勤めで毎日通勤、忙しい日々だったという。そんな中、帰宅後夜な夜なガトーショコラを作っていた時期があったそうだ。「1週間に3回は作っていましたね。次はもっと美味しくしたいと、まるで実験を繰り返すかのように、毎回少しずつ材料など条件を変えて工夫を凝らしながら作っていました」。翌日、完成品を同僚たちに配ると美味しいと大好評、皆が口々に「これは売れる！　お店を作ったら？」と言ったのだそう。けれども、この時の根木さんには、一歩踏み出す勇気が持てなかった。

　このガトーショコラ作り。記憶を辿ると、まだ牛窓町の実家にいた高校生の時に、近くにあったホテルのパティシエに直々にお菓子作りを教えてもらった経験に端を発するようだ。「当時、父親が酒屋を経営していて、そのホテルと取引があったんです。それで父親から『ホテルにフランスで修業をしてきた優秀なパティシエがいてお菓子の作り方を教えてもらえるように頼んできたから、行ってきなさい。こんなありがたい機会はないから』って、勧められたんです」。短期間で、ババロアやシュークリーム、ロールケーキ、クッキー、そしてガトーショコラとさまざまな

種類のお菓子の作り方を教えてもらった。今思えば、この時に、お菓子作りの基礎が身についたのだと思うと話す。

46歳になった時、「東京でやりたいことは全部やった」という思いから、東京を離れ、実家のある岡山県に拠点を移す。そして、岡山県の山奥にある自然食を売りにした宿で研修生として住み込みで働くことになった。自然食の作り方を学ぶのであれば料理教室に通えばいい。そうではなくて、根木さんには山奥での生活を体験することで、生きる上で大切なことを学び、吸収したいという思いがあったのだ。「山での生活は、毎日朝5時半に起床。ちょうど始めたのが真冬で、かなりキツかったです。寒さはもちろん、長時間の重労働、プライベートスペースはなく、夜はなかなか眠れない。化粧はもちろん、おしゃれなんて全くできなかったですね」。そして志半ばにして山を下りることになる。「それでも、よくあの時の生活を思い出すんです。大変だったけれども、"環境"について気持ちが向くようになった貴重な経験だったなって」。

そんな生活を送りながら、漠然と考えていたのが、米粉を使ったお菓子を作って販売すること。「自然食を学んだ時から、本当に体に良くて美味しいものにこだわりたいという意識が強くなりました。それで、好きなお菓子作りを米粉を使ってできない

かと思ったんです」。それから、地元、岡山県産の米粉にこだわり、厳選した5種類を取り寄せ、菓子の試作を続けた。そして、最終的に牛窓町産の自然栽培の米粉を使うことにした。「あたりまえのことなんですが、美味しい米粉の菓子を作るには、美味しい米粉を選ばないといけないんです」。それから、「ミツバチ米粉研究所」の屋号を掲げ、もともと酒屋として使用していた実家の1階の一部を、建築家である友人の手を借りて、店舗と厨房に改装、晴れて、自分の店を持つことになる。

「まだまだ実験の最中ですね。米粉は湿気に弱いので、梅雨〜夏の湿気の多い時期には対策が必要だったり、包装の仕方にも工夫が必要です。やりながら問題を解決していく毎日です」。それでも、お客さんから「こんなに美味しい米粉菓子を初めて食べました」と言われると、嬉しくて、新しいメニュー開発に力が入るのだとか。最初は地元のお客さんがほとんどだったが、最近では、インスタグラムを見た県外からのお客さんが増えてきたという。「安全で美味しいお菓子を作って、きちんと発信していけば、必要としてくれる人に届くと思う。海外からもお客さんが来てくれるような店に成長して、地元牛窓や米粉の発展に貢献したいですね」。

「ミツバチ米粉研究所」について
岡山県瀬戸内市牛窓町にある、米粉焼き菓子店。米粉は、地元牛窓産の自然栽培のものにこだわり、体にも地球にも優しく、美味しい菓子作りを心掛けている。メニューは、人気のロールケーキをはじめ、パウンドケーキ、マフィン、クッキー、ラスク、かりんとうなどが季節ごとに揃う。「米粉菓子がこんなに美味しいなんて」と口コミで人気が広がっている
URL：Instagram @888_komekolab

屋号：ミツバチ米粉研究所
業種：米粉菓子製造・販売
現在の拠点：岡山県瀬戸内市牛窓町
出身：岡山県
現在の年齢：51歳
バックグラウンド：岡山県で生まれ育ち、関西の大学を卒業後、会社員、議員秘書を経て、2006年、34歳の時に東京へ。会社勤めをしながら、休暇は海外旅行を楽しむ暮らしを続ける。2018年、46歳からは、拠点を岡山県に戻し、岡山県の山奥にある自然食の宿で住み込みで仕事をする。ここでの体にいい食事、暮らしにこだわった生活が、米粉を使った菓子の製造・販売を始めることに繋がる。2022年、50歳で自分の店を始める
創業年：2022年
起業した年齢：50歳
初期費用：約200万円（自己資金）
事業形態：個人事業主

スタッフの数：本人のみ
起業前に準備したこと：実家の1階部分に厨房と店を作った。美味しい米粉を探し、とにかく試作を繰り返し、まわりの人に試食してもらった
起業してから軌道に乗るまでの期間：まだ軌道に乗っていない。まずは3年くらいを経て、やっといろいろなことが見えてきてペースが掴めるはず、軌道に乗るのはその先だと思う
起業して良かったこと：自分が立てたフラグ（旗＝安全で美味しい米粉菓子）に人が集まってくれるのが嬉しい。店を始めたからこその出会いに感謝
起業して大変なこと：売り上げや経費、数字と向き合わなければいけないこと
今まで続いている秘訣：まだ始まったばかりだが、ずっと続く秘訣があるとしたら、「感謝の気持ち」と「安全で美味しい米粉菓子を研究し続けること」ではないかと思う
仕事上のポリシー：お店を通して社会に対してできること、貢献できることを意識して仕事をする。具体的には、まずは地産地消。しっかりとこだわっていきたい
生きていく上で大切にしていること：やりたいことは全部やる
今後の展開：イベント出店の機会や販売してもらえる店を増やしたい。ゆくゆくは、海外からもお客さんが訪れるような店になるといい
起業したい人へのアドバイス：まずは小さく始めてみること。始めてから見えてくる景色がある。40代前半、動けなかった自分にも伝えたい

> インドの原住民による民族画
> "ゴンド・アート"との運命の出会い。
> 画家との不思議な縁を感じ、
> それがやる気の源に

川村華織
Kaori Kawamura

ゴンド・アートのディーラー
「Touch the GOND」代表

　リサーチャーのプロフェッショナルとしてキャリアを積んできた川村華織さん。2013年、34歳の時、パートナーの駐在先、インドに同行し、そこでの暮らしの中で出会ったゴンド・アートに魅せられ、民族画のディーラーとして起業をすることになる。ゴンド・アートとは、インド中央部のマディヤ・プラデーシュ州近郊に住む、パルダーン・ゴンドという先住民が描く絵で、民族画というジャンルに括られるアートのこと。「郊外の学校を会場に開かれたアートイベ

ントにボランティアで参加したんです。そこで、広々とした教室の壁、四方いっぱいに描かれた絵を見て、その素朴さの中にある力強さ、芸術性の高さに衝撃を受けました。もうこれは運命の出会いだと思いました」。この作品がゴンド・アートだということを知り、インターネットで、書籍を探して、専門家に話を聞いて、リサーチを重ねる。そして、現地で美術の教鞭を取るインド人の女性に通訳を依頼し、この作品を伝統的に生み出しているゴンド族の住むエリアを訪ねたのだそう。「この通訳の方はこの時からずっと仕事の重要なパートナーです。最初は、ふたりで画家が住む街を訪れて10人のアーティストに会いました。アトリエで見せていただく絵はどれも素晴らしい。ゴンド・アートは、作者の名前が大きくフィーチャーされていないので

すが、じっくり見るとそれぞれに個性やこだわり、特徴があるんです」。当時は気軽に買える値段で、自らがコレクターとして、少しずつ買い集めていったのだそう。特に気に入ったものは額装をして、家のリビングや寝室に飾っている。そのコレクションも、仕事用に仕入れた作品を合わせて、今では700枚を超えるのだとか。「この素晴らしいアートを、世界中に広めていきたい。もっと価値を高められるはずで、その結果、アーティストたちを支えることになれば、そんな思いがあります」。そして、その気持ちの根っこには、どこか導かれて出会ったという不思議な縁のような感覚があり、ゴンド・アートを仕事にすることは、気持ちが高揚するような、生きる喜びがあるのだと話してくれた。

川村さんは、ゴンド・アートの仕入れ販売の仕事を始めるにあたって、民族画を扱う国内外のギャラリーやアートディーラーについて調べたのだそう。「その当時、おおまかに民族画という括りで、画家のことを紹介せずに販売しているところが多かったのですが、もっと違うアプローチができるのではないかと思いました」。そこで、インターネットでの販売は一切せず、ポップアップ的にギャラリーやゴンド・アートと親和性の高いカフェなどに展示し、販売をするというスタイルをメインの販売方法に据える。また、ゴンド・アー

トと言えば、「タッチザゴンド」と認識してもらえるように、屋号はもちろん、ゴンド・アート以外の民族画には手を伸ばさずに、シンプルに、わかりやすく、ビジネスを展開している。そして、2021年には、書籍『ゴンド・アート インドの民族画』（河出書房新社）を制作する。「ゴンド・アートを広めるには書籍を発売するのが近道だと思いました。知り合いの編集者に相談に乗ってもらったりしながら、企画書を練り、出版にこぎつけたんです」。その反響は大きく、書籍を読んでゴンド・アートに興味を持つ客が増えてきているという。

ゴンド・アートのビジネスを軌道に乗せるまでも、そして軌道に乗った今も、仕事は、ゴンド・アートのディーラーとリサーチャーのダブルワークだ。「ゴンド・アートについては、急がず、タイミングを見極めつつ、地に足をつけて進めていきたいんです。ストイックになりすぎず、ゆるゆると仕事をすることが、いい結果に結びつくのではないかと考えています」。最近は海外からの問い合わせも増え、そうした声や販売実績のデータを分析することで、どんな作品が日本の市場に合い、また、海外で関心を持たれるかがわかってきたという。

「作家が心から自由にのびのびと描いた作品は、その気持ちの良さがお客さんにも伝わるみたいです」。

「Touch the GOND」について

インド中央部のマディヤ・プラデーシュ州近郊に住む、パルダーン・ゴンドという先住民が描く民族画、ゴンド・アートを、日本で紹介し、展示販売している。展示は、アートギャラリーのほか、ゴンド・アートと親和性の高いレストランやカフェなど、不定期で開催。2022年にインド独立75周年・印日国交樹立70周年記念事業として印度大使館でイベントを開催した
URL：https：//gondart-india.com/

屋号：Touch the GOND（タッチ ザ ゴンド）
業種：ゴンド・アートの輸入・販売
現在の拠点：東京都
出身：大阪府
現在の年齢：44歳
バックグラウンド：大学では国際関係学を専攻、卒業後マーケティングの会社に2年半勤務、退職後は専門的に調査・分析方法を学ぶために大学院へ、その後、いくつかの企業で経験を積み、現在もフリーランスで調査・データ分析の仕事を受託している。2013年、34歳の時、商社勤めのパートナーのインド駐在に同行し、約1年間インドに滞在した際に、ゴンド・アートと出会う。最初はコレクターとしてスタート、2014年、35歳の時に、ゴンド・アートの仕入れと販売を行うために「Touch the GOND」を立ち上げる
創業年：2014年
起業した年齢：35歳
初期費用：非公開
事業形態：個人事業主
スタッフの数：本人のみ
起業前に準備したこと：民族画を扱っている同業他社をリサーチした。インド、ゴンド族の住んでいるエリアを頻繁に訪れて、自らがコレクターになり、作品を数多く手に入れた
起業してから軌道に乗るまでの期間：3年
起業して良かったこと：仕事を通じてさまざまな出会いがある
起業して大変なこと：2つの仕事の両立やスケジュールの調整。本当にアーティストたちのためになっているか常に自問しながら進めている
今まで続いている秘訣：ストイックになりすぎず、臨機応変に取り組んでいる
仕事上のポリシー：まずはアーティストが第一優先、手を広げすぎず自分にできることに集中する
生きていく上で大切にしていること：やりたいことは積極的に口に出していく。そうすることにより、するべきことが自分の中で整理され、形になっていく
今後の展開：今後も画家との交流をさらに深めたい。海外のマーケットも重視していきたい
起業したい人へのアドバイス：行動しないと始まらない。まずはやりたいことを具体化し、できることをひとつひとつ繋いでいくといい

> **"**
> 何があっても
> 自分で責任が負える範囲で、
> 好きなこと、テンションが上がることを
> 楽しく仕事にしていきたい

井部祐子

Yuko Ibe

傘ブランド
「Bon Bon Store」代表

「ありそうでない普通の傘」をキャッチコピーに、センスの良い傘を製造・販売する「ボンボンストア」。どの傘も遊び心があって、どこかポップで、大人の女性のおしゃれ心をくすぐるラインアップだ。代表の井部祐子さん自身もとてもおしゃれな人。持ち歩いているバッグや小物はどれもどこか個性的で、いったいどこで手に入れたものなのだろう、と聞いてみたくなるものばかりなのだ。井部さんは、新潟で生まれ育つ。子供の頃からファッションに興味があり、

ファッション雑誌でトレンドを知るのが楽しみだったそう。高校を卒業して上京、文化服装学院に進学する。学校にはファッションにこだわりのある生徒たちが集まってきていて「毎日、みんなの服装を見るのが楽しかった。当時はDCブランドだったり、ハマトラだったり、古着をうまく取り入れたファッションの人もいて、刺激がありましたね」。卒業後は、人気スタイリストとして女性誌で活躍していた田中照子さんが立ち上げた事務所「キャパアンドコオ」に入所する。ここは女性の視点でファッションからライフスタイル全般までをさまざまな形で企画編集する会社で、売り場のコーディネート、アパレルのオリジナル商品開発と、数多くの仕事を担っていた。

「田中さんはとても魅力のある人で、憧れの存在でした。まわりの人たち

からとても信頼されていて『ここは田中さんに任せておけばいい』と次から次へと仕事を依頼されるような方なんです」。アシスタントについた仕事は、例えば、デパートの服飾雑貨フロアのコーディネート。コンセプトに沿って取り扱うものを探して交渉するところから手がけていく。ほかにもファッションビルのフロア全体のコーディネートや、オリジナルグッズを制作して、クライアントに提案したりもする。「ありとあらゆることを勉強させてもらいました。入所6年目ぐらいからは、大きな仕事をひとりで任せてもらって、やりがいがありましたね」。尊敬する上司のもと、日々楽しく経験を重ねられ、20代前半で入所してからあっという間に16年。気がつけば30代半ばになっていた。「ある時、そろそろ独立しようかなって。事務所を離れて仕事をするタイミングじゃないかって思ったんですよね」。田中さんにそのことを相談すると、「やりたいことがあるならいいんじゃない。やってみたらいいわよ」と応援してくれたのだそう。

　独立した時は、資金はゼロ。東京・代々木上原にあった自宅をオフィスに、しばらくは今までの仕事の手伝いと、自分の仕事の二足の草鞋だった。ある時、以前の仕事で付き合いのあった人からの紹介で、大手コスメブランドからノベルティーの開発を頼まれた。布製の熊のマスコットを作ったところ好評で、これをきっかけに、今度は大手セレクトショップのバイヤーと一緒に猿のマスコットを作ることになる。「このモンキーが大ヒットして、素材やデザインを変えながら何度も追加生産することに。まとまった資金もできて、ずっとしたかった傘のブランドを立ち上げることができるようになったんです」。

「ボンボンストア」のポリシーは、傘をメインの商材に自分のブランドを展開するからには、大手の傘会社と同じようなものを作っても意味がないと考えていること。百貨店の傘売り場では見つけられないような、ありそうでなかった、ディテールにこだわったデザインを常に意識しているという。井部さんが傘のデザインを考える時、この素材とこのデザインを組み合わせたらどうなるか、傘の長さをちょっとだけ短くしてみたらどうだろう、ストライプの柄に騙し絵の手法を取り入れた生地を貼って立体的に見せてみたい。そんな風に次から次へとアイデアが浮かんでくる。そしてそれを、絞り込んで形にしていくのだそうだ。「作りたい傘はたくさんあるんです。でも、自分で責任が持てる範囲で作るように心がけないと。それに、たとえそのシーズンで売れ残っても、翌年にヒットすることもあるし、販売方法を工夫することも大切ですね」。

BonBonStore

「Bon Bon Store」について

雨の日も喜んで外出したくなる、大人のおしゃれを楽しめる傘を制作し、販売する傘ブランド。生地や、ウッドハンドル（栗、楓、樫、竹）、露先（布と骨が結びつけられている部分）、石突き（地面を突く部分）、ボタン等、ディテールにもこだわった物作りで、ありそうでなかった普通の傘を意識している。姉妹ブランドで、バッグなどの小物も展開中

URL：http://bonbonstore.jp

屋号：Bon Bon Store（ボンボンストア）
業種：傘の制作・販売
現在の拠点：東京都
出身：新潟県
現在の年齢：59歳
バックグラウンド：文化服装学院流通専門課程修了。卒業後は、田中照子さんが運営する「キャパアンドコオ」に就職。コーディネート業務や商品開発を経験する。17年間勤めた後、独立。2000年、36歳の時、個人事業主で「ボンボンストア」をスタートし、2011年、47歳の時に、法人化する
創業年：2000年
起業した年齢：36歳
初期費用：特になし

事業形態：株式会社
スタッフの数：2人（本人含む）
起業前に準備したこと：ファッション、ライフスタイルの分野にわたって企画編集する事務所に勤めていたときに経験したこと、人脈が起業後の仕事の基礎になっている
起業してから軌道に乗るまでの期間：起業してすぐ
起業して良かったこと：いろいろな人に出会えること。人と人がどんどん繋がっていって、仕事にもプライベートにも活きている
起業して大変なこと：傘を作るためのパーツを仕入れる時に、ロット（仕入れる最小単位）が多くて毎回苦労する
今まで続いている秘訣：自分にないものを持っている人たち、一緒にいて楽しい人たちがまわりにいてくれる。そんな仲間たちと話すとテンションが上がる
仕事上のポリシー：好きなことしかやらない、嫌なことはやらない。スケジュールを詰め込みすぎない
生きていく上で大切にしていること：何かをする時には、まずきちんと身の回りの片づけをしてから始める
今後の展開：今の仕事を社会をよりよくすることに繋げていくことを思案している
起業したい人へのアドバイス：初心を常に自分のそばに置いておくこと

> **今の仕事、一から育ててきた
> 自分のブランドが好き。
> まるで我が子のように、
> 愛しくて、大切な存在**

坂雅子
Masako Ban

アクセサリーブランド
「acrylic」代表

「私、体育会系なんです。体力、気力には自信があります」。そう話してくれた、坂雅子さん。中学・高校時代はバレーボールに明け暮れ、大学生になると夜遅くまでアルバイト、準大手ゼネコンに勤めていた時には、趣味に、遊びに、終業後も活発に動く。建築系の展示や出版物を発行する「GA ギャラリー」で仕事をしていた時は、建築の本を車に積んで設計事務所をまわり、営業に向いている自分を発見。その後勤めた、建築設計事務所や、グラフィックデザイン事務所では、週に数回の完徹も厭わない。それよりも仕事を学べることに喜びを感じた。フリーランスのグラフィックデザイナーとして仕事をしていた時は「自分を追い込んで、妥協せず、ギリギリのところまでやり尽くした。限界も感じていましたけど」と話す。そして 40 歳の時に立ち上げた自分の会社、アクセサリーブランド「アクリリック」では、基本的に現場の仕事はひとりで、デザインから、製作依頼、完成したら検品し、梱包し納品するところまで、こなしてしまう。「配送作業は、正直、大変です。でも、自社製品は、出来上がったものをしっかりと職人から受け取って、最後にひとつひとつ触りながら、気持ちを込めて、売り先、納品先に送り出したいんです」。

坂さんが、自身のアクセサリーブランドを始めたきっかけは、大きく

撮影協力：国立新美術館内「スーベニアフロムトーキョー」

ふたつある。ひとつは、26歳で結婚することになる、建築家、坂茂さんとの出会い。「彼から教えてもらうことは多くて。一時期、彼の秘書をしていた時に『君は秘書的な能力は高いけれども、気をつけた方がいい。自分の好きなことを見つけて、自分で動いたほうがいい』と言われたんです。それからずっと、そのことが頭の中にありました」。もうひとつは、グラフィックデザイン事務所勤務とフリーランス時代を合わせて約10年間デザインの仕事を続けて、37歳になった時、「今の自分の状況を変えるために」ロンドンに1年間拠点を移したこと。「その時は、壁に突き当たってしまった感じがあって。グラフィックデザインの仕事が天職でない自覚があって、どこか納得できずにいた。まだ自分が何者でもないような気がして、虚しかった。それで、夫に海外に拠点を移してリセットしたいと相談したところ、快く送り出してくれたんです」。坂さんは、「今までの貯蓄が尽きるまで」、約1年間、ロンドンでひとり暮らしをすることになる。「とにかく刺激だらけの日々でした。たくさんのヒトに会って、さまざまなモノに触れて、細胞が全て生まれ変わったような気持ちでした」。

異国の地での"充電"を終えて帰国すると、早速、自分のアクセサリーブランド「アクリリック」設立に向けて準備を始める。「ブランドの特徴を出すために、産業資材に注目しました。そうすることで、イヤリングやネックレス、指輪も、バッグも、ストールも、個性的で機能的にデザインできるんです」。ここで言う産業資材とは、例えば、アクリルボードや、スポーツシューズ用メッシュや、ソファや椅子に使われる貼り地のPVC（ポリ塩化ビニル）など。規則的で幾何学的な凹凸や独特な光沢がユニークで、また何よりも強度が高く、これらの素材を使ってプロダクトを作ることは、機能性を追求することにも繋がる。実際、「アクリリック」のアクセサリーは、数多くのアクリル製パーツが揃い、何度もつけたり外したりして、組み合わせを楽しめる。バッグは、たくさんのポケットがついていて、幅広のハンドルが肩や腕に優しい。ストールもコンパクトに折り畳めて、シワになりにくい。そしてどれも、軽くて、水に強く、それなのに、秀逸なデザイン。ファンが増え続けているというのも頷ける。「私には子供がいないのですが、自社の商品が、我が子のように愛しいんです。もちろん毎日愛用しています。バイヤーとして世界中からセレクトしているものを含めて、自分が一番の『アクリリック』のファンなのかもしれません」。

acrylic

masako Ban

「acrylic」について

産業資材を使って、大ぶりで個性的なイヤリングや指輪などのアクセサリー、目的に合わせたさまざまなタイプのバッグ、ストールなどを製作・販売しているアクセサリーブランド。「素材が主役、デザインはシンプルで機能的に」がコンセプトで、素材から製造まで全て日本製にこだわっている。国内外のミュージアムショップ、セレクトショップなどで販売を展開中
URL：acrylic.jp

屋号：acrylic <ruby>アクリリック</ruby>
業種：バッグ、アクセサリーの製造・販売、輸入アクセサリーの販売
現在の拠点：東京都
出身：東京都
現在の年齢：60 歳
バックグラウンド：大学卒業後、準大手ゼネコンに 2 年勤務。インテリアコーディネーターの学校に通い、建築・インテリアの勉強をしながら、建築関係の展示や書籍出版・販売をする「GA ギャラリー」でアルバイトをする。その時知り合った、建築家、坂茂さんの建築設計事務所に秘書兼スタッフとして 2 年半勤務する。1989 年、26 歳の時に坂茂さんと結婚。その後、広告関係のグラフィックデザインの事務所、2 カ所でデザイナーとして経験を積み、フリーランスのグラフィックデザイナーとして仕事をする。2001 年、37 歳の時、ロンドンへ約 1 年間、拠点を移す。帰国し、2004 年、40 歳の時、グラフィックデザイナーの仕事をして収入を得ながら、「アクリリック」を立ち上げ、オリジナルのアクセサリー、バッグを製作・販売。2005 年、41 歳の時、最初のコレクションがニューヨーク近代美術館ミュージアムショップに選ばれる。同年、元麻布にショールームを兼ねた路面店をオープン。2007 年、43 歳の時、「Wallpaper* Design Award 2007 "Best Jewellery", UK」受賞。2017 年、53 歳の時に株式会社にする。2020 年、56 歳の時、コロナの影響でショップをクローズ、同時に、オンラインストアを立ち上げる

創業年：2004 年
起業した年齢：40 歳
初期費用：最初はグラフィックデザイナーの仕事と並行していたため、特になし
事業形態：株式会社
スタッフの数：基本的には本人のみ
起業前に準備したこと：商品を置きたいショップのリサーチ。ミュージアムショップを中心に数多くの場所に実際に足を運んだ
起業してから軌道に乗るまでの期間：10 年
起業して良かったこと：良かったことだらけ。気が合う人たちと出会い、信頼関係を築く喜びも起業したからこそ。また、いつも仕事をお願いしている職人たちの腕が素晴らしく、日本の物作りの質の高さを改めて実感として知ることができた
起業して大変なこと：受注生産ではない

メーカーなので在庫を抱えたりと、いろいろなことがある。けれども全て自分の責任なので、納得できている

今まで続いている秘訣：自分でデザインし、形になった商品はまるで自分の子供のようにかわいいと思えること。多くの人に気に入ってもらえると嬉しいし、もちろん自分も愛用している

仕事上のポリシー：全てにおいて誠実であること。また、一緒に仕事をしている職人さんや配達をしてくださる人を大切にすることは強く意識している。彼らに背中を向けられたらおしまい

生きていく上で大切にしていること：自分が嫌だと思うことはしない

今後の展開：商品カタログ代わりにもなっているオンラインショップにさらに力を入れ、お客さん、お取り扱い店舗、展示販売会を中心に運営していきたい。また、2023年春に、自身の生き方や「アクリリック」について記した初の著作『遅咲きでもいい。「好き」を仕事にする勇気』（主婦の友社）を発売予定

起業したい人へのアドバイス：自分がどうなりたいか、のイメージを明確に作れた人がうまくいくのだと思う

> " 自分で努力をした感じはなくて、
> 声をかけられるままに進んできた。
> 気がついたら、自分に合った仕事を、
> 最高に楽しく続けている

山本千織

Chiori Yamamoto

弁当、ケータリング
「chioben」代表

　山本千織さんが、飲食の仕事を始めたのは、大学卒業と同時に結婚したパートナーが、飲食業界の人で、地元、札幌に小料理屋をオープンした際に、店を手伝いだしたのがきっかけだ。主に接客サービスを担当した。ところが、2年ほどが経って、店が順調に回り出したある日、パートナーは突然家出をしてしまう。「目の前には店だけがあって、これからどうすればいいのかと……」。それでも、それならば、とひとりで店を続けることにする。今まで通り、定食中心

のメニューにして効率良く食事を提供し、不定期で友達に助けてもらいながら、なんとか店の経営を続けていると、次第に常連客が増えてきた。「面白く回ってきたなって感じはありました。でも、忙しくて、もうヘトヘトになってしまって、このまま続けるのはどうなんだろうって。そんな時、地上げにあった別の店の話を聞いたんです。それで、店を譲ることにして、自分の店はリセットすることにしたんです」。

　30歳で全てを手放して、自由の身になった山本さん。早速、店を閉めた話を聞きつけた地元の飲食店から「うちで働いてほしい」といくつも声がかかる。そして、老舗の洋食店のキッチンを経て、札幌で文化的感度の高い人たちが集まることで知られるミニシアター「シアターキノ」に併設されていた居酒屋「エルフィ

ンランド」のキッチンで働くことになる。「もうここは、はちゃめちゃ。北海道大学の外国人留学生を呼んで、タイやウルグアイ、韓国……自国の料理を一緒に作ってもらって、そのための食材で、“宗教的祈り”を済ませた鶏が丸ごと届いたり、羊の頭蓋骨がガーゼに包まれて運ばれてきたこともありました。それから、アイスの方に来てもらって郷土料理を提供したりもしましたね。とにかく刺激的。私の中で“食”の楽しみがどんどん広がっていきました」。そんな時、地元で飲食店を経営している妹から、連絡がくる。そして「だんな（共同経営者）が急に辞めてしまい、すぐにでも店を手伝ってほしい」とお願いされる。「手伝ってあげないわけにはいかなくて。それから、気がつけば12年近くも、妹の店の手伝いで料理を作っていました」。この店が、今も札幌で妹の小室千春さんが続けている「ごはんや はるや」だ。

　それから、50歳手前になって、東京でレストランをオープンするためのプロジェクトの話があり、上京することになる。そのプロジェクトは結局頓挫するが、代わりに、東京・代々木上原にあるブータン料理店のスタッフとしてキッチンの仕事をすることになった。この店は夜営業のみだったので、ランチタイムを利用して、自分の得意な和定食も提供するようになる。けれども、それも束の間、ブータン料理店を離れること

になり、次の行き場を考えなければならなくなる。「その時、よく通っていた近所のバーのマスターが、うちでよければ、店が閉まっている昼間に使ってくれていいよって、言ってくださって。でも料理を乗せる器が揃っていないから、弁当箱に詰めて、テイクアウト販売したらって、提案してくれたんです」。思えばこのアイデアが、今の弁当「チオベン」につながっていく。その後、映画やテレビ、雑誌などの撮影現場で用意される“ロケ弁”として人気に。「チオベン」を食べたタレントやモデルなど、いわゆるインフルエンサーたちがSNSで紹介すると、そこから広がって、注文が次から次へと入るようになった。やがて、庭つきの広い一軒家を借りてキッチンスタジオにし、合同会社を設立する。

「お客さんからのリクエストを聞いて、しっかりとその要望に応えることが大切だと思っています。スカッシュの壁打ちのように、きちんとボールを打ち返すと、またしっかりとボールが戻ってくる。そしてずっと続いていくんです」。

「chioben」について

東京・上原にあるアトリエを拠点に活動する、弁当とケータリングの会社。弁当は、法人向けのロケ弁（映画やテレビ、雑誌などの撮影・収録現場で出演者やスタッフが、合間に食べる弁当のこと）がメイン、ケータリングは催事用。美味しいのはもちろん、見た目も美しくお洒落、タレントやモデルにもファンが多い

URL：chioben.com

屋号：chioben（チオベン）
業種：弁当販売、ケータリング
現在の拠点：東京都渋谷区上原
出身：北海道
現在の年齢：60歳
バックグラウンド：札幌にある女子大で工芸美術を学び、卒業してすぐ、1984年、22歳で飲食業界で働いていたパートナーと結婚。1987年、25歳の時、パートナーが小料理屋をオープン、店を手伝うことになる。2年後、パートナーが家出、離婚、店をひとりで切り盛りするようになる。1992年、30歳の時、店を売り、廃業、札幌・円山にあった老舗洋食レストラン「櫻月（サクラムーン）」のキッチンで3年、札幌・南三条の、当時映画館に併設されたレストラン「エルフィンランド」のキッチンで3年半、勤務する。1998年、36歳の時、札幌・西18丁目にある妹の経営する定食屋「ごはんや はるや」の手伝いを始め、約12年間キッチンに立つ。2011年、49歳の時、上京。東京・代々木上原のブータン料理店「ガテモタブン」を任される。その後、近くにあったバーの昼休業中に店を借りて、「チオベン」として弁当を売るようになる。2016年、アトリエを作り、合同会社にする

創業年：2011年
起業した年齢：49歳
初期費用：起業時特になし
事業形態：合同会社
スタッフの数：9人（本人含む）
起業前に準備したこと：特に準備をした覚えはなく、ずっと行き当たりばったり。それが良い形で繋がっていき、流れている感じ
起業してから軌道に乗るまでの期間：最初から。直前まで働いていたレストランに通ってくれていたお客さんが、弁当を買いにきてくれた
起業して良かったこと：自分に合っている仕事をしているので、充実感がある
起業して大変なこと：大変なことがすぐに思いつかないほど、ストレスなく仕事をしている
今まで続いている秘訣：飲食の仕事をしているのに、苦手な接客の仕事がないこと
仕事上のポリシー：「チオベン」は何かが違う、いつも面白いことをしているな、と感じてもらえるように、日々チャレンジし、その姿をみせていく
生きていく上で大切にしていること：自分と合わない人とはかかわらない。どんなに高い志があったとしても、自分と合わない人、嫌いな人との関係は続かないので
今後の展開：今は法人のお客さんに向け

て仕事をしているが、今後、一般のお客さん向けに物販できる商品を作ってみたい

起業したい人へのアドバイス：好きなことを仕事にするより、自分に合っていることを仕事にするほうがいいと思う

> "
> 自分の好きな領域で、
> まだ市場にないことを想像して、
> 徹底してやってみる。
> そうしたら今のスタイルになった

溝渕由樹
Yuki Mizobuchi

プラントベースのベイクショップ
「ovgo Baker」代表

　自分でクッキーを焼いてファーマーズマーケットで手売りをすることからビジネスをスタートさせた「オブゴベイカー」。代表の溝渕由樹さんには、世界で一番美味しいと思っている、理想のクッキーがある。それは、中学2年生の時に母親と出かけたアメリカ・ニューヨークで、出会った「Levain Bakery(ルバイン・ベーカリー)」のアメリカンクッキーだ。アメリカンクッキーは、一般的には、外はさっくり、中はしっとりと少しチューイーな大判のクッキー

のことを言う。「この店のクッキーは、さらに厚みがあってふっくらしている。中には、チョコレートやナッツがゴツゴツ入っていて、焼きたてのほくほくしたものは、もう本当に美味しくて。こんなクッキー、日本では見たことがないって感動しました」。その後、新卒で入社した大手商社に勤務していた頃、初めてひとり暮らしをすることになり、自分のキッチンで夜な夜な、クッキーを焼くようになる。「ルバイン・ベーカリーのクッキーのレシピは公開されていなかったので、記憶を頼りに材料を置き換えたり、焼き方に変化をつけてみたり。同じようなクッキーを作る焼き菓子教室にも通ってみて、数えきれないほどのクッキーを焼きましたね」。焼き上がったクッキーは、ラッピングをして、手作りのラベルを貼って、職場で配り、大好評

だったという。

会社勤めが3年経った頃、「働き方を見直したい、自分のクリエイティビティが存分に発揮できる形にシフトしたい」と、退職を決意する。そして"食"の分野で起業をする、とまずはゆるく目標を掲げ、その目標をさらに絞り込むために、北米を中心に、アイデアやヒントを探すための旅に出る。期間は約2カ月半、巡ったのは、ニューヨーク、フィラデルフィア、ワシントンD.C.、ロサンゼルス、サンフランシスコ、ポートランド、シアトル、それから、アルゼンチンとブラジルにも足を延ばした。「それぞれの街でフーディーな人たちと話をしたり、現地の料理教室に通ったり、もちろん、市場やスーパーマーケット、カフェやレストランも訪れました。ブラジルでは"ポルキロ"というブッフェスタイルのランチが楽しかった。値段は自分が盛りつけたプレートの重さで決まるんです。アルゼンチンでは"アルファホーレス"というミルクジャムをサンドしたクッキーが美味しくて」。そして、この旅で一番印象に残ったのは、食生活の多様化、例えば、プラントベース、オーガニック、グルテンフリー、ヴィーガンなど、皆が何かしらの自分の食のスタイルを実践していたことだったという。「けれども、それは強制的なものではなくて、あくまでも選択肢としてある。だから、厳密にもう一生ヴィーガンでという感じでもなくて、今日は植物性の食物しか食べない、といった具合に軽やかに生活に取り入れているんです。そこがすごくいいなって。日本でもそんな風土が作れないかなって思いましたね」。

この旅で得た情報や、溝渕さん自身が考えたことは「今の自分のアイデアの元、仕事の糧になっている」のだそう。そして、小学校の同級生ふたりを誘って「オブゴベイカー」を立ち上げることに導かれていった。屋号の"オブゴ（ovgo）"は、"organic, vegan, gluten-free as options(オーガニック、ヴィーガン、グルテンフリーを選択可能)"の略語、「食の選択肢が広がることで、皆が美味しくハッピーになってほしい」という溝渕さんの願いが込められている。「自分たちの店がこうして在ることで、美味しく食べるだけではなくて、無意識にでも、自分の健康のこと、そしてもっと先の、環境問題、さらには自分たちの未来について思いを馳せるきっかけを作ることになるといいなって思っています」。東京・小伝馬町にある1号店は、ニューヨークの街角にある店をイメージして作ったのだそう。今日も、多くの人で賑わっている。

ovgo B.a.k.e.r

「ovgo Baker」について

卵、バター、牛乳を使用しない全て植物性の材料で作る、プラントベースのアメリカン・クッキーをメインに、スコッキー（スコーンのように厚みのあるクッキー）、マフィンなどの焼き菓子を店舗やイベント、オンラインショップで販売。店舗は東京・小伝馬町にある本店のほか、原宿ラフォーレ2階、京都にある。軽井沢と福岡にはパイロットショップを運営中

URL：https：//ovgobaker.com

屋号：ovgo Baker（オブゴ ベイカー）

業種：プラントベースの焼き菓子製造・販売

現在の拠点：東京都

出身：神奈川県

現在の年齢：30歳

バックグラウンド：中学生の頃から家族でハワイやロサンゼルス、ニューヨークなどアメリカの都市を中心に訪問する。大学3年生の時に1年休学してロンドンに留学。4年生の時に子供たちのための民間の国際援助団体（NGO）「セーブ・ザ・チルドレン」でインターンを経験する。大学を卒業後、大手商社に入社、法務部に配属され、3年勤務。退職後、食分野での会社立ち上げを目標に、アメリカ、ブラジル、アルゼンチンを2カ月半かけて視察の旅に出る。2019年、25歳でグロッサリーストア「DEAN & DELUCA」で販売を経験。同年「ovgo Baker」を立ち上げ、小学校の同級生を誘って3人で、シェアキッチンを借りて、ポップアップショップやファーマーズマーケットでの販売からビジネスをスタート、ECサイトもオープンする。2020年、26歳の時に、法人化。2021年6月東京・小伝馬町に1号店をオープン。同年9月に軽井沢、2022年3月に原宿ラフォーレ、同年10月に福岡、同年12月には京都にカフェ併設の店舗をオープン

創業年：2020年

起業した年齢：26歳

初期費用：約30万円（自己資金。一番最初、ポップアップショップをした時に、3人で10万円ずつ出し合った）

事業形態：株式会社（社名は「ovgo」）

スタッフの数：120人（本人含む）

起業前に準備したこと：気になるお菓子、食のビジネスをリサーチするため、2カ月半かけて、アメリカ、ブラジル、アルゼンチンを旅した。市場調査と宣伝効果を期待して、東京・表参道のフリーマーケットでヴィーガンクッキーを販売してみた

起業してから軌道に乗るまでの期間：1年半〜2年

起業して良かったこと：自分のアイデアがどんどん形になるのが楽しい

起業して大変なこと：スタッフの管理が大変。スタッフ皆に楽しく働いてほしい、そのためにしっかりとサポートをしていきたい

今まで続いている秘訣：まだまだ、始まったばかり

仕事上のポリシー：今この仕事をしてい

て心地良いか、楽しいか、を常に自問
自答する。また、自分だけでなく、関
わる人たちが心地良いか、楽しいかを
考える

生きていく上で大切にしていること：無理
をしないこと。徳を積むこと

今後の展開：店で提供しているプラン
トベースの焼き菓子のレシピを公開し

て、多くの人に作ってもらいたい

起業したい人へのアドバイス：やってみた
いことがあったら、まずはリスクを想
像し、それが対処できる範囲なら、す
ぐにやるといい。失敗から得ることも
多いし、やってみて損をすることはな
いと思う

"

好きなことをシンプルに
淡々と続けていたら、
注目されて、人が集まって、
求められる形で大きくなっていった

マエダサチコ

Sachiko Maeda

アートキャンドル教室
「アートキャンドル協会」代表、
「Candle.vida」主宰

　幼い頃から、手先が器用で物作り
が得意だったというマエダサチコさ
ん。物心がつく前から絵画教室に通
い、家では紙粘土で遊び、手袋を編
んだり、パジャマを縫ったりもして
いたという。ある日、小学校の理科
の授業でキャンドル作りを体験する。
白いキャンドルを湯煎で溶かして、
クレヨンで色をつけるという単純な
プロセスだったが、楽しくて、家で
何度も作ってみたのだそう。その頃
の記憶がずっと頭の中に残っていて、

　23歳、結婚を機に独立した時に、ア
ートキャンドルを作って販売して生
業にしようと思い立つ。
　屋号は「キャンドル・ヴィーダ」。
パラフィンワックスのほかに、溶か
すとやわらかくなり粘土のように扱
える蜜蝋を使って、ドーナツやカッ
プケーキなどのスイーツや、マリー
ゴールドやラナンキュラスなどの花
やオブジェなど、華やかで夢のある
アートキャンドルを次から次へと
制作した。「海外で買ってきたアー
トキャンドルを半分に切ってみて作
り方を研究したり、日常で目にする
かわいいもの、これもあれもアート
キャンドルにしてみたい、できるん
じゃないかって、プランが湧き上が
って、制作が楽しくてしかたがなか
った。当時はまだ日本では誰もアー
トキャンドルを作っていなくて、パ
イオニア的な立ち位置だったんです。

それで、こんなの見たことがないって面白がってもらえて、よく売れました」。当初、販売ツールは、自分で作ったオンラインサイト、それから、地元で人気のあった雑貨店に営業をして、置いてもらった。そのうちに、地元の情報誌や女性誌で取り上げられるようになって、営業をしなくても、店のために制作をしてほしいと声がかかるようになる。そして、どこで買えるのか、という声に応える形で、アートキャンドル専門店を、大阪・南堀江のファッションビルの中にオープン、その後、南船場へ移転させる。「この頃から急に忙しくなって。ある大手企業からノベルティ用にオリジナルのアートキャンドルを4000個作ってほしいと注文が入って、納期に合わせるため、何日も徹夜をして制作したりもしました。部屋が納品待ちのアートキャンドルだらけで、両親や姉妹の家にも置いてもらって、梱包も手伝ってもらって、もうてんやわんやでしたね」。

そして、29歳の時、パートナーの仕事の関係で、東京に拠点を移すことになる。東京では、アートキャンドルの制作・販売を続けながらも、教室を主軸にビジネスをすることにした。「大阪で活動している時から、作り方を教えてほしいってよく言われていて、たまにワークショップをしていたんです。最初はマンツーマンだったのに、そのうちに1回で6人、8人、12人と、生徒さんが増えていきました」。東京でも教室を始めると、あっという間にレッスンの予定枠が予約で埋まっていった。教室の場所も、桜新町、麻布、表参道、自由が丘、と徐々に広く、アップデートしていく。生徒数は、多い時で月に700人。売り上げも大きくなり、3年後には、スタッフを8人に増やし、個人事業主から株式会社へ、法人化する。「実はこの時、利益はあがっても教室の家賃や人件費で経費がものすごくかかっていたんです。レッスンの数をこなさなければならなかったけれども、講師の数も限られていたので、全く休めなくて。精神的にきつかった」。この状況を改善したいと考え、導き出したのが、会社を一般社団法人へ、「アートキャンドル協会」を設立すること。会員を募り、指導者養成コースを修了した生徒は自分の教室を好きな場所で始めることができるというシステムを作る。「協会を維持しなければいけないというプレッシャーはあるけれども、会費収入で安定するし、何よりも生徒たちに、協会を後ろ盾に好きな場所でのびのびと教室を運営してもらえるのが嬉しいんです」。

「アートキャンドル協会」について
生花やスイーツ、オブジェなどを象った（かたど）キャンドル、"アートキャンドル"を制作し、飾り、火を灯すことで、生活に彩りを添え、より豊かなライフスタイルを提案することを目的とした協会。活動の中心はスクール運営で、拠点は、東京校、大阪校、仙台校の3カ所。趣味のクラスから、アーティスト、指導者養成コースまで、幅広く展開している。現在会員数約400人
URL：http://www.candlevida.com

屋号：アートキャンドル協会、Candle. vida（ヴィーダ）（教室用）、Vida Feliz（ヴィーダ フェリス）（販売用）
業種：アートキャンドル普及のための協会運営、教室経営、製造販売
現在の拠点：東京都
出身：大阪府
現在の年齢：47歳
バックグラウンド：子供の頃から物作りが好きで、絵画教室に通っていた。短期大学卒業後、デザイン事務所に就職し、メガネのデザインを担当する。1998年、23歳で結婚と同時に、個人事業主となり、アートキャンドルを制作し、販売をオンラインストアやポップアップショップから始める。2年後、大阪・南堀江にアートキャンドルのショップをオープン。その後、南船場へ移転。2004

年、29歳でパートナーの転勤に伴い、東京へ。アートキャンドルのアトリエ（東京・桜新町、麻布、表参道、自由が丘を経て、現在は駒沢）を開き、教室を中心に活動する。2007年、32歳の時に株式会社に。2013年、38歳の時に、一般社団法人アートキャンドル協会を設立し、理事長になる
創業年：1998年
起業した年齢：25歳
初期費用：最初は特になし
事業形態：一般社団法人
スタッフの数：3人（本人含む、協会を運営するスタッフ）、ほかに協会の会員が全国で教室を主宰している
起業前に準備したこと：物件探しにはこだわった
起業してから軌道に乗るまでの期間：今から約22年前は、アートキャンドルに目新しさがあり、販売するキャンドルはよく売れ、教室には人が集まり、比較的すぐに軌道に乗った
起業して良かったこと：組織で働く際にありがちな人間関係のストレスがない
起業して大変なこと：キャパオーバーになってしまい大変だった時期が何度かある。今は、自分がやらなくてもいいことはしないように、仕事のスタイルを見直し、仕事量を調整している
今まで続いている秘訣：体が資本。どんなに忙しくても、夕飯は、自分できちんとした食材を選び、料理し、しっかり食べる
仕事上のポリシー：教室を運営しているとちょっとしたトラブルが生じることもあるが、起こったことを客観的に見て淡々と対処し、細かいことを深く考えすぎない

生きていく上で大切にしていること：夕飯はしっかり、朝昼は食事を摂らない。そうすることで、昼間のレッスンの時に、集中力が増し、教室の生徒たちの様子を敏感に察知できるようになる

今後の展開：現状維持

起業したい人へのアドバイス：まずは好きなことをやってみて、まわりから向いている、やってみたほうがいいと言われる方向に柔軟性をもって軌道修正をしながら、形にしていくといい

> **"**
> 個人輸入して初めて飲んだ
> オーガニックティーの美味しさに感動。
> 何かに突き動かされるように会社を設立、
> 日本総輸入元になった

北条史子

Fumiko Hojo

「LOVE TEA」のディストリビューター
「ティーウェル」代表

「ティーウェル」について
オーストラリア・メルボルン発のオーガニックティーブランド「LOVE TEA」のディストリビューター（日本総輸入元）として、日本でのLOVE TEA製品の販売を主な事業としている。卸し売り、公式オンラインストアの運営のほか、各種イベントなどでケータリングを行うこともある
URL：lovetea.jp

屋号：ティーウェル
業種：食品輸入・卸し・小売り業
現在の拠点：東京都
出身：東京都
現在の年齢：43歳
バックグラウンド：大学卒業後、化粧品メーカーに就職、広報、マーケティングの仕事をする。2008年、28歳の時に、パートナーの転勤に伴いカザフスタンへ、2011年、31歳で帰国し、外資系ラグジュアリーコングロマリット（複合企業）に勤務。2013年、33歳の時に、再びパートナーの転勤に伴いロシア・モスクワへ。2015年、35歳の時に、帰国、前職外資系ラグジュアリーコングロマリットに復職、PR&イベントコーディネーターとして仕事をする。2017年、37歳の時に退職、同年「株式会社ティーウェル」創業
起業したきっかけ：メルボルンを旅した知人から教えてもらった「LOVE TEA」。もともと紅茶が好きで、早速個人輸入して飲んでみるとあまりの美味しさにびっくり。さらに100%オーガニックで香料不使用、オリジナリティあふれるたくさんのブレンドがあることに加えて、パッケージの美しさやブランドとしての在り方のセンスにも心を動かされる。この商品の輸入業をしたいと本国にアプローチ、2カ月後に創業者から返信があり、現地視察をする。当時会社員だったので上司に退職の相談をすると「そんなに夢中になれることに出会

負うことは、時に重みがずっしりくることもある

今まで続いている秘訣：「何事も縁」という発想を大事に。良い時はご縁を大切に繋ぐ努力をし、そうでない時も現実を受け止めて前進できる

仕事上のポリシー：直感と熱意を大切にする

生きていく上で大切にしていること：人生は有限であることをいつも忘れずにいる

今後の展開：常に旅をしながら世界中のまだ見ぬ美しいもの・美味しいものに出会い、その価値を何かの形で共有することを続けていきたい

起業したい人へのアドバイス：人生は一度きり、何も恐れず思うままに

えたなんて羨ましい」と背中を押してくれた。その後、起業、本国での商談、ディストリビューターとしての契約締結となった

創業年：2017 年

起業した年齢：37 歳

初期費用：950 万円 (自己資金)

事業形態：株式会社

スタッフの数：本人のみ

起業前に準備したこと：特になし

起業してから軌道に乗るまでの期間：約 2 年

起業して良かったこと：精神的にも物理的にも自由があり、自分次第でコントロールできる領域が多くある。2 年前に出産してからは、仕事と子育て・家庭、自分の時間など全てのバランスをとりながらいずれも楽しめる環境を作りやすいと感じる

起業して大変なこと：ひとりで全てを背

> 自分のやりたいことが、
> エゴではなく
> 皆の幸せに繋がっていれば、
> それを実現するための環境が自然と整う

平塚千穂子
Chihoko Hiratsuka

ユニバーサルシアター
「CINEMA Chupki TABATA」代表

「CINEMA Chupki TABATA」について
"チュプキ"とはアイヌ語で"自然界の
光"という意味。目の不自由な人も、耳
の不自由な人も、車いすの人も、小さ
な子供連れの人も、誰もが安心して映
画を楽しむことができる、東京・田端
駅徒歩5分の場所にある、席数20のユ
ニバーサルシアター。ドキュメンタリー
を中心に心温まる作品をセレクトして
いる。シアターレンタルも可能だ
URL：https：//chupki.jpn.org/

屋号： CINEMA Chupki TABATA
シネマ・チュプキ・タバタ
業種： 映画館
現在の拠点： 東京都・田端
出身： 東京都
現在の年齢： 50歳
バックグラウンド： 大学卒業後、学生時

代からアルバイトをしていた飲食店経
営会社に就職し、カフェの店長になる。
2年後、コーヒー焙煎などを担う食品卸
し会社に異動。退職後は、個人経営の喫
茶店に2年間勤める。1999年、27歳
の時に、結婚を機に、割烹料理の店を始
めたパートナーの手伝いをすることに
なる。体調を崩し、翌年、28歳で、単
身東京に戻り、リハビリも兼ね映画館
に通うようになる。映画の魅力に目覚
め、映画館「早稲田松竹」で2年間ア
ルバイトをする。自主映画監督主宰の
サークル「クレイジーランニングス」に
参加し、"チャップリンの無声映画、目

の不自由な花売り娘が主役の『街の灯』を目の見えない人に、音声ガイドを使うことで鑑賞してもらう"というプロジェクトを開始。その流れで、2001年、29歳の時に、ボランティア団体「City Lights」を立ち上げ、音声ガイドの研究会から始め、バリアフリー映画の鑑賞会や映画祭を開催する。2014年、42歳の時に、映画の上映もするイベントスペース「ART SPACE Chupki」をオープン。2016年、44歳の時に、「合同会社 Chupki」設立、映画館「CINEMA Chupki TABATA」を開業する

起業したきっかけ：目の見えない人のために既存の映画に音声ガイドをつけて上映するというプロジェクトがきっかけになり、ユニバーサルシアターを作るべきだと思った

創業年：2016年

起業した年齢：44歳

初期費用：50万円（6年前から募金集めをした）

事業形態：合同会社（合同会社 Chupki）

スタッフの数：6人（本人含む）

起業前に準備したこと：資金を確保するための募金集め。2016年の映画館開業前はクラウドファンディングを合計2回、その後も1回行い、総額1880万円を集めた

起業してから軌道に乗るまでの期間：約5年

起業して良かったこと：地元の信号機に視覚障害者のために音声がつけられたりと、ユニバーサルシアターがあることが、街が良い方向へ変わる契機になっている

起業して大変なこと：音声ガイド、字幕制作など締め切りのある仕事をする時

は徹夜することもある

今まで続いている秘訣："映画"という価値のあるものを扱う仕事をしていること

仕事上のポリシー：今していることが面白いと思えるかを確認しながら進む

生きていく上で大切にしていること：直感やひらめき。わからないことは聞く

今後の展開：映画館のある通りにカフェを作りたい

起業したい人へのアドバイス：自分が心からやりたいと思っていて、それが皆を幸せにすることであれば、自然とさまざまなサポート（人やお金）を得られると思う

ものと人が好きだから、
「いいね」と共感できる作家や人が
集まる場所を作った。
やめるのは、自分がものに興味がなくなった時

中西ルミ子
Rumiko Nakanishi

ギャラリー
「ギャラリー エム・ツウ」
オーナープロデューサー

「ギャラリー エム・ツウ」について
東京でスタートし、その後まもなく高知に移転、創業 32 年になるギャラリー＆ショップ。その存在感は昔も今も変わらない。作家ものを中心に、器や道具、帽子やバッグなどの装飾品まで、オーナーがセレクトした、幅広いジャンルのものを取り扱っている。月に 1 回ほど開催される展覧会には、日本全国から客が訪れる
URL：http：//www.gallery-m2.jp/

屋号：ギャラリー エム・ツウ
業種：ギャラリー
現在の拠点：高知県高知市
出身：高知県
現在の年齢：71 歳

バックグラウンド：東京国立博物館でボランティアを 7 年した後、1990 年、38 歳の時に、東京都大田区でギャラリーをスタート。1992 年、40 歳の時に、これからは地方の時代だと考え、地方で美しいものを紹介し、伝えていくことをするため、地元高知県へ移転。1 年間は、東京と高知の 2 店舗展開をする
起業したきっかけ：器や帽子、バッグなどの装飾品や、品よく美しいもの、使いながら育てていけるものが好き。そうした同じものを見て「いいね」と共感できる作家さんやお客さんとの人間関係を築く場所を作りたくて始めた
創業年：1990 年
起業した年齢：38 歳
初期費用：約 1000 万円（自己資金）
事業形態：個人事業主
スタッフの数：3 人（本人含む）
起業前に準備したこと：審美眼を育てるために、美術館に通い詰め、"本物"を自分の目で見るようにした
起業してから軌道に乗るまでの期間：知り合いから輪が広がって、比較的すぐに軌道に乗った
起業して良かったこと：ものが好きで、そ

れらに囲まれている環境が楽しい

起業して大変なこと：スタッフが数人いた時期もあったが、育成していくのは、責任もあり大変。また、県外からのお客さんが中心だったので、コロナ禍で呼びにくくなったこと。現在は予約制にしている

今まで続いている秘訣：とにかく、ものと人が好きなこと

仕事上のポリシー：まず、自分自身が楽しむこと

生きていく上で大切にしていること：全て段取りを良くするように、考えながら動く

今後の展開：月に1回の展覧会を続ける。2023年5月には、第32回オリンピック競技大会（2020/東京）の開会式でダンサー森山未來の衣装をデザインしたデザイナー、スズキタカユキの初の展覧会を開催予定

起業したい人へのアドバイス：自分が"好き"だと思う気持ちを、何よりも大切にするといい

> "
> アイデアをすぐに店に反映できる喜びは
> 自分の店だからこそ。
> 誰でもふらっと寄れる
> 居心地のいい場所を提供し続けたい

白田真弓
Mayumi Hakuta

カフェレストラン
「cafe・hakuta」オーナー

「cafe・hakuta」について
東京・金町にある、地元に密着した気
取らずに普段使いできるカフェレスト
ラン。タイ風カレーやスペイン産生ハ
ム、半熟たまごのミネストローネなど、
フードメニューも充実。ドリンクはコー
ヒーからクラフトビール、ワインまで。
ホームメイドの焼き菓子も種類豊富に
揃い、ランチ、ティー、ディナータイム
といつ訪れても楽しめる
URL：http://www.cafehakuta.com

屋号：cafe・hakuta
業種：飲食業
現在の拠点：東京都葛飾区
出身：東京都
現在の年齢：42 歳
バックグラウンド：聖徳栄養短期大学食

物栄養学科卒業後、パン屋で製造のア
ルバイトをする。その後、東京都内で
複数店舗経営している会社のカフェレ
ストランで働きながら、服部栄養専門
学校（パティシエ・ブランジェコース）
に 1 年間通う。個人経営のカフェで働
いた後、2008 年、28 歳で独立
起業したきっかけ：生きる上で大切な
"食"というジャンルに高校生の頃から
興味があった。さまざまな飲食店で経
験を積むうちに、いずれは自分の店を
持ちたいという気持ちになった
創業年：2008 年

起業した年齢：28歳

初期費用：約1500万円（自己資金）

事業形態：個人事業主

スタッフの数：5人（本人含む）

起業前に準備したこと：さまざまなカフェやレストランで仕事をしたことが、店舗運営やメニュー開発を学ぶことに繋がり、結果、自分の店を開業するのに役に立った

起業してから軌道に乗るまでの期間：3〜5年。最初の3年間は、がむしゃらに働いた

起業して良かったこと：とにかく自分のやりたいことがすぐに店に反映できる

起業して大変なこと：自分で全て責任を持って決断をしなければならないこと

今まで続いている秘訣：どんなに小さな問題でもすぐに解決するようにすること、問題を先送りにしない。また、どんな時も柔軟な対応をしていること

仕事上のポリシー：なんとかなると思うことと、なんとかするということ。不安や心配よりもその先の喜びや楽しいことを考えて乗り切る

生きていく上で大切にしていること：しっかりと自分の身体に向き合い無理をし過ぎない。仕事もプライベートも時間の使い方を考える、時間を作る努力をする。周りの人への感謝の気持ちを忘れない

今後の展開：独立してからずっと店に立ち続けているので、これからは今までの経験を活かしつつ少し違う視点で何か新しいことができないかと思案中

起業したい人へのアドバイス：起業することよりもどう続けていくかのほうがより大変。アイデア力と行動力、そして考え続ける力が大切

雑貨店の醍醐味は、
作家さん、古道具やアンティーク、
そしてお客さんとの出会い。
すべて"一期一会"だと思っている

前納理恵
Rie Maenou

雑貨店
「しまうまとことり」店主

「しまうまとことり」について
三重県多気郡大台町にある納屋を改造
して作った小さな雑貨店。木の温もり
を感じる店内には、キッチン雑貨やガ
ラスウエアなどの古道具やアンティー
ク、器や布小物など作家による手作り
雑貨、刺繍作家でもある店主によるキ
ュートなマスコット（写真）やポーチ
（写真）など、オリジナル雑貨が並ぶ。
日本各地から店を目指して訪れる客も
多い
URL: Instagram @shimaumatokotori

屋号：しまうまとことり
業種：小売業
現在の拠点：三重県多気郡大台町
出身：三重県
現在の年齢：44 歳

バックグラウンド：雑貨屋でのアルバイ
トを 7 年。結婚後、娘のために刺繍小
物を作ったのをきっかけに刺繍作家と
して活動を始める。2010 年、32 歳の
時に、自宅の敷地内にあった納屋を店
舗にし、雑貨店をスタートする
起業したきっかけ：作家活動をしている
うちに、自分の作品を販売する場所が
ほしいと思った。また、店を作るなら
ば、自分以外の作家による手作り雑貨、
古道具やアンティーク雑貨なども一緒
に販売しようと考えた
創業年：2010 年
起業した年齢：32 歳
初期費用：約 70 万円（自己資金）
事業形態：個人事業主
スタッフの数：本人のみ
起業前に準備したこと：ここでしか販
売していないものを店に置きたいと思
い、自分の作品、刺繍小物をたくさん
製作した
起業してから軌道に乗るまでの期間：今も
軌道に乗っていない
起業して良かったこと：作家による心温
まる作品に触れた時。心惹かれる古道
具に巡り合えた時。そして何よりもお

客さんにこの店に来てほっこりしても
らえた時

起業して大変なこと：店は不便な場所に
あるので、お客さんにはわざわざ店に
足を運んでもらうことになる。ここまで
来て良かったと思ってもらえるように、
品揃え、接客、そのほかさまざまな工
夫が必要

今まで続いている秘訣：とにかく雑貨が
好き、その気持ち

仕事上のポリシー：自分の直感を信じて、
あらゆることにおいて"一期一会"を大
切にする

生きていく上で大切にしていること：いつ
も笑顔で、自分の気持ちに嘘をつくこ
となく、楽しく生きる。また、自分が大
切だと思う人には自分の気持ちをちゃ
んと伝えるように心掛けている

今後の展開：地道にコツコツと今の店を

続けていく。将来は、オシャレでファン
キーな明るいおばあちゃんになりたい

起業したい人へのアドバイス：自分の好き
な事を貫く、このことに尽きる

> "
>
> 地元、伊豆大島は、
>
> 自然の流れに身を委ねられる場所。
>
> この素晴らしさを
>
> 多くの人に伝え、共有できる喜び

浅沼未弥

Miya Asanuma

カフェと宿
「島ぐらしカフェ chigoohagoo」
オーナー

「島ぐらしカフェ chigoohagoo 」について
都会暮らしでいつも忙しなく生活を送る女性たちが、伊豆大島の自然を五感で感じ、心からリラックスして自分を取り戻すための、お洒落な B&B（ベッド＆ブレックファスト、2 部屋あり、男性のみの宿泊は不可）とカフェ。地元伊豆大島で獲れた食材をふんだんに使った、朝食やカフェメニューは、心も体も癒してくれる
URL：https：//chigoohagoo.com

屋号：島ぐらしカフェ chigoohagoo
業種：宿泊業、飲食業
現在の拠点：伊豆大島
出身：伊豆大島
現在の年齢：36 歳

バックグラウンド：伊豆大島で生まれ育ち、2004 年、18 歳の時に大学進学のため上京。卒業後は、ホテル・リゾート運営会社「星野リゾート」に就職。11 年間勤務し、新規立ち上げを含む、石川県、栃木県、山梨県、長野県の合計 4 施設で仕事をする。2019 年、33 歳の時に伊豆大島に戻り、空き家を購入。この家を使って、2020 年、34 歳の時に、元「星野リゾート」同僚、長瀬夏海さんと一緒にカフェと宿をオープンする
起業したきっかけ：一度 " 島 " を出た人がまた " 島 " に戻ると出戻りと思われる。そんな U ターンする人への良くな

い風潮もあり、伊豆大島へは帰りたくなかった。けれども、いつか"島"に恩返しをしたい、身近すぎて見つけられなかった生まれ育った島の良さを探して皆に教えたいという気持ちが大きくなり、それを実現することは過去の自分を肯定し、未来の自分への自信になると思った

創業年：2020年

起業した年齢：33歳

初期費用：1000万円（自己資金、親から借入）

事業形態：個人事業主

スタッフの数：2人（本人含む）

起業前に準備したこと：実際に宿を経営している方や船会社、観光協会に話を聞きに行った

起業してから軌道に乗るまでの期間：2年で黒字になった

起業して良かったこと：伊豆大島は、観光地らしいスポットやお洒落な場所は少ないかもしれないけれど、島民と自然が作り出す独特な雰囲気が、都会の疲れた女性の肩の力を抜いてくれる。そんな場所なんだと、島に戻ってきて、起業して気づかされた

起業して大変なこと：何か問題が起きた時に自分たちで全て決めないといけないこと

今まで続いている秘訣：リピーターにも楽しんでもらえるように、そして、自分たちも楽しめるような、新しい宿泊プランやサービスを提供し続けている

仕事上のポリシー：大切な友達がいつ来てもいいように、という気持ちを持つ。宿泊施設もカフェも一切妥協せず、居心地の良さ、美味しさを追求する

生きていく上で大切にしていること：フットワークを軽く、気になったことはとりあえずなんでもやってみる

今後の展開：以前仕事で住んだことのある長野県にも新たな拠点を作りたい。また、女性が自分らしく生きるためのサポートをする場所を作りたい

起業したい人へのアドバイス：やりたいことが見つかったら、少し動き出してみて、いろいろなことがスムーズに回り始めたら、その時が"やり時"。逆に、何か邪魔が入ったり相当な労力が必要になったりしたら、止まって、タイミングを待つといい

> ❝
> 伊豆大島でまだ観光地化されていない
> 秘密基地的な風景を見た時の
> 感動が機動力に。
> 元同僚と一緒に夢を追いかける

長瀬夏海
Natsumi Nagase

カフェと宿
「島ぐらしカフェ chigoohagoo」
オーナー

「島ぐらしカフェ chigoohagoo 」について
都会暮らしでいつも忙しなく生活を送る女性たちが、伊豆大島の自然を五感で感じ、心からリラックスして自分を取り戻すための、お洒落な B&B（ベッド＆ブレックファスト、2 部屋あり、男性のみの宿泊は不可）とカフェ。地元伊豆大島で獲れた食材をふんだんに使った、朝食やカフェメニューは、心も体も癒してくれる
URL：https://chigoohagoo.com

屋号：島ぐらしカフェ chigoohagoo（チグハグ）
業種：宿泊業、飲食業
現在の拠点：伊豆大島
出身：長野県
現在の年齢：35 歳

バックグラウンド：子供の頃から、親の仕事の関係で日本と海外（長野県松本市、アメリカ、大阪府、ベルギー、千葉県、東京都八王子市、カナダ）を行き来する生活を送る。インターナショナルスクールを経て、大学生の時にはカナダ・バンクーバーへ留学も。卒業後、2011 年、24 歳の時に、ホテル・リゾート運営会社「星野リゾート」に就職。9 年間勤務し、山梨県と長野県の 4 施設で仕事をする。2019 年、32 歳の時に、現在共同オーナーで元「星野リゾート」同僚の浅沼未弥さんが、地元伊豆大島に空き家を購入、この家を使って一緒にビジネスを始めるために、伊豆大島に移住。2020 年、33 歳の時に、カフェと宿の共同経営者になる
起業したきっかけ：職場環境や不規則な生活リズムで体調を崩し職場を離れ実家に戻った時に、両親が諦めきれなかった夢を叶えるために、生まれたばかりの自分を連れて海外移住を決意した話を聞いて感動した。人生は一度きり、自分の夢のために行動をしたい。自分の好きなもの、自分の好きなところ、自分のやりたいことをしようと思った

創業年：2020 年
起業した年齢：33 歳
初期費用：1000 万円（自己資金、親から借入）
事業形態：個人事業主
スタッフの数：2 人（本人含む）
起業前に準備したこと：実際に宿を経営している方や船会社、観光協会に話を聞きに行った
起業してから軌道に乗るまでの期間：2 年で黒字になった
起業して良かったこと：やりたいと思って行動しただけで、どんどん夢が現実になっていく感覚がある。自分で起業してからは、苦手なことはやらない代わりに、自分の得意分野が増えていった気がした。抑え込んでいた自分の特技が見つかった気がする
起業して大変なこと：会社員と違って、毎月一定の収入があるわけではないので、閑散期の生き抜き方について真剣に考えないといけない
今まで続いている秘訣：リピーターにも

楽しんでもらえるように、そして、自分たちも楽しめるような、新しい宿泊プランやサービスを提供し続けている
仕事上のポリシー：雰囲気の統一感、コンセプトに忠実に、ブレずに仕事をする。そして何かを始める時は自分たちがワクワクするかどうかを基準にする
生きていく上で大切にしていること：飽きやすい性格なのであえて色々なことに挑戦してみる
今後の展開：空間作りにもっと力を入れる。インテリア、照明、音楽、香りなどを使って、心からリラックスできて別世界にいるような気分になる空間などを、探究したい。また、伊豆大島にはは空き家が多くあるので、そうした空き家を買い取り、リフォームし、貸し出すといったビジネスにも興味がある
起業したい人へのアドバイス：とりあえず何も考えずに動いてみること。途中くじけた時のために、起業した時の気持ちや夢をノートに書き留め、いつでも読み返せるようにしておくといい

> 誰かの受け売りではなく
> 自分の世界観を店作りで表現できることに
> 充実感を感じる。
> 部屋に一輪飾る喜びを広く伝えたい

井口尚子
Naoko Iguchi

生花店
「花屋 ことの葉」代表

「花屋 ことの葉」について
長野県松本市大手で、地元の人たちに
愛される花屋。店名の“ことの葉”は
“言葉”の意味。「ごめんね」「ありがと
う」を伝えられなくても言葉の代わり
に花を送ってほしいという願いが込め
られている。季節ごとにリースづくりな
どの花のワークショップも開催、来店
型サブスクサービスやオンラインショ
ップもある
URL：hana-ya-kotonohappa.jimdofr
ee.com

屋号：花屋ことの葉
業種：生花販売業
現在の拠点：長野県松本市
出身：長野県
現在の年齢：47歳

バックグラウンド：岐阜県の短大卒業後、
岐阜県内の生花店に就職。技術向上を
目指すため上京、花の専門学校へ入学。
卒業後、東京・大手町の老舗「はなぜ
んフローリスト」へ就職。そこで師と仰
ぐ松峰美次さん（社長）、清水智子さん
（メインデザイナー）に出会い影響を受
ける。朝から晩まで修業し、休みは週
1日、自分のためにがむしゃらだった。
2001年、26歳の時に結婚を機に退職。

専業主婦をしたのち、2008 年、33 歳の時に家族で長野県松本市に拠点を戻し、市内の生花店に勤務。2010 年、35 歳で独立、会社を設立し自分の店を始める

起業したきっかけ：いつか自分の生花店を持ちたいと思っていた。東京から故郷、長野県松本市に戻り生花店に勤めながら、徐々に地方での営業に慣れていった頃開業に踏み切った

創業年：2010 年

起業した年齢：35 歳

初期費用：非公開 (自己資金)

事業形態：株式会社（社名は「ことの葉」）

スタッフの数：3 人（本人含む）

起業前に準備したこと：特になし

起業してから軌道に乗るまでの期間：1 年

起業して良かったこと：何でも自分でやらなければいけないので大変だけれども、自分のしたいことができる

起業して大変なこと：心休まる時がない。24 時間社長。常に仕事、会社のことを考えている

今まで続いている秘訣：お客さんに真面目に正直に接していること。例えば、値段表示＆明朗会計

仕事上のポリシー：良いものを適正価格で提供する。一度買って品物が悪かった生産者は信用しない

生きていく上で大切にしていること：自分を大切にして周りの人も大切にしたい

今後の展開：完璧ではない自分を認め、頼れる右腕を探すか育てて、メンタル、体力ともに余裕を持ちたい

起業したい人へのアドバイス：茨の道だけれども、頑張った分だけ自分に返ってくる

海外コンサートのツアースタッフ、
輸入商社からの流れで辿り着いた今の仕事。
店で釣り銭を握りしめながら、
こときれるのが夢（笑）

寺口理恵子
Rieko Teraguchi

雑貨店とカフェ
「Nomadic Life」オーナー

「Nomadic Life」について
東京・三軒茶屋にある教会の一角にあ
る異国情緒あふれる雑貨店。世界各国
から集めた、その国独自の伝統的なイ
ンテリア雑貨や服飾雑貨、リラクゼー
ショングッズ、アクセサリーなど、レ
アな雑貨が所狭しと並び、プロのスタ
イリストもお忍びで通っているという。
店内にはカフェスペースもあり、スペ
シャリティコーヒーと瓶入りのチーズ
ケーキが人気。不定期で発酵ごはんラ
ンチや南インド料理などを提供中
URL：https：//www.nomadic-life.
net/

屋号：Nomadic Life ノマディック ライフ
業種：小売業、飲食業
現在の拠点：東京都・三軒茶屋

出身：大阪府
現在の年齢：55歳
バックグラウンド：大学卒業後、芸能界
マネージャーを経て音楽業界のツアー
スタッフに。世界各国を回り各地の文
化に触れ、伝統工芸品や民芸品に興味
を持つ。1998年、31歳の時に、イン
テリアの輸入商社に転職。12年間勤務
した後独立し、2010年、43歳の時に、
東京・三軒茶屋で輸入インテリア雑貨
の店を開業。2016年、隣の教会の下に
移転した際にカフェの営業もスタート
起業したきっかけ：輸入商社に勤務して
いた時に体調を崩したのを期に、独立
を考え始める。場所を東京・三軒茶屋
に定め、最初は出身地大阪のソウルフ
ード"イカ焼き"屋を始めようと物件を
探す。見つかった物件が、雑貨店にふ
さわしく、前職とのつながりもあると考
え、雑貨店の経営をすることにした
創業年：2010年
起業した年齢：43歳
初期費用：非公開（日本政策金融公庫借
入）
事業形態：個人事業主
スタッフの数：本人のみ

起業前に準備したこと：前職、輸入商社時代の十分なコネクションがあったが、それにプラスして新規の仕入れ先の開拓には時間をかけた

起業してから軌道に乗るまでの期間：3年。ただし、商売には波があるので、12年経った今も軌道に乗ったとは思えない

起業して良かったこと：たくさんのお客さんや、仕入れ先の国内外のメーカーの人たちと知り合えたこと

起業して大変なこと：資金繰り。特にコロナ禍でお客さんが激減し、対面で接客できなくなってしまったことは路面店にとって大打撃だった

今まで続いている秘訣：今できることをとにかく懸命にやる。行き詰まった時に他人（同業者）と比較しない。SNSなどで活躍している同業者を見ると凹むので「人は人、自分は自分。自分にできることは何なのか」とひたすら考えて、いろんな局面を乗り越えてきた

仕事上のポリシー：周囲に流されないこと。例えば、自分のお店に何をセレクトするか。他店で売れているからといって、自分の感覚に合わないもの、商品自体にストーリーのないものは置かない

生きていく上で大切にしていること：フィジカルとメンタルは繋がっているので、両方のケアを心がけている。毎朝出勤前にジムのプールで泳ぐ。そして、いつも笑顔で。暗い顔をしていると、まわりにも伝染すると思うので

今後の展開：生まれ故郷の大阪に2号店を出したい

起業したい人へのアドバイス：起業は、体力、気力勝負です。それさえあれば大概のことはできるはず

> 自分の店は、ある意味
> ありのままの自分が肯定される場所。
> 訪れたお客さんと交流し、
> その輪をどんどん広げて繋げていきたい

早瀬友貴
Yuki Hayase

焼き菓子＆ドリンクスタンド
「Midnight Breakfast」オーナー

「Midnight Breakfast」について
木曜日〜日曜日の朝7時から昼12時
までオープンする、アーリーバードが
喜ぶ、焼き菓子とドリンクのスタンド。
地元、栃木県で穫（と）れた小麦、益子（ましこ）産卵、

甜菜糖（てんさいとう）や黒糖で作るアメリカンな焼き
菓子は、オーナーがアメリカ留学中に出
会った味を自分なりに、自分らしく表現
している。不定期でポップアップショッ
プも。スケジュール等は公式インスタ
グラムで確認を
URL：Instagram @_midnightbreakfa
st_

屋号：Midnight Breakfast（ミッドナイト ブレックファスト）
業種：飲食業
現在の拠点：栃木県芳賀郡益子町
出身：栃木県

現在の年齢：33歳

バックグラウンド：大学時代にアメリカ留学を経験、2014年、25歳の時に、ワーキングホリデーで台湾に1年間滞在。その後、地元「益子町地域おこし協力隊」での約2年間の活動を経て、2022年、32歳の時に、益子町の起業支援施設「チャレンジショップ」を活用する形で、起業する

起業したきっかけ：ワーキングホリデーで台湾に滞在していた時に住み込みでアルバイトをしたゲストハウスに影響を受け、地元に人が集まる場所を作りたいと思った。陶器市でも有名な"益子"はコアな外国人ファンが集まる町で、自身の英語や中国語を使える機会があることも見越した

創業年：2022年

起業した年齢：32歳

初期費用：約30万円（自己資金）

事業形態：個人事業主

スタッフの数：2人（本人含む）

起業前に準備したこと：「益子町地域おこし協力隊」として活動していた頃から、副業として地元の食材で作ったオリジナルクッキーの製造・販売を始め、経験を積んだ

起業してから軌道に乗るまでの期間：軌道に乗っているかはわからないが、順調に進んでいる

起業して良かったこと：自分の働きたい時間に働けること

起業して大変なこと：仕事とプライベートの区別がつけにくい。意識して分けるようにしている

今まで続いている秘訣：自分自身が楽しむことを心がける

仕事上のポリシー：自分はもちろん、朝、店を訪れたお客さんにとって、1日の活力を養う場所にする

生きていく上で大切にしていること：自分の人生を大切に生きる。人と同じことをしない。"〜するべき"にとらわれない

今後の展開：自分の店が、日本人も外国人も、多くの人が益子町を訪れるきっかけになれるよう、発信し続けたい

起業したい人へのアドバイス：自分がなぜこれをしたいのかということをいま一度きちんと考え、具体的なイメージを持つと行動しやすくなる

> ❝
> 自分が楽しめることは何か、
> と考えた時に思い浮かんだのは、
> 世界中を飛び回って仕事をしていたときに
> アメリカで見たヴィンテージ文具だった

島本彩子
Saiko Shimamoto

ヴィンテージ文具と紙物の店
「THINGS 'N' THANKS」オーナー

「THINGS 'N' THANKS」について
1900 〜 80 年代の希少で遊び心のある
実用可能なアメリカを中心とした海外
文具類、紙類を専門に販売する店。オン
ラインショップのほか、東京・押上に実
店舗がある。文具は書斎に置きたくな
るシックでスタイリッシュなものから、
70 年代のポップで可愛らしいデザイン
やイラストの紙ものまで種類豊富に揃
う。デッドストック品も多く、蚤の市で
宝探しをする気分が味わえる
URL：https：//www.things-and-
thanks.com/

屋号：THINGS 'N' THANKS（シングスアンドサンクス）
業種：小売業
現在の拠点：東京都墨田区
出身：山形県

現在の年齢：43 歳
バックグラウンド：高校生の時にアメリ
カ・テネシーへ留学。「文化服装学院」
でテキスタイルを学ぶ。卒業後、ケニ
アでのボランティア活動を経て、2002
年、23 歳の時、京友禅の工房で修業を
する。2005 年、26 歳の時、アパレル
系の物流会社に就職。約 10 年間、支
店の立ち上げなどで、東京と上海を拠
点にしつつ、世界中を飛び回る。2017
年、38 歳の時に、退職。2018 年、39
歳で結婚。東京都チャレンジショップ
「創の実」に参加する形で、ヴィンテー
ジ文具と紙ものを扱う店を東京・自由
が丘にオープン。翌年、東京・押上へ
移転オープンする
起業したきっかけ：知り合いの突然の死
をきっかけに、12 年勤めていた会社を
辞め、脱サラ。当時のストレスフルな
生活を見直し、生きている今を大切に、
自分の好きなことをしようと、アメリカ
出張中にアンティークショップで出会
ったヴィンテージ文具にフォーカスし
た店を始めることにした
創業年：2018 年
起業した年齢：39 歳

初期費用：非公開（銀行借入）

事業形態：個人事業主

スタッフの数：3人（本人含む）

起業前に準備したこと：開業の仕方から、お金の工面、マーケティングなど、起業にまつわることを、民間の専門スクールやセミナーに参加して、勉強した。また、パブリシティにつながるSNSやホームページ、オンラインストアの構築には力を入れて、準備した

起業してから軌道に乗るまでの期間：まだ発展途上。これから乗りたい（笑）

起業して良かったこと："やらされ感"はサラリーマン時代より少ない

起業して大変なこと：経営者はひとりなので、自分の代わりがいない。苦手なことも全て自分で対応する必要がある。また、今の年収をサラリーマン時代の金額まで引き上げることはなかなか大変

今まで続いている秘訣：どんなことでも気になったことは挑戦し、少しずつでも前へ進んでいること

仕事上のポリシー：店舗のディスプレイにはこだわる。宝探しをする時のようなワクワク感やクスッと笑えるような演出を意識している

生きていく上で大切にしていること：これをすることで自分が楽しいと感じるか？ 幸せか？ ということを常に自分に問いかけている

今後の展開：国内と海外に各1店舗、支店を増やしたい

起業したい人へのアドバイス：コツコツと努力をし、継続するのみ

> **"**
> 好きなことだから
> "楽しく苦しむ" ことができる。
> そして、仲間やお客さんの
> 支えがあるからこそ続けることができる

藤田有加
Yuka Fujita

カフェ
「adito」店長

「adito」について
駒沢オリンピック公園近くにある居心地のいい一軒家カフェ。店名の通り、社会で戦っている大人たちのための "隠れ家" であり、自分自身を見つめ直し元気を取り戻すための場所を目指している。関西出身の店長らしく、関西の味を取り入れたメニューは、お茶からお酒、お茶菓子、ガッツリ定食につまみ、デザートまで "ご馳走ではないけれど心がホッとする味" がコンセプト
URL：http：//adito.jp

屋号：adito（アヂト）
業種：飲食業
現在の拠点：東京・駒沢
出身：兵庫県
現在の年齢：49 歳

バックグラウンド：兵庫県宝塚市で生まれ育ち、地元の短期大学を卒業後、歯科助手や事務職などの仕事をする。2002年、29歳の時に、仲間と東京・駒沢に「adito」をオープンすることになり、上京。創業してから約20年が経った2022年大晦日から、店はコロナ禍の影響もあり長期休業に入る。2023年夏の再開に向け、現在準備中

起業したきっかけ：1995年1月の阪神・淡路大震災をきっかけにそれまで続けていた会社勤めをやめ、一度きりの人生、自分が本当にしたいことを模索していた。もともと美味しいものが好きで数多くの店を巡っているうちに、自分が通いたくなるのはこんな店というイメージが固まり、いつか形にしたいという夢があった。それを実現するために、仲間と一緒に、拠点を移し、カフェを立ち上げることを決めた

創業年：2002年

起業した年齢：29歳

初期費用：非公開（自己資金、親から借入）

事業形態：個人事業主

スタッフの数：3〜5人（本人含む）

起業前に準備したこと：製菓学校に通い技術を身につけた。さまざまなカフェを巡り、経営者の視点で長所と短所を分析して参考にした。店のイメージがブレないように資料を作成した。仲間や内装施工業者、家具デザイナーたちとのイメージ共有に役立った

起業してから軌道に乗るまでの期間：今も軌道に乗ったとは言えない。売り上げにも浮き沈みがあり油断はできず、常に悩んでいる

起業して良かったこと：自分の好きなことを、店を通して自由に表現できる。お客さんの笑顔が自分の努力の成果と実感できる

起業して大変なこと：全責任が自分にかかってくる。失敗も成功も全て自分次第で、常に仕事のことで頭がいっぱいの生活。外食も純粋に遊びとしては楽しめなくなった

今まで続いている秘訣：気力がなくなった時も、支えて、引っ張ってくれた仲間のおかげで続いている

仕事上のポリシー：お客さんを大切にするのはあたりまえ。スタッフと裏方の業者さんに感謝し、謙虚に接する

生きていく上で大切にしていること：まずは健康第一。そして、小さいことでも素敵なこと、さりげない思いやりの気持ちに気づき、感謝の気持ちを持って少しずつでも恩返しをしていく

今後の展開：現在、コロナ禍の影響で長期休業中。2023年の夏には、マスク生活が終わり、皆の表情が見えて大声で笑い、触れ合えるようになっていることを願いつつ、再開したい。店舗は改装、メニューも健康志向を意識し、アップグレードする予定

起業したい人へのアドバイス：カフェの経営は好きだけでは続かない仕事で、楽しいことより辛いことのほうが圧倒的に多いので、覚悟は必要。"楽しく苦しむ"感覚で臨むといい

> "
> 店を通して
> さまざまな人と出会える愉しみ。
> お客さんと話をすることが、
> 生きるエネルギーになっている

トノイケ ミキ

絵本と雑貨店
「絵と本ことば 雑貨店おやつ」店主

「絵と本ことば 雑貨店おやつ」について
絵本（新刊、古書）と絵本から飛び出してきたかのようなクリエイターたちによる手作り雑貨（ブローチや布小物、ぬいぐるみなど）を販売する、オンライン＆実店舗の雑貨ショップ。京都・桂にある実店舗では、絵本の"読み語り"イベントや、絵本作家の原画展なども開催、展示した作品の販売もしている
URL：https://www.o-ya-tsu.com/

屋号：絵と本ことば 雑貨店おやつ
業種：小売業
現在の拠点：京都・桂
出身：京都府
現在の年齢：52 歳
バックグラウンド：短大卒業後、デザインの専門学校でディスプレイを学ぶ。商空間デザイン事業を幅広く展開する会社に就職し、8 年間ショップのディスプレイデザインなどを手がける。退職後、2002 年、31 歳の時に、元同僚と共同で起業、大阪市北区に雑貨店をオープン。5 年後、出産を機に、店を離れ、2007 年、36 歳の時に、「雑貨店おやつ」の店名で雑貨のオンラインショップを立ち上げる。2008 年、37 歳の時に、自宅の一角で期間限定の実店舗をスタート。2011 年、40 歳の時に、京都・桂に常設の実店舗をオープンし、オンラインショップと両輪で営業。2018 年、47 歳の時より、絵本の取扱いを始め、店名を「絵と本ことば 雑貨店おやつ」にする
起業したきっかけ：昔から雑貨が好きだったこと、前職がディスプレイ関係の仕事だったことが結びついて、雑貨店をやろうとひらめいた。また、身近に雑貨店をオープンさせた人がいて、その手伝いをしたことからショップオープンのプロセスを理解していたことも後押しになった
創業年：2002 年
起業した年齢：31 歳

初期費用：非公開（自己資金）

事業形態：個人事業主

スタッフの数：本人のみ

起業前に準備したこと：貯金と人脈作り。開業本を読む、実際に起業した人と交流する

起業してから軌道に乗るまでの期間：最初の半年間はアルバイトをしながらの経営だった。約1年で店だけの売り上げで回るようになった

起業して良かったこと：毎日が楽しい。対人関係のストレスがない。自分の足で大地に立っていると感じられる

起業して大変なこと：やりたいことだけじゃなくて、やらないといけないことが多い。全て自分で判断し解決していかないといけない。家族の理解を得ることが一苦労

今まで続いている秘訣：自分が ワクワクする気持ちを大切に、新しいことに挑戦し続けている。疲れたら休む、諦める勇気も持つ

仕事上のポリシー：個人店だからこそできるこまやかな対応をする

生きていく上で大切にしていること：笑顔でいること、言葉にして伝えること

今後の展開：モノを販売するだけでなく、人とのコミュニケーションをもっと中心において運営していきたい。コロナ禍でできなかったトークイベント、音楽会、物作りワークショップなど、オンラインではなくアナログで体験できる"場所"を復活させたい。ほかにもまだまだやりたいことがいっぱいあります！

起業したい人へのアドバイス：社会状況やそれぞれの環境は変わっていくので考えすぎてもきりがない。やりたいことがあれば、やってみるといい。ただし、資金に関しては、最悪の状況を考えて余裕を持つ。また、引き際、変化のタイミングを敏感に察知する

> 長崎県五島列島福江島は
> 生まれ育った大切な場所。
> ここで自分の好きな花で仕事をして
> 島を盛り上げたい

的野彩萌
Ayame Matono

花屋と旅館
「花と宿テマリソウ」店主

「花と宿テマリソウ」について
長崎県五島列島の最西端に浮かぶ福江島にある、花が好きな店主が運営する宿と花屋。宿は、植物をアレンジしたおしゃれなインテリア、1日1組限定の一練貸切り。レンタカーのサービスもある。花屋は、センスのいい季節の生花が揃うほか、ドライフラワーのアレンジメントなども行い、全国へ発送している
URL：Instagram @hana_temarisou /
@yado_temarisou

屋号：花と宿テマリソウ
業種：小売業、宿泊業
現在の拠点：長崎県五島列島福江島
出身：長崎県
現在の年齢：30歳
バックグラウンド：長崎県五島列島福江

島で生まれ育ち、大学進学のため長崎市内へ。大学生の時に花屋でのアルバイトを経験する。大学卒業後は福岡県の会社に就職し3年間勤務、花屋へ転職し2年間勤務する。2019年、27歳の時に退職、地元の福江島へ戻り、家業の書道教室を手伝う。2021年、29歳の時に、実家が所有していた一軒家を

活用する形で、花屋と宿を開業。間もなく、宿のすぐ近くの物件に、花屋のみ移転する

起業したきっかけ：地元に戻り、家業の書道教室を手伝いながら次の仕事について考えていた時、貸していた実家所有の一軒家が空き家になり、使えることになった。前職の花屋の仕事を絡めて何か新しいことができないかと考え、建物を改装し一棟貸しの宿を作り、合わせて花屋も開業することにした

創業年：2021 年

起業した年齢：29 歳

初期費用：約 800 万円（自己資金、長崎県五島市の補助金、銀行借入）

事業形態：個人事業主

スタッフの数：2 人（本人含む）

起業前に準備したこと：以前勤めていた花屋の元同僚に仕入れのルートやノウハウなど聞いた。宿に関しても同業の知り合いにアドバイスを受けた

起業してから軌道に乗るまでの期間：まだまだ軌道に乗ろうとしているところ。特に宿に関しては、コロナ禍の影響で島に島外の方を招くようになるまでに時間がかかった

起業して良かったこと：花を通して島の人たちとの繋がりができた

起業して大変なこと：花屋に、いちスタッフとして勤めていた時は販売がメインで、仕入れをしたことがなかった。今は仕入れから販売まで全てをしなければならず、決断することが多い。宿に関しては全てが初めてのことで試行錯誤する日々

今まで続いている秘訣：花屋に関しては、毎週できる限り違う種類の新鮮な花が店にあるように努力している。季節感を大切に、花以外のリースや、植木鉢、観葉植物、関連小物なども置いている

仕事上のポリシー：島の皆さんが喜ぶことを意識する。例えば、ここ離島では買えなかったような種類の花を販売したり、商品作りを心がけている

生きていく上で大切にしていること：家族や友人、仕事関係の仲間など、支えてくれる人たちへの感謝を忘れない

今後の展開：まずは地元、島の皆さんに愛される場所づくり。そして、島外の人たちもこの店と宿を目指して島を訪れるようになるといい

起業したい人へのアドバイス：大変なことがあっても、自分のやりたいことができる充実感が勝る

"
果実のシロップに菓子作り、

ビンテージ雑貨に手作りアクセサリー、

好きなこと、やれることを集めたら

今のかたちになった

加藤秀子

カフェ＆ギャラリー
「Art and Syrup」店主

「Art and Syrup」について
店名の通り、手作りの果実のシロップ
を使ったドリンクが人気のカフェ。ハ
ンドドリップで丁寧に淹れるコーヒー
や、手作りにこだわったマフィンやケ
ーキなどのスイーツもここだけの味。
店主がコレクションしたお洒落なビン
テージの C&S やプレートで供される。
壁面を使ったギャラリーでは注目の作
家の作品展を開催、内容は 2 カ月ごと
に入れ替わる
URL：https：//artandsyrup.com

屋号：Art and Syrup（アート アンド シロップ）
業種：飲食業、ギャラリー
現在の拠点：神奈川県横浜市・阪東橋
出身：神奈川県
現在の年齢：59 歳

バックグラウンド：デザイン系の専門
学校でグラフィックデザインを学んだ
後、デザイン会社に 2 年勤務。1985 年、
21 歳の時から、ケーキ製造のアルバイ
トなどをしながら、実家の家業、時計
材料店で余った時計のパーツを使って
オリジナルアクセサリーを作り、知り合
いの店などで販売をするようになる。
1998 年、34 歳で結婚。2014 年、50 歳
の時、実家の時計材料店廃業。倉庫と
して使用していた場所で、2018 年、54
歳の時、カフェ＆ギャラリーを開業、自
作のアクセサリーも店で販売している
起業したきっかけ：横浜中華街にあっ
た行きつけのアンティークショップの
店主がカフェに鞍替えしたのを見てい
て、カフェの経営に興味を持っていた。
実家の時計材料店が廃業した時に、自
由に使える場所ができて、カフェを開
こうと考えるようになった
創業年：2018 年
起業した年齢：54 歳
初期費用：約 300 万円（自己資金）
事業形態：個人事業主
スタッフの数：本人のみ
起業前に準備したこと：もともと倉庫

は材料も含めてできる限り手作りにこだわる。例えば、ケーキに挟むジャムもフレッシュな果実から作っている

生きていく上で大切にしていること：「どうぞ、私でお役に立てますか」という気持ちでいる。人が望むように、役に立てることを考える

今後の展開：食とアートをベースにさらに枠を広げて、さまざまなワークショップを企画し、店に人が集う機会を作りたい

起業したい人へのアドバイス：夢や憧れだけではやっていけない。資金を準備することが大切。この仕事だけでは食べていけない、それでもやりたいと思うならやってみる、そんな気持ちで臨むといい

だった場所をカフェとして使えるように改装した。コーヒーの教室に通いハンドドリップの抽出方法について勉強し、家で毎日練習した

起業してから軌道に乗るまでの期間：店の家賃と人件費がかからないので、大きな売り上げがなくてもなんとか回していける

起業して良かったこと：ギャラリーで展示をする作家たち、またそのファンの方々との出会いがある。人と人を繋ぐ役目を担えている実感がある

起業して大変なこと：コロナ禍でお客さんが減った時は大変だった。誰も来ない日もあった

今まで続いている秘訣：ギャラリーを兼ねているので、展覧会が集客、売り上げに結びついている。また、ひとりで経営しているので無理をしないようにコロナ禍は営業時間を減らしている

仕事上のポリシー：カフェで出すお菓子

> カフェやバーは
> "余暇"として過ごす場所。
> お客さんの生活の中に、
> 小さな喜びを提供できることに魅力を感じる

小黒奈央
Nao Oguro

カフェ
「Paston」店主

「Paston」について
調布駅から徒歩7分、公園の前にある
居心地のいい小さなカフェ。英国を中
心とするヨーロッパのアンティーク家
具を使ったお洒落な店内で、菓子・パ
ン研究家、小黒きみえが作る本格的な
デザートを中心に、フォッカッチャサン
ドやパスタなどの食事も楽しめる。ド
ッグフレンドリーなのも嬉しい
URL：Instagram @pastonkun

屋号：Paston（パストン）
業種：飲食業
現在の拠点：東京都調布市
出身：東京都
現在の年齢：39歳
バックグラウンド：大学在学中に演劇サ
ークルに入ったことをきっかけに、29

歳まで演劇やパフォーマンスに関わ
る。それらの活動を辞め、並行してア
ルバイトをしていた新宿ゴールデン街
のバーを経営する会社の社員になり、
バーの店長職、ほか会社で経営してい
る飲食店の広報マーケティングに携わ
る。2017年、34歳で独立、新宿ゴー
ルデン街にバー「シーホース」を開店。
36歳で菓子・パン研究家の母親、小黒
きみえと共同で、菓子のオンラインシ
ョップ「POST」を開店。38歳で調布
市にカフェ「Paston」を開店する
起業したきっかけ：コロナ禍で経営し
ているバーが休業を余儀なくされた時

に、菓子・パン研究家の母親に菓子作りを習う。それから、母の作るものを販売したいと思い、実家の一部を工房に改築、オンラインショップを開店する。1年間運営し、さらにたくさんの種類の菓子を提供したいと思うようになり、郊外でゆったりとカフェを営もうと思い立つ。リサーチのつもりで不動産屋に相談をしたところ、地元調布市にイメージ通りの物件を発見。予定よりもかなり早くカフェを開店することになる

創業年：2022年

起業した年齢：34歳（シーホース）、36歳（POST）、38歳（Paston）

初期費用：非公開(自己資金、日本政策金融公庫と銀行の協調融資)

事業形態：個人事業主

スタッフの数：4人（本人含む）

起業前に準備したこと：物件が思いがけず早く見つかったので、契約後に急いで準備を始めた

起業してから軌道に乗るまでの期間：まだ不安定だけれども、7カ月くらいでようやくひと段落

起業して良かったこと：バーからカフェへ。コロナ禍で変わったライフスタイルにぴったりの業態で仕事ができる

起業して大変なこと：バーとカフェでは店舗運営のノウハウが異なるため、カフェはほとんど未経験の状態で始めた

今まで続いている秘訣：お客さんそれぞれが自分の時間を大切にしてもらえるよう、接客時の距離感に気を配る

仕事上のポリシー：あえて人に丸投げする"自分がやらない"部分を作って、仕事を窮屈にしないように心がけている

生きていく上で大切にしていること：心を穏やかに保つこと。気が済むまで仕事をして、愛犬とたっぷり散歩をして、美味しいものを食べるようにしている

今後の展開：引き続き、自身の心の穏やかさを基準に、やりたいことに向き合っていきたい

起業したい人へのアドバイス：起業して作る仕事は「他にはない自分の仕事」なので始めてみないとわからないことが多い。"準備万端"よりも、大変な時に必要となる体力や、助けてくれる人脈が何よりも大切

> 自分で自分の道を作っていくことは
> 何事にも代えがたい冒険。
> これからも、作りたいもの、使いたいものを
> デザインしていきたい

伊藤千織
Chiori Ito

プロダクトデザインブランド
「chiori design」代表デザイナー

「chiori design」について
家具や日用品から空間アートまで幅広
い分野のデザインワークをこなす伊藤
千織デザイン事務所。「chiori design」
のブランド名で、オリジナル製品も開
発。代表的な商品は合成紙「ユポ」を
使った「ペーパーリース」シリーズ(写
真)、自立する「バターナイフ」など。
それがあることで暮らしを豊かにする
デザインを提供している
URL:http://chioriito.com

屋号:chiori design（チオリ デザイン）
業種:プロダクトデザイン
現在の拠点:北海道札幌市
出身:北海道
現在の年齢:56歳
バックグラウンド:北海道・札幌で生ま

れ育ち、大学進学のため上京、女子美
術大学産業デザイン科インテリアコー
スで学ぶ。卒業後、宮脇檀建築研究室
に勤務。1年後札幌に帰省し、2年ほ
ど親の看病、家事手伝いをする。1992
年、26歳の時に、奨学金制度に応募、
デンマーク政府給費留学生として、デ
ンマーク王立芸術アカデミー建築学校
家具・空間デザイン科に留学。1995年、
29歳の時に、札幌に戻り、フリーラン
スのプロダクトデザイナー、空間系の
アートディレクターとして活動する。同
時に、1997年、31歳の時に、北海道
教育大学教育学研究科大学院に入学し
木工を学び、2000年修了。1999年、
33歳の時に、伊藤千織事務所設立。さ
まざまなデザインワークのほか「chiori
design」のブランド名で商品デザイン・
製作、また、大学の非常勤講師の仕事
もしている
起業したきっかけ:フリーランスの時に、
展覧会用に作った作品を買いたいとい
う声が多くあり、小ロットで作り始め
た。自社製品を作るのであれば、屋号
を掲げブランドとして展開していこう
と思った

©SHIGERU YUYAMA

創業年：1999 年

起業した年齢：33 歳

初期費用：特になし

事業形態：個人事業主（事務所名は「伊藤千織デザイン事務所」）

スタッフの数：本人のみ、不定期で仕事を依頼するパートアルバイトチーム（6人）あり

起業前に準備したこと：事務所スペースを作った

起業してから軌道に乗るまでの期間：約5年

起業して良かったこと：同業や異業種、仕事仲間やお客さんを始めたくさんの人と出会えたことで、さまざまな経験値が上がった

起業して大変なこと：経済的には非常に不安定。また、常に時間に余裕がない

今まで続いている秘訣：どんな仕事も真剣にやる

仕事上のポリシー：「三方良し」的な精神で、解決方法が必ずある、と信じて取り組む

生きていく上で大切にしていること：ユーモアの心を忘れないこと。誰に対しても等しく自然体で接すること

今後の展開：農村部との2拠点生活・自然と接しながら仕事や暮らしをしていくライフスタイルを実践してみたい

起業したい人へのアドバイス：人との繋がりが何よりの財産。そのためには、ビジネス以前に、人として善く生きることが大切だと思う

©YASUYOSHI OHTAKI

> ジュエリーブランド設立から
> 少しずつ成長してきた。
> デザイナーとしては定年もないと思うので
> 一生続けていきたい

岡本菜穂
Naho Okamoto

ジュエリーブランド
「SIRI SIRI」デザイナー

「SIRI SIRI」について
できるだけ自然由来かつ身のまわりに
ある素材をデザインと工芸の力でジュ
エリーへと昇華させることをコンセプ
トにしたジュエリーブランド。静謐で
モダンな雰囲気と、既成概念に縛られ
ない大胆な発想で個性的な世界観を生
み出している。東京・赤坂のショップ
は、女性建築家、工藤桃子（MMA Inc.）
の設計によるもの
URL：sirisiri.jp

屋号：SIRI SIRI
業種：ジュエリーデザイン・販売
現在の拠点：スイス / 日本・東京
出身：東京都
現在の年齢：41 歳
バックグラウンド：建築家であり抽象画

家でもあった父親の影響で、幼い頃よ
りアートやデザインに囲まれた環境で
育つ。「桑沢デザイン研究所」で空間
デザインを学んだ後、インテリアの仕
事に携わる。その後ジュエリー創作を
志し、ブランド「SIRI SIRI」を 2006
年、25 歳の時にスタート。2016 年、35
歳の時に共同経営者と共に合同会社設
立。スイスの「ベルン芸術大学」でデ
ザイン全般を学び直し、2019 年、38 歳
の時に東京・赤坂にショップをオープ
ン。現在はスイスと日本を拠点に活動
を行う
起業したきっかけ：インテリアの仕事か

らジュエリー創作へ転向しつつあった時に、金属アレルギーが自身にあることに気づいた。インテリアデザインで使うような金属以外のガラスや自然素材を用い、日本の職人の技術を活かしながらジュエリーを作り、同じような立場の人たちに求められるブランドを立ち上げようと考えた

創業年：2016 年

起業した年齢：35 歳

初期費用：600 万円（自己資金）

事業形態：合同会社

スタッフの数：7 人（本人、共同経営者含む）

起業前に準備したこと：ブランド創業時は作品を作る以外特になし

起業してから軌道に乗るまでの期間：ブランド創設から少しずつ成長してきた

起業して良かったこと：特に法人にしたことで、予算的にも、社会的なインパクトの観点からもより大きなことができる

起業して大変なこと：事務作業が増えるので、デザイナーとして創作だけに集中して時間を使うことはできなくなった

今まで続いている秘訣：流行に左右されないデザインをすること

仕事上のポリシー：ものごとの本質に目を向けない短期的な価値だけの物作りはしないこと

生きていく上で大切にしていること：自分の価値観の押しつけをしないこと

今後の展開：ジュエリーだけでなくライフスタイル全般に関わるデザインをしていきたい

起業したい人へのアドバイス：今までの人生の中で出会ってきた方々、触れ合ってきたもの全てが起業した後も支えになるので、大切にするといい

> **生まれ育った町で自分の店を持ち、仕事をする喜び。地元商店街で長く愛され続けるパン屋を目指している**

棚村萌実
Moemi Tanamura

パン屋
「ベーカリーチャウチャウ」店長

「ベーカリーチャウチャウ」について
東京都墨田区京島の「キラキラ橘商店街」にあるパン屋。できる限り添加物を使用せず、国産小麦、天然酵母など素材にこだわり、安心して毎日食べられるパン作りを目指している。2022年7月には、東京都パン商工協同組合を中心に開催している「パングランプリ東京」"健康に良いパン"部門でグランプリを受賞。店舗のほかオンラインショップもある
URL：https://sumida-link.net/chowchow/

屋号：ベーカリーチャウチャウ
業種：パン製造・販売
現在の拠点：東京墨田区
出身：東京都

現在の年齢：31歳
バックグラウンド：学校写真の会社の事務職で働きながら、専門スクール「リライブフードアカデミー」に通い、パン作りを学ぶ。2020年、29歳の時に開業
起業したきっかけ：生まれ育った東京都墨田区で仕事がしたい、地元で必要とされていることができればと考え、安心して食べられるパン屋を作ろうと思った
創業年：2020年
起業した年齢：29歳
初期費用：1050万円（自己資金）
事業形態：個人事業主
スタッフの数：3人（本人含む）
起業前に準備したこと：パン作りの勉強。独学で開業、経営に必要な事務処理その他の知識を身につけた
起業してから軌道に乗るまでの期間：まだこれから
起業して良かったこと：自分がやりたいと思ったことをすぐに試すことができ、その成果を直に感じることができる
起業して大変なこと：全ての責任が自分にのしかかる、決断することの大変さを感じる。また、店を営業しながらの

だらけ。乗り切るためには相談できる人、支えてくれる人の声もよく聞いて、孤独にならないことが大切だと思う

経営は、いかにスピーディーにさまざまな仕事をこなしていくかにかかっている

今まで続いている秘訣：お客さんに喜んでもらうためにはどうしたらいいかを考え、1週間ごとに小さな目標を作って達成するようにしている。また、仕事の悩みや喜びを共有できる仲間、相談できる人や支えてくれる家族や友人の存在に助けられている

仕事上のポリシー：お客さんが心から楽しめる店づくりを目標に、自分自身が後ろめたい気持ちを一切持たず、心からおすすめできる商品、サービスを提供する

生きていく上で大切にしていること：迷った時は自分が楽しめる方法や方向を選択する。いつも挑戦する気持ちを忘れない

今後の展開：まずは店の運営に全力を注ぎ、しっかりと安定させたい。その後、仕事とより良い生活との両立ができるようになるといい

起業したい人へのアドバイス：起業前にどんなに準備をしても、起業後には想定外のこと、悩みや壁に突き当たること

> **"** メルボルンで出会ったナッツバター。
> その汎用性に可能性を見出し、
> 自分らしい
> オリジナルブランドを立ち上げた

武智まりか
Marika Takechi

ナッツバター店
「DADA NUTS BUTTER」代表

「DADA NUTS BUTTER」について
高知県土佐山田町、赤い鉄筋の建物の2階にあるナッツバター屋。ナッツバターとは、ローストし、香りを高めたナッツを石臼ですりつぶし滑らかなペーストにしたもの。原料の産地や品種にこだわり、それぞれの個性を大切にしながら数種類の新鮮なナッツバターを日々製造している。日本在来のナッツに焦点を当てた「トラディショナルシリーズ」は人気商品のひとつ
URL：http://dadanutsbutter.com

屋号：DADA NUTS BUTTER
　　　　ダ ダ ナ ッ ツ バ タ ー
業種：ナッツバターの製造・販売
現在の拠点：高知県
出身：高知県
現在の年齢：29歳

バックグラウンド：高知県立大学看護学部卒業、看護師・保健師国家資格取得。大学卒業後、フィリピンに3カ月語学留学、ワーキングホリデーでオーストラリア・メルボルンに1年滞在。帰国後、複数の飲食店でのアルバイトを経て、2018年、25歳の時に、起業
起業したきっかけ：メルボルン滞在中に、グロッサリーストアでピーナッツ以外のナッツバターに出会った。砂糖の入っていないナッツバターは当時メルボルンのヴィーガン対応のお店ではよく料理にも使われていた。実際に自分でも使っているうちに、その汎用性に可

能性を感じ、その時点で日本でピーナッツ以外のナッツバターを展開しているメーカーがなかったため、起業を決意した

創業年：2018 年

起業した年齢：25 歳

初期費用：900 万円（自己資金、日本政策金融公庫借入）

事業形態：個人事業主

スタッフの数：4 人（本人含む）

起業前に準備したこと：起業のアイデアを思いついたメルボルン滞在中に、事業計画を立て、ブランドイメージを固めた。また、帰国までにパレスチナのアーモンド農園やベトナムのカシューナッツ農園などの産地にも訪れ、ナッツバターの試作を重ねた。帰国後は、店舗運営の経験を積むため、複数の飲食店でアルバイトをした

起業してから軌道に乗るまでの期間：約 1 年

起業して良かったこと：さまざまな仕事をされている人、幅広い年齢層の人たちとの出会いがあること

起業して大変なこと：自分で多くのことをマネジメントしないといけないところ

今まで続いている秘訣：予想外の展開も面白そうだと思い受け入れて楽しんでいること

仕事上のポリシー：詰め込みすぎず、どこか余白を持たせること

生きていく上で大切にしていること：自分で決めていくこと、好奇心に従うこと

今後の展開：「DADA NUTS BUTTER」を通して、多様な生物や自然そして文化と共に生きていけるような未来を目指した活動を行っていきたい

起業したい人へのアドバイス：私は事業を始める前にたくさんの空想をし、楽しくなる未来を思い描いた。もちろん思い描いていたようにいかないことのほうが多いけれども、自分の人生を面白がるという気持ちを忘れずに、予想外のハプニングも楽しむといい

好きなことを仕事としてかたちにするために、起業を応援する行政のサービスや民間のスクールを利用してみる

「"好き"なことを仕事にする」をテーマに取材をする中で、起業に向けた最初の一歩として、行政のサービスや、民間のスクールを活用したという声が多く聞かれた。

例えば、東京都チャレンジショップ「創の実」。これは、公益財団法人東京都中小企業振興公社が推し進めている、2017年にスタートした「若手・女性リーダー応援プログラム」のひとつで、都内で小売り・サービス業の店で開業を目指す人に、期間限定で店舗運営や販売の機会を提供し、将来の独立開業をサポートするというもの。募集は不定期で年に2回ほど、応募するには申込資格をクリアし、事業計画書、収支計画書等の提出が必要だ。店舗は吉祥寺と自由が丘にあり、それぞれ3人の事業者が選ばれる。採用されれば、基本の什器が揃った店舗で、専門家のアドバイスを受けながら、自分の店をオープンし試運転、開業への道筋が見えてくる。同公社では、ほかにもすでに起業した経営者向けに専門家派遣やセミナーなど、さまざまなプログラムを用意している。東京都以外でも、自分の住むエリアの行政にこうしたサービス

がないか問い合わせてみてもいいかもしれない。

また、セカンドキャリアで食のビジネスを始める前に、民間の専門スクールへ通った人もいた。ファッションなどクリエイティブな分野にフォーカスした人材育成を行う「バンタン」が運営する「レコールバンタン・キャリアカレッジ」は、別名、食のデザインスクール。フードビジネスの多様化に伴い、自分で食にまつわる店を始めたい人が増え、今、勢いのあるスクールだ。コーヒーやスイーツ、ベーカリーなどに特化したコースがあり、メニュー作りなどの実践を学べるほか、経営学の授業では、マーケティングやブランディング、また事業計画作成方法も勉強できる。東京校と大阪校があり、オンラインコースも開催中だ。ほかにも、ル・コルドン・ブルー東京校（現在は閉鎖中）、東京製菓学校など、老舗の料理・製菓学校も、セカンドキャリア組に人気がある。

そして、いわゆる起業塾。起業を目指す人たちに向けてノウハウや起業するにあたっての志を伝授する学校は個性豊かに全国にある。例えば、今回

の取材で名前のあがった「企画経営アカデミー」（大槻貴志主宰）は、「何かしたいけれども、何がしたいのかわからない」というところから、マンツーマンで起業支援のコーチング。対話をしながら、頭で考えるのではなく、本能で、自分が本当に好きなこと、したいことを絞り込んでいき、その人だけの起業のかたちを見つけていく。

　どれも、知らなければ利用できないもの。動きだす時のひとつの選択肢として、頭の中に入れておいてもよさそうだ。

information

東京都チャレンジショップ「創の実」
https://tokyo-sounomi.com/
　　→実例紹介（「創の実」ほか公益財団法人東京都中小企業振興公社の例含む）は 300 〜 308 ページ

レコールバンタン・キャリアカレッジ
https://www.lecocare.jp
　　→実例紹介（「レコールバンタン」含む）は 309 〜 337 ページ

LE CORDON BLEU TOKYO（ル・コルドン・ブルー東京校）
https://www.cordonbleu.edu/tokyo
　　→実例紹介は 338 〜 343 ページ

東京製菓学校
https://www.tokyoseika.ac.jp
　　→実例紹介は 344 ページ

企画経営アカデミー株式会社
https://kikaku-keiei.com/
　　→実例紹介は 345 〜 346 ページ

杉山めぐみ

Megumi Sugiyama

ジュエリーショップ
「Natully」オーナー

「Natully」について
石やパール、シェルといった天然素材にこだわったハンドメイドのアクセサリーショップ。店名の「Natully」は、Natural（自然の）と、Beautifully（美しさ）から。"身につける人が輝く"をコンセプトに、身につける人の本来の美しさが引き出されるように、シンプルで上品、かつ繊細なデザインのアクセサリーを製作している
URL：https：//natully.net

屋号：Natully（ナチュリー）
業種：ジュエリーの製造・小売り・卸し
現在の拠点：東京都・三軒茶屋
出身：東京都
現在の年齢：46歳
バックグラウンド：短期大学を経て、ジュエリーの専門学校の社会人コースに2年間通う。アパレル販売、住宅販売、インテリアコーディネーター、不動産関係の仕事をした後、オリジナルジュエリーを作り始める。2011年、35歳の時に、個人事業主で起業。2016年、40歳の時に、自由が丘にアトリエを構える。2017年、41歳の時に、東京都チャレンジショップ「創の実」に参加し、自由が丘で1年間、実店舗を運営。2019年、43歳の時に、東京・三軒茶屋にアトリエ兼ショップをオープン。2021年、

45歳の時に、法人化する
起業したきっかけ：もともと「ファッション」と「物作り」が好きだった。26歳から2年間、神奈川県鎌倉市に住んでいた時に、ゆったりとした時間が流れる環境に身を置いたことで、気持ちにゆとりが生まれ、自分が心地よいと思える洋服や、そこに広がる海を感じるアクセサリーを作り始めた
創業年：2011年
起業した年齢：35歳
初期費用：約70万円（自己資金）
事業形態：株式会社
スタッフの数：2人（本人含む）
起業前に準備したこと：彫金の学校で2年間勉強した
起業してから軌道に乗るまでの期間：4年。起業してすぐに、東日本大震災が起こり、最初の3年間はほぼ無給。卸しを始めるまでは、百貨店での期間限定ショップの売り上げが主体。4年目以降に出店が増え、最多で年間25回。軌道に乗ってきた
起業して良かったこと：仕事が全て自分に跳ね返ってくるところ。お客さんに喜んでもらえたり、従業員と共に喜んだり。逆に、お客さんに叱られることも。起こること全てが、自分を成長させてくれているようでありがたい
起業して大変なこと：人を雇うことや、資金繰り、融資など、自分の苦手分野にも対応しないといけないこと
今まで続いている秘訣：起業時に、1年、3年、10年の目標を立てたこと。自分の年齢を考慮した計画で、ポップアップショップ中心から卸し中心に移行していった。また、少しずつ販路を広げていたこともよかった。百貨店のポップ

アップショップからスタートし、卸し、ネットショップ、お店の4本柱があり、どれかが不調な時でも、どれかが好調なことが多く、続けてこられた

仕事上のポリシー：正直で、誠実であること。アパレル販売をしていた時に、試着室から出てきたお客さんに、似合っているか似合っていないかにかかわらず「お似合いですー」と言うことが、とても嫌でした（笑）。お客さんやお取引先には、正確な情報、対応を心がけている

生きていく上で大切にしていること：感謝の気持ち。「しあわせはいつもじぶんのこころがきめる」（相田みつを）という言葉

今後の展開：自分とまわりの人が幸せでいられるように、「みんなが幸せだね！」という選択をしていきたい

起業したい人へのアドバイス：起業前は、好きなことを仕事にすることに葛藤があった。それでも今まで続けてこられたのは、"好き"を仕事にしたからだと感じている。好きなことだからこそ、まわりの人も応援してくれる、"好き"を力に変えられると思う

寺西曜子
Yoko Teranishi

書道教室
「アトリエカッコ」主宰

「アトリエカッコ」について
言葉の魅力を再発見し、書が紡ぎ出す表情豊かなモノトーンの世界には色彩を超えた「イロドリ」が広がることを知る。書道を自分らしく楽しむことをコンセプトにしたアットホームな書道教室。大人クラスでは、個々のレベルに合わせて基礎から、古典臨書などに取り組み、師範を目指すことも可能
URL：https://atelierkakko.jp

屋号：アトリエカッコ
業種：書道教室
現在の拠点：東京都
出身：埼玉県
現在の年齢：50歳
バックグラウンド：幼少時から今に至るまで書道を習い続けている。東京学芸大学教育学部卒業、立教大学大学院比較文明学修了。中国の大学へ約2年半留学する。その後、日本での日本語教師を10年、財団法人職員を5年、中国での日本語教師、東京での日中通訳翻訳の講師などを経て、起業
起業したきっかけ：好きなことを仕事にしたいと思ったこと。また、社会組織に組み込まれていることに窮屈さを感じていたので、組織では得られないやりがいを感じながら自活できるようになりたかった
創業年：2018年
起業した年齢：45歳
初期費用：非公開（自己資金、助成金補助）
事業形態：個人事業主
スタッフの数：本人のみ
起業前に準備したこと：開業セミナーへの参加、開業資金の貯蓄及び開業シミ

ュレーションのためのイベントやワークショップの開催など

起業してから軌道に乗るまでの期間：2年

起業して良かったこと：自分の意思でやることを決めていけること。大変でもストレスを感じない。また、仕事の成果がダイレクトに見えるのでやりがいがあり、やった分だけの見返りもある

起業して大変なこと：ひとりで仕事をしているため、成果が出ていない時の不安が大きく、同じスタンスで不安を共有できる人がいなかったこと。軌道に乗るまで将来が全く見えない状況で、一時期は仕事はないのに精神的に疲れ果てていた気がする

今まで続いている秘訣：教室で教える内容に意識的に変化をつけるようにしていること。例えば、年末の年賀状づくり、年始の1年の抱負や書の作品作り、町内会の秋祭りの灯籠飾り作りなどを盛り込む。また、展覧会参加などのイベント的な活動も教室を通して行っている

仕事上のポリシー：どんなことにも手を抜かずに取り組む。また、生徒さんとのコミュニケーションを大切にする。その際、臨機応変な対応はしても個々の要望に振り回されないようにする

生きていく上で大切にしていること：学び続ける。正直に生きる。人を思いやる

今後の展開：現状維持に安住せずに、新しい展開を常に試みる意欲を持ち続けたい。また、1人では限界もあると感じているので、ゆくゆくはスタッフや外部仲間を増やして、新たな事業展開に繋げていきたい

起業したい人へのアドバイス：開業後2年は耐えられる経済的体力をもって始め

たほうがいい。また、無駄を恐れずに努力することが大切。無駄だと思っていたことが、将来、良い形で実を結ぶことも多い

山口智佐
Chisa Yamaguchi

染織品ブランド
「天然染料の染め屋 そめなや」店主

「天然染料の染め屋 そめなや」について
草木染めを特別なものとしてではなく日本古来の身近な文化として感じてもらいたいというコンセプトの元オープンした、東京・荻窪にある、天然染料をテーマにしたアトリエショップ。工房スペース・展示販売スペース・薬膳酒カウンターもある。店内では、ワークショップも開催。オンラインショップもある

URL：Instagram @somenaya12

屋号：天然染料の染め屋 そめなや
業種：染織品販売、受注生産
現在の拠点：東京都
出身：東京都
現在の年齢：51歳
バックグラウンド：広告制作会社でアートディレクターとして勤務中、美大の染織コースに入学する。そこで天然染料と出会い、卒業後「そめなや」の屋

号で活動を開始する。自宅工房から始まり、東京都チャレンジショップ「創の実」自由が丘店に出店。卒業後自身の店舗を開店する

起業したきっかけ：広告制作の仕事に一区切りをつけ、違う道を探そうと思っていた時に、美大の染織コースのことを知り、入学。卒業後も染織を続けていきたいと思い、事業化を考えるようになる

創業年：2019 年

起業した年齢：48 歳

初期費用：非公開（自己資金）

事業形態：個人事業主

スタッフの数：本人のみ

起業前に準備したこと：草木染めの技術の習得。各所との関係構築

起業してから軌道に乗るまでの期間：まだ軌道に乗っていない

起業して良かったこと：好きな染織に専念できること

起業して大変なこと：資金繰り

今まで続いている秘訣：自分の嗜好、考えていることと、お客さんが求めていることの違いに敏感になり、擦り合わせることを心がけている

仕事上のポリシー：妥協しない。妥協せざるを得ない時も、どうしてそうなったのか、問題意識を持ち続ける

生きていく上で大切にしていること：人にも自分にも嘘はつかない

今後の展開：まだ始まったばかり。ひとまず続けてみる

起業したい人へのアドバイス：焦らずに、時期を待つこと、流れに乗れば道は開ける

竹内凛
Rin Takeuchi

焼き菓子とパンの店
「おかしのいえとパン屋のぱんさん」店主

「おかしのいえとパン屋のぱんさん」について
東京・吉祥寺の住宅地にある、焼き菓子とパンのテイクアウト専門店。アットホームな雰囲気で、地元のファンで賑わう人気店だ。毎日食べたいと思える身体にやさしい焼き菓子とパンを目指し、きび砂糖や国産小麦粉など材料を厳選、惣菜パンや焼き菓子で使う野菜は、自家栽培の無農薬のものを使っている
URL：Instagram @okashinoie7

屋号：おかしのいえとパン屋のぱんさん

業種：焼き菓子とパンの製造・販売

現在の拠点：東京都

出身：東京都

現在の年齢：29 歳

バックグラウンド：調理、製菓専門学校卒業後、レストランやバリスタの仕事を経験。フランスのオーガニックカフェ＆焼き菓子店「ローズベーカリー」が日本に出店した店舗で、修業を積む。途中、生菓子のパティスリーでも修業を積み、2020 年、27 歳の時に起業する。最初は自宅前の駐車場スペースで焼き菓子の販売を開始、2021 年から、吉祥寺の住宅地を拠点にキッチンカーでの販売を始める

起業したきっかけ：2020 年、コロナ禍で、

働いていた店が休業。突然仕事がなくなり、自分にはお菓子を作ることしかできないし、今こそ"お菓子のパワー"を使ってたくさんの人たちの心を癒したいと考えた

創業年：2020年

起業した年齢：27歳

初期費用：特になし。最初はパティシエとして働きながらの起業だった

事業形態：個人事業主

スタッフの数：6人（本人含む）

起業前に準備したこと：まだ起業が具体的になっていない時に、自分で作った焼き菓子を販売できるようにと、実家の一角を改造して、保健所の許可を取得しておいた。そのことが起業時に大きく役立った

起業してから軌道に乗るまでの期間：売り上げ的にはまだなんとも。働きたい人たちと一緒に笑顔で働く環境は整い、続けられている。そして、まだまだやりたいことは尽きない

起業して良かったこと：全て自分のやりたいようにできること。働きたい人と働けること。可能性が無限にあること

起業して大変なこと：正解がないこと。誰のせいにもできないこと。知らなかったでは許されないこと

今まで続いている秘訣：先のことを考えすぎないで、今目の前のできることを精一杯続けるのみ

仕事上のポリシー：お客さんとも、スタッフとも、相手の目を見て挨拶すること、とにかく会話をすること、無駄な会話はないと思うので。また、作り手としては、きちんとした食材を扱うこと、よくわからない材料は使わない

生きていく上で大切にしていること：身体が喜ぶものを食べること。よく寝ること。朝日を浴びること

今後の展開：まずはイートインができるお店をもちたい。また、埼玉県で展開している農業の栽培規模を大きくし、そこで獲れた野菜を使って、加工野菜（野菜ペースト、オイルなど）を作り、販売したい。身体が本当に喜ぶ生き方を、食べ物を通して発信し続けていく

起業したい人へのアドバイス：未来のことは誰にもわからないし、不安なことを数え始めたらキリがない。もし、少しでも"やりたい"という気持ちがあるなら、ぜひ挑戦を！　自分の心がときめくことは、ずっと頑張れることだと思う

鈴木幸江
Sachie Suzuki

サンドイッチ専門店
「ASAGAYA 693」店主

「ASAGAYA 693」について
東京・阿佐ヶ谷にある手作りサンドイッチの店。オリジナルの和惣菜とハムやサラダチキン、ツナポテトを組み合わせたサンドイッチなど、"野菜たっぷり"がこの店のウリ。塩麹（しおこうじ）などの発酵食品やキノコ・海藻を使った惣菜、静岡の畑で自家栽培しているマイヤーレモンを使ったレモネードなどもオススメ。テイクアウト、イートインどちらも

可能
URL：Instagram @asagaya693

屋号：ASAGAYA ６９３
<ruby>ア<rt></rt></ruby>（アサガヤ ロクサン）
業種：焼き菓子とパンの製造・販売
現在の拠点：東京・阿佐ヶ谷
出身：東京都
現在の年齢：52 歳
バックグラウンド：一般企業での事務職を 5 年。2000 年、29 歳の時に介護ヘルパーの仕事に就き 15 年。2013 年、42 歳の時に、パン屋で働き始め、主にサンドイッチ製造にまつわる発注業務や仕込みの仕事をする。2021 年、50 歳で起業
起業したきっかけ：東日本大震災の後、福島の仮設住宅を訪ね、炊き出しの手伝いをする機会があった。その時に、被災者の方々が、大変な状況の中でも、美味しい食事をすることにより笑顔になる姿をみて、食べ物を提供する仕事をしたいと思った
創業年：2021 年
起業した年齢：50 歳
初期費用：非公開（自己資金、信金借入、金融公庫、助成金）
事業形態：個人事業主
スタッフの数：2 人（本人含む）
起業前に準備したこと：パン屋でのアルバイト。東京都中小企業振興公社が主催している開業プログラムへの参加
起業してから軌道に乗るまでの期間：まだなんとも
起業して良かったこと：たくさんの方々と繋がれたこと
起業して大変なこと：確定申告などの申告書やその他申請書類などの作成は毎回大変

今まで続いている秘訣：自分が心身ともに健やかであること。遊びも大事！
仕事上のポリシー：好きな音楽を聴きながら好きなものを作って、機嫌良くお客さんと接すること
生きていく上で大切にしていること：やりたいと思ったらすぐ行動！
今後の展開：自分が動けなくなった時に後悔のないように、全力で今を生きる、やりたいと思ったことをする
起業したい人へのアドバイス：さまざまな経験が起業してからも役立ちます。一日坊主でもいいので、興味を持ったらどんなことでも、とりあえず足を踏み入れてみて。役に立たない経験はないと思う

東矢恭子
Kyoko Touya

"エシカル" がテーマの
オンラインショップ
「enithical」店主

「enithical」について
店名の「エニシカル」は、"エシカル"（道徳的、倫理観という意味）が語源。"エシカル"をテーマに集まったプロダクトや、作家によるハンドメイドジュエリーなどをオンラインショップで紹介し、販売している。エシカルな暮らし方を提案できるイベントやマルシェ、ポ

ップアップショップも開催中
URL：Instagram @enithical.shop

屋号：enithical（エニシカル）
業種：小売り、イベント企画運営
現在の拠点：東京都
出身：兵庫県
現在の年齢：41 歳
バックグラウンド：高校卒業後、美容専門学校に通いながらインターンで美容室に勤務。その後、美容師の夢を諦めアパレルメーカーに就職。17 年間メンズアパレルの販売、店舗運営に携わる。結婚、出産を機に退職し、個人事業主として、ハンドメイド作品の販売をスタート。その仕事を通して、原料の生産背景や、大量生産・大量廃棄の物質循環と未来の地球環境を考えるようになり、生業の本筋に"エシカル"というワードを据えることを決める。2020 年にオンラインショップをオープンする
起業したきっかけ：第 1 子出産後、前職に復職するも、時間帯が合わなかったり、今までと同じ働き方ができないことをストレスに感じるようになり、第 2 子の出産を機に退職。子供たちの時間に合わせた働き方をしたいと思い、個人事業主という選択をした。また、アクセサリーをアップサイクルで作るようになってから、新品のまま廃棄されている素材たちとの出会いがあり、現在のオリジナル商材に繋がっている
創業年：2020 年
起業した年齢：39 歳
初期費用：特になし
事業形態：個人事業主
スタッフの数：本人のみ
起業前に準備したこと：特になし

起業してから軌道に乗るまでの期間：まだわからない
起業して良かったこと：子供たちを 100％優先する時間を作れる。年齢、性別に関係なく色々な人との繋がりができ、仲間が増え、未開の土地だった東京がホームになってきた
起業して大変なこと：モチベーションを常に一定に保つこと。資金繰り
今まで続いている秘訣：やめる理由がない。疲れてきたら思いっきり休む
仕事上のポリシー：作り手さんとの距離、お客さんとの距離を極力近くする
生きていく上で大切にしていること：ひとりになる時間を作る。毎日必ずお米を食べる、そうすると力が湧く
今後の展開：今まで通り、規模は小さくても確かな物作りをしているもの、長く愛用し、子供や孫に引き継いでいきたいと思えるものを届けることで、皆さんの暮らしを豊かにするお手伝いがしたい
起業したい人へのアドバイス：自分がやりたいと思ったことで、どんな形でも続けていける信念があれば、頑張れる

愛祐子
Ayuko

オリジナルブレンド
ハーブティーショップ
「Bunny's Herb」店主

「Bunny's Herb」について

東京・中野新橋にある、オリジナルブレンドにこだわったハーブティーショップ。人気の「Moon Cycle Blend」は、女性の生理の周期に合わせて飲むためのオリジナルブレンド。月のイラストレーションをあしらったパッケージデザインもお洒落だ。このほか、オーダーメイドのブレンドハーブティーの販売もある。ポップアップショップやマルシェなどにも多数出店中
URL：https://www.bunnys-herb.com/

屋号：Bunny's Herb（バニーズ ハーブ）

業種：オリジナルブレンドハーブティー販売

現在の拠点：東京都・中野新橋

出身：東京都

現在の年齢：41 歳

バックグラウンド：歌手や CM 出演などのタレント業を 17 年。2019 年、38 歳の時に、好きなハーブティーで仕事をしようと決め、まずは、東京都チャレンジショップ「創の実」自由が丘店で、オリジナルブレンドハーブティーの販売を始める。2022 年、40 歳の時に、東京・中野新橋に店舗をオープンし、本格的に活動を開始する

起業したきっかけ：芸能活動をしていた時、所属していた芸能事務所に縛られず、もっと自分らしく楽しい仕事がしたいと思っていた。独立後、ハーブティーの色の美しさに惹かれ、勉強を始める。赤や青、黄色、紫などきれいな自然色は、人を癒し、楽しませ、笑顔にする。自分が今までしてきた仕事、"エンタメ" につながるものを感じた

創業年：2019 年

起業した年齢：38 歳

初期費用：最初は特になし（自己資金）、店舗オープンの際には、東京都の助成金を利用

事業形態：個人事業主

スタッフの数：本人のみ

起業前に準備したこと：思い立ったが吉日、まずは始める。そして日々仕事をしながら、ほかの経営者の話を聞いたり、インターネットで調べたり、本を読んだりして、経営について勉強し続ける

起業してから軌道に乗るまでの期間：コロナ禍でのスタートだったので、まだまだこれから

起業して良かったこと：自分がブレンドしたハーブティーを見て、飲んで喜んでもらえた時に、心から嬉しく思う

起業して大変なこと：経理の仕事など苦手な作業も含め、全てをひとりでやらなければいけないこと。やることが多くて時間がいくらあっても足りない

今まで続いている秘訣：自分でしっかりと決めること。諦めないこと。試行錯誤しながらも続けていくこと

仕事上のポリシー：お客さんの立場になって考えること。面倒な作業や大変なことも、私にできること、サービスであればできる限り行うようにしている

生きていく上で大切にしていること：直感に従う

今後の展開：法人化したい

起業したい人へのアドバイス：迷ったらまずやってみる。ダメならやめてもいいと思う。「やらないで後悔するよりやって後悔するほうがいい」ではなく、やれば後悔することはないと思う

川口薫
Kaoru Kawaguchi

フラワー＆ギフト雑貨の
アトリエショップ
「MAYFAIR」フラワーデザイナー

「MAYFAIR」について

花のある暮らしを身近に感じるフラワーインテリア雑貨が揃う、東京・自由が丘にあるフラワーアトリエショップ。アトリエで開催中の教室では、フローリスト自ら花市場で仕入れたこだわりのフレッシュな花で、お洒落なパリスタイルのフラワーアレンジメントを教えている。そのほか、プリザーブドフラワー、アーティフィシャルフラワー、今人気のドライフラワーやバルーンフラワー、ハーバリウム、ウエディングブーケ作りなど花を楽しむ多彩なカリキュラムを用意。オリジナルアレンジメントのオーダー販売や胡蝶蘭＆観葉植物等の注文もできる
URL：https://www.mayfair.tokyo/

屋号：MAYFAIR（メイフェア）
業種：フラワーアレンジメント事業
現在の拠点：東京・自由が丘
出身：東京都
現在の年齢：55 歳
バックグラウンド：大手商社に就職。退職後、好きな花を仕事にしようと思い、イギリス・ロンドンに"花留学"する。イギリスのフローリスト、ジェーン・パッカー（Jane Packer）さんに師事し「The London School of Flowers by Jane Packer」キャリアコース修了。その後、フランス・パリにて、フランス国立園芸協会認定 DAFA diplome 取得。2000 年、33 歳から、フラワーアーティストとして、フラワーアレンジメントをデザインし提供したり、スクールで講師を勤めたり、活動を始める
起業したきっかけ：フラワーアーティストとして仕事を始めてから約 20 年。これまでの花の仕事の経験を生かせる、集大成となるようなアトリエショップを持ちたいとずっと思っていた
創業年：2021 年
起業した年齢：54 歳
初期費用：非公開（自己資金）
事業形態：個人事業主
スタッフの数：本人のみ
起業前に準備したこと：店内什器の選定など
起業してから軌道に乗るまでの期間：まだまだ発展途上。什器などが物理的に整い本格的に仕事に専念できるようになる期間という意味では半年ほど
起業して良かったこと：仕事内容の幅が広がった。また、スクールに通ってくれた生徒さんたちに、実店舗ができたことを喜んでもらえた
起業して大変なこと：経理から店内ディスプレイ、接客販売、商品デザイン・企画制作まで全てひとりで対応しなければならないこと
今まで続いている秘訣：アトリエでの作業が多い中、フラワーイベントに参加するなどあえて外に出る機会を作り、異業種の方との交流を図る
仕事上のポリシー：置かれた状況で最善を尽くすこと
生きていく上で大切にしていること：自由

を楽しむこと

今後の展開：今までたくさんの方のお世話になった。今度は自ら社会に貢献できるようにこの仕事を極めていきたい

起業したい人へのアドバイス：起業は時に孤独だけれども仲間は大事。苦楽を共にした同志がいると心強い

北村恵

Megumi Kitamura

パン教室
「めぐパン」代表

「めぐパン」について
毎日食べたい、ふわふわ、もっちり、美味しいパンの手作り教室。奈良県吉野郡大淀町の住宅地にある家屋の2階が教室になっている。レッスンできるパンの種類は豊富。クラスは、リーズナブルな体験メニューから、初級〜上級コース、難易度の高いパン作りに挑戦するコレクションコースまで、バリエーション豊かに揃う
URL：https：//megubread.thebase.in

屋号：めぐパン
業種：パン教室運営
現在の拠点：奈良県吉野郡
出身：奈良県
現在の年齢：50 歳

バックグラウンド：短期大学卒業後、民間の会社へ就職。専業主婦を経て、2007年、34歳の時に、自宅を教室に改造し、パン教室をスタートする

起業したきっかけ：自分がパン教室に通った時に楽しいと感じ、その楽しさを皆にも伝えたいと思った

創業年：2007 年

起業した年齢：34 歳

初期費用：150 万円（自己資金）

事業形態：個人事業主

スタッフの数：本人のみ

起業前に準備したこと：自宅の2階部分を教室として改造した

起業してから軌道に乗るまでの期間：8 年

起業して良かったこと：パン教室を通じ、人との繋がりが増えたこと。普通に主婦をしていたら出会うことのない人たちに出会えるのが嬉しい

起業して大変なこと：いつも睡眠不足（笑）

今まで続いている秘訣：できる限り、生徒たちの気持ちに寄り添うことを心がけている

仕事上のポリシー：自分自身が常に向上心を忘れずに、誰もが美味しいねと言ってくれるパンが作れるまで、まだまだ勉強し、走り続けていきたい

生きていく上で大切にしていること：生徒たちの笑顔を見ることが元気の源

今後の展開：今まで通りしっかりと教室の運営を続け、生徒たちに喜んでもらえる、何十年経っても通ってもらえる教室を作っていきたい。実際、長く通っている生徒さんの小さかったお子さんが大きくなり、社会人になってから通ってくれている。そんな流れが続くといい

起業したい人へのアドバイス：教室を始めるのであれば、「自分がこうしたい」「自分の思い」は、なるべく二の次にして、できる限り生徒たちの気持ちに寄り添い、応えることのできる教室づくりを目指すといい。私自身、最初の頃は自分がやりたいようにやっていた。けれども、生徒たちの気持ちを第一に考えるようになった頃から、リピーターが増えるようになった

丸山千夏
Chinatsu Maruyama

レストランと小さな宿
「KOYADO & KITCHEN 片瀬白田」代表

「KOYADO & KITCHEN 片瀬白田」について
2022 年夏に、静岡県賀茂郡東伊豆町白田にオープンしたばかりの、オーベルジュ（宿泊施設を備えたレストラン）。1 階は、昼はカフェ、食堂、夜は居酒屋として営業。地元で獲れた食材をふんだんにつかった、体が喜ぶメニューの数々を提供。2 階はツインルームとファミリールームが揃うアットホームな宿泊施設になっている
URL：https://www.koyadokitchen.com/

屋号：KOYADO & KITCHEN 片瀬白田
（コ ヤ ド キッチン カタセシラタ）

業種：飲食業、宿泊業
現在の拠点：静岡県賀茂郡東伊豆町白田
出身：東京都
現在の年齢：61 歳
バックグラウンド：長年にわたって産業機械メーカーに勤務後、2015 年、54 歳の時に、人材コンサルタント会社「アヴァンニール株式会社」を設立する。その後、ずっとやりたいと思っていた飲食店のマネジメントを学ぶために「レコールバンタン・キャリアカレッジ」に通い、2022 年、61 歳の時に、レストランと宿泊施設が一体になった場所「KOYADO & KITCHEN 片瀬白田 」を自然あふれる温泉地に、個人でオープンする
起業したきっかけ：息子たちの食事づくり、また子供食堂を手伝ったことがきっかけになり、レストランの運営に興味を持った。飲食業のマネジメントを学ぶ中で、小さな宿を併設した、オーベルジュの形に辿り着いた
創業年：2022 年
起業した年齢：61 歳（「アヴァンニール株式会社」を起業したのは 54 歳）
初期費用：2000 万（500 万は自己資金、1,500 万円はアヴァンニール株式会社より借入）
事業形態：建物はアヴァンニール株式会社所有、賃貸という形で、個人事業主として経営
スタッフの数：4 人（本人含む）
起業前に準備したこと：専門スクールに通い、レストランマネジメント学を勉強した
起業してから軌道に乗るまでの期間：まだスタートしたばかり
起業して良かったこと：個人経営なので、体力の続く限り仕事をすることができ

る

起業して大変なこと：飲食業の経験がないこと。オペレーションからメニュー作りを「レコールバンタン・キャリアカレッジ」の講師に依頼し、形にすることができた

今まで続いている秘訣：特になし

仕事上のポリシー：できるだけ丁寧に、手作りをすること

生きていく上で大切にしていること：人生で残されている時間は有限であると認識すること。何か問題が起きた時、人を変えるよりも、自分が変わった方が早いと考える

今後の展開：まずは、続けること

起業したい人へのアドバイス：経験のない業界で起業をする時は、専門スクールの講師など、その業界にネットワークのある人と繋がるといい。また、実際に店舗や宿泊施設を開業する時は、開業する場所、地元との繋がりを意識する。例えば、施工は、地元の業者に依頼するなど

吉川由奈
Yoshina Yoshikawa

パン屋
「パン工房 conana.」店主

「パン工房 conana.」について
自然豊かな兵庫県多可町にある小さな

パン屋。パンの種類は40種類以上と豊富、季節ごとに、アイデアあふれるかわいらしいパンを作り、販売している。人気の「あんバター」は手のひらサイズの丸いフランスパンに餡子とバターをサンドしたもの。「焼きカレーパン」や、旬のフルーツを使ったデニッシュも人気がある

URL：Instagram @taka_conana

屋号：パン工房 conana.（コナナ）

業種：パン製造・販売

現在の拠点：兵庫県多可町

出身：大阪府

現在の年齢：52歳

バックグラウンド：高校卒業後、化粧品会社に勤務。結婚を機に退職し、出産。その後、大手パンメーカー「フジパン」に13年勤務。「レコールバンタン・キャリアカレッジ」でベーカリー開業のための勉強を1年間して、2019年、48歳で自分の店をオープン

起業したきっかけ：大手パンメーカーに勤めた経験を生かし、自分の店を始めた

創業年：2019年

起業した年齢：48歳

初期費用：1600万円（自己資金）

事業形態：個人事業主

スタッフの数：本人のみ

起業前に準備したこと：パン業界での仕事は1社のみしか経験がなかったので、パン屋経営の基本を勉強するために専門スクールに通った

起業してから軌道に乗るまでの期間：オープン当初からたくさんのお客さんが来てくれた

起業して良かったこと：お客さんに「パン工房 conana.」のパンは美味しいと

言ってもらえることが何よりも嬉しい。また、店でお客さんと直接お話しできることが、心の栄養になっている

起業して大変なこと：ひとりで経営しているので、体力勝負なところがある。もっとこうしたいと思っていても、体力が思考についていかないことがある。これは今後の課題

今まで続いている秘訣：常連客が多いので、飽きることなく楽しんでもらえるように、週替わりの「気まぐれパン」などを用意する

仕事上のポリシー：安心安全な生地作りをモットーに、パンの種類を多くし、お客さんに選ぶ楽しさを提供する

生きていく上で大切にしていること：休みは必ず取って、気分転換をすること。そうすることで、良いアイデアが生まれる。あとは、とにかくしっかり寝ること！ 睡眠をたっぷり取るようにしている

今後の展開：自分の気持ちをごまかさず、常に模索しながら、お店作りを続けていきたい

起業したい人へのアドバイス："好き"という気持ちは何よりもパワーがあると思う。地道に続けていれば、必ずいい形で道が開けると思うので、行動あるのみ

酒井瑞枝

Mizue Sakai

自家焙煎コーヒー専門店
「SEVEN STEPS COFFEE CLUB」代表

「SEVEN STEPS COFFEE CLUB」について

スペシャルティコーヒーを日常で気軽に楽しんでもらうことをコンセプトにした、自家焙煎コーヒー専門店。千葉県千葉市稲毛区黒砂町の住宅地にあり、のんびりとした気持ちのいい空間で、地元の人たちに愛されている。コーヒー豆は、シングルオリジンを中心に、浅煎りから深煎りまで、幅広く提供している。コーヒー豆のほか、コーヒーカルチャーを感じられるオリジナルマグカップやTシャツも販売、オンラインショップでも展開している
URL：https：//sevenstepscoffeeclub.com

屋号：SEVEN STEPS COFFEE CLUB
業種：自家焙煎コーヒー専門店
現在の拠点：千葉県千葉市
出身：千葉県
現在の年齢：50 歳
バックグラウンド：会社勤めを経て、コーヒーショップ開業を目標に、「レコールバンタン・キャリアカレッジ」にて、バリスタコース、コーヒーロースト＆ブリューコースを受講し、2020 年、48 歳の時に、自家焙煎コーヒーショップを開業する
起業したきっかけ：コーヒーが好きで、コ

ーヒーショップ巡りが趣味だった。いつか自分のコーヒーショップを持ちたいと思い続けていた

創業年：2020 年

起業した年齢：48 歳

初期費用：非公開（自己資金、金融機関借入）

事業形態：個人事業主

スタッフの数：5 人（本人含む）

起業前に準備したこと：自分の店のイメージを固めるため、日本各地のコーヒーショップを訪ねて、研究した。コーヒーショップを運営するにあたり、バリスタとしての仕事、ハンドリップの正しい技術を学ぶため、専門スクールに通った。講師の先生方は親身になって的確なアドバイスをしてくれて、人の繋がりもでき、今の自分の財産になっている

起業してから軌道に乗るまでの期間：コロナ禍でのオープンだったこともあり、開業してすぐに、たくさんの地元のお客さんが、在宅ワークの合間に歩いて訪れてくれた

起業して良かったこと：地元のお客さんとの繋がりができたこと

起業して大変なこと：店舗開業の準備期間中にコロナ禍で緊急事態宣言が出たこと。機材の買いつけや設備設営など、スケジュールの調整が必要になり、人の動きを制限せざるを得ない中で、オープンにこぎつくまでがとても大変だった。また、自分たちのやりたい方向性と実際の店舗のイメージを合わせていくのにも苦労した。最初はスイーツの美味しいカフェとして捉えられていたのが、だんだんと、自家焙煎のコーヒー専門店だと認知されていった

今まで続いている秘訣：美味しいコーヒーを提供していること

仕事上のポリシー：「美味しいコーヒーを作る」、その強い気持ちをブレずに持ち続ける

生きていく上で大切にしていること：丁寧に暮らす。毎日慌ただしいけれども、コーヒーを淹れてちょっと一息つく時間を大切にしたい

今後の展開：自家焙煎した豆の販売を拡大していきたいので、自分の店以外に卸し先を増やそうと思っている

起業したい人へのアドバイス：実際に"好き"を仕事にしてみて、これはこれで大変だな、と実感している。さまざまなトラブルに翻弄され、売り上げにドキドキする毎日。けれども、それでも、楽しいと思える。協力してくれる方や、目標にしている方の存在はとても大切。その方々のおかげで私はなんとかやっていけている

手塚なな子

Nanako Tezuka

カフェ
「7CAFE」店主

「7CAFE」について

東京・幡ヶ谷駅からすぐ近くにある、居心地のよさに定評のあるカフェ。アンティークの椅子やテーブルを配した店

内は落ち着いた雰囲気。外の喧騒を横目に、日常の慌ただしさを忘れられるひとときを過ごせる空間づくりにこだわっている。メニューは、リラックス効果も抜群の香り高いスペシャルティコーヒーのほか、安心で美味しいヘルシーな食事、素朴で懐かしい味わいのおやつも揃う

URL：http：//7cafe.jp

屋号：7CAFE（ナナカフェ）
業種：カフェ
現在の拠点：東京都渋谷区幡ヶ谷
出身：栃木県
現在の年齢：43歳
バックグラウンド：大学卒業後、損害保険会社に7年勤務。その間に1年半ほど専門スクールの週末カフェスクールに通学。退職後、約2年間の飲食店アルバイト等を経て、出店する
起業したきっかけ：学生時代から漠然と「自分のお店をやりたい」という気持ちがあり、就職した時も不慣れな仕事に戸惑う中、開業資金を貯めることをひとつの目標にしていた。出店は、年齢、生活拠点、会社の状況などさまざまな理由が絡み合って、決断。また、会社での仕事は最終的に"企業の看板"という個人の責任の域を超えたものになってしまうことが多々あり、もっと自分自身で胸を張って責任をとれる仕事をしたいと思い、独立開業することにした
創業年：2011年
起業した年齢：32歳
初期費用：約600万円（自己資金）
事業形態：個人事業主
スタッフの数：本人のみ
起業前に準備したこと：開業資金を貯金

し、飲食業スキルを専門スクールに通うことと飲食店アルバイトで準備。開業直前には東京商工会議所主催の創業塾も受講した。また、開業前は、人気の「1988 CAFE SHOZO」（栃木県・黒磯本店）や「チクテカフェ」（東京・下北沢。現在は閉店）など、数多くのカフェ巡りをし、映画に出てくるカフェのシーンなどを元にどんなお店にしようかと、いろいろ想像した。たくさん見すぎて、アメリカのダイナーも、パリのカフェも、イタリアのバルも、日本の古民家カフェも良い！と、まとまりがつかないほどだった（笑）
起業してから軌道に乗るまでの期間：現時点でも経営的に軌道に乗っているとは言い難い。ただし、コロナ禍前までは開業からずっと穏やかながらも右肩上がり。また、お店の運営としては、駅から近いという場所柄もあってか早い時点で多くの人に認知してもらい、開店当初から安定している
起業して良かったこと：仕事も含め、生活全般がマイペースに進められること
起業して大変なこと：モチベーションの維持。「商いの極意は"飽きない"こと」という創業塾の講師の言葉通り。特に個人店は仕事上で関わる人や業者も限られていて、その流動性もあまりない。良くも悪くも大きな波風のない中で自分の仕事に飽きることなく、モチベーションを維持し続けることは大切で大変なことだと思う
今まで続いている秘訣：客観的な視点を失わない。具体的には店に対して否定的な意見も言ってくれるような良き相談者を大切にする。また、店を成立させるのは自分ではなくお客さんだとい

うことを忘れない。お客さんも自分も飽きないように、BGM やインテリアなど店内の雰囲気に変化をつける。お客さんとの会話ができるように、時事ネタやトレンドなどさまざまなことに興味を持つようにする。そして、無理をしないこと

仕事上のポリシー: "まがいもの" でごまかさない。なんとなくカッコいい、サマになる、オシャレ、というだけでも成り立ってしまうのが "カフェ" の悪いところだと思っている。そういう成立のさせ方だけはしないように、例えば、店で提供するメニューも材料にこだわったり、店内に置く閲覧用の数百冊の本もしっかりと厳選している

生きていく上で大切にしていること: 嘘と本当の違いを意識する。例えば損得勘定で誰かの味方になったり、場の空気に迎合して何かのポーズをとったりするような態度は、どんなにもっともらしく振る舞われても嘘だ、と意識する。自分自身も "嘘な人" にならないように心がけている

今後の展開: 店という場所を使ってカフェ以外のことができないか、と考えている

起業したい人へのアドバイス: 起業はゴールでなくスタート、しかも前職と違う業種での起業は言わばマイナスからのスタートだと言える。実際に起業してみると「こんなはずじゃなかった」と思うこともあるはずで、そんな中でめげずに続けていくことができるかどうかが大切。ひとりで起業するなら独りよがりにならないこと。自分だけで目標を設定し、こなし続けていくのは至難の業なので、良き理解者・相談者を

大切にし、彼ら彼女らからの意見、特に否定的な意見を真摯に受け止めることが、目標を持ち前進し続けられることに繋がると思う

〰〰〰〰〰〰〰

鈴木登子
Touko Suzuki

日本酒バー経営会社
「ぽんぽんぽん」代表

「ぽんぽんぽん」について
日本酒専門店を 2 店舗運営する、経営母体。店では、オーナーの目利きで選んだ特別なものや入手困難なものなどこだわりの日本酒を中心に扱っている。「日本酒専門店 ぽんしゅ家」は、オフィス街にあり、蔵をイメージした落ち着いた空間。日本酒とのペアリングが楽しめる料理を提供している。「門前仲町 ぽんしゅビルヂング」は、カジュアルな雰囲気、立ち飲みからテーブル席、また屋上でのバーベキューとフロアごとにバラエティに富んだ楽しみ方ができる
TEL：03-6661-2666（日本酒専門店 ぽんしゅ家）
TEL：03-6240-3224（門前仲町 ぽんしゅビルヂング）

屋号：ぽんぽんぽん
業種：飲食業
現在の拠点：東京・人形町（日本酒専門

店 ぽんしゅ家 / 東京・門前仲町（門前仲町 ぽんしゅビルヂング）

出身：山形県

現在の年齢：非公開

バックグラウンド：食品商社での事務職を経て、「レコールバンタン・キャリアカレッジ」で飲食店開業について学ぶ。2018年、株式会社ぽんぽんぽん設立。同年、東京・人形町に日本酒バー「日本酒専門店 ぽんしゅ家」をオープン。2022年、東京・門前仲町に2店舗目になる「門前仲町 ぽんしゅビルヂング」を開業する

起業したきっかけ：初めて飲んだお酒「十四代」が美味しすぎて衝撃を受け、そこから日本酒を探求するようになった。日本酒をひとりでも多くの人に広めたい、この素晴らしさを味わってもらいたいという思いから開業を志す。他の人がやっていない領域、オンリーワンを確立したいと考えている

創業年：2018年

起業した年齢：非公開

初期費用：1500万円（自己資金）

事業形態：株式会社

スタッフの数：13人（本人含む）

起業前に準備したこと：事業計画書の作成

起業してから軌道に乗るまでの期間：4年

起業して良かったこと：お客さんから、「美味しかった」「楽しかった」と、本音で言われる褒め言葉が嬉しい

起業して大変なこと：売り上げが落ち込んでいる時、常連のお客さんに飽きられないように日々工夫をし続けていくことが大変だった。コロナ禍では、ECサイトを作ったり、酒蔵と連携してオリジナルのアッサンブラージュ（複数の異なるお酒をブレンドすること）の日本酒を作って販売するなど、店舗外での収益を実現するべく動いた

今まで続いている秘訣：特になし

仕事上のポリシー：夢と目の前の現実の両方を同時に考えること。具体的には、日本酒を多くの人に楽しんでもらいたい、海外にも展開していきたいという夢の部分と、日々の集客戦略、売り上げ・コスト管理、人材育成などの現実的な部分の両方を追求している

生きていく上で大切にしていること：型にとらわれず、他の人と重複しないことを実行していくこと

今後の展開：日本酒を造る側を担うことや、海外での店舗展開を考えている。日本酒への情熱が続く限り、多方面に事業展開していきたい

起業したい人へのアドバイス：起業はゴールではなくスタート。自分のやりたかったこととお客さんのニーズに温度差があることにスタートしてから気づくことがある。そのときに軌道修正をしながら、地道に努力していくことが大切だと思う

岡田景子

Keiko Okada

アイシングクッキーと焼き菓子のオンラインショップ「kiitti」店主

「kiitti」について

かわいくて美味しいパステルカラーのアイシングクッキーや、アメリカンクッキー、カップケーキなどを、オンラインショップを中心に販売中。不定期で、缶入りクッキーやギフト用焼き菓子セットも販売、すぐに売り切れてしまうほど人気がある。東京・広尾にある工房（キッチン）では、お菓子教室も開催している

URL：Instagram @kiitti.sweets

屋号：kiitti（キッティー）
業種：菓子製造・販売、お菓子教室主宰
現在の拠点：東京都世田谷区
出身：神奈川県
現在の年齢：44 歳
バックグラウンド：看護師として 15 年勤務した後、飲食店に転職。食のビジネスで起業するため、「レコールバンタン・キャリアカレッジ」でスイーツショップのプランニングを学び、2019 年、40 歳で、焼き菓子のオンラインショップ、お菓子教室を始める
起業したきっかけ：飲食店で働いていた時に、自分で作ったスイーツがお客さんに喜ばれることにこの上ない幸せを感じ、この仕事をずっと続けたいと思った
創業年：2019 年
起業した年齢：40 歳
初期費用：500 万円（自己資金、日本政策金融公庫借入）
事業形態：個人事業主
スタッフの数：本人のみ
起業前に準備したこと：コツコツと貯金をした。スイーツのビジネスが学べる専門スクールに通うほか、気になる先生のお菓子教室やアイシングクッキー教室に積極的に参加した
起業してから軌道に乗るまでの期間：工房を作る段階から、インスタグラムを活用して、その様子を紹介していたため、最初からオンラインショップでのアイシングクッキー、焼き菓子の販売も順調。お菓子教室も第 1 回目から、しっかり集客することができた
起業して良かったこと：ターゲットを "小さなお子さんのいるママ" にしたのが、うまくいった。自身が 3 人の子供のシングルマザーということもあり、子供を持つ母親の気持ちがわかる、子育ての経験がとても役に立った。人の輪が広がるのも嬉しい。お菓子教室では、いつも焼き菓子を買ってくれるお客さんと直接会うことができ、また SNS などを通して遠方の方とも繋がれる
起業して大変なこと：コロナ禍でお菓子教室は一時休止した。けれども、家で過ごすことが多くなった世の中の動きに合わせ、自宅でのおやつ用にオンラインショップで販売する焼き菓子のセットの種類を増やすことで売り上げを伸ばし、対処した
今まで続いている秘訣：まだまだやりたいことがたくさんある
仕事上のポリシー：丁寧に心を込めて作る、かつスピーディーに仕事をする。納期は必ず守る
生きていく上で大切にしていること：仕事だけではなく、家族との時間や趣味の時間も大切にすること。休日を楽しんでいるからこそ仕事を頑張れるし、仕事を頑張っているからこそ休日が "ご褒美" になる
今後の展開：現状のオンラインショップ

を維持しつつ、店舗販売もするため、工房を移転し、同じ場所にショップを作る

起業したい人へのアドバイス：「"好き"を仕事にすることは大変だからやめたほうがいい」とよく聞くが、私には理解ができない。好きなことをずっとやれて楽しくないはずがない。やってみないと何も始まらないので、まずはやってみる。やりながら、考えてもいいと思う

井上由里子
Yuriko Inoue

パンと焼き菓子の店
「パンと焼き菓子 Lis」店主

「パンと焼き菓子 Lis」について
愛犬、クッキー（cookie）を描いた看板が目印の、大阪府和泉市にある小さくてかわいらしいショップ。全て店で焼き上げるパンやスイーツは北海道産小麦とバターのみを使用し、香り豊か。菓子パンからお惣菜パン、ハード系、ベーグル、サンドイッチ、クッキー、パウンドケーキなど種類も豊富に揃う。また、店では、手作り作家による作品など雑貨も販売している
URL: Instagram @bread_and_bake_lis

屋号：パンと焼き菓子 Lis（リス）
業種：菓子とパン製造・販売

現在の拠点：大阪府和泉市
出身：大阪府
現在の年齢：53 歳
バックグラウンド：歯科衛生士を経て、焼き菓子の店を立ち上げるために、複数の専門スクールに通う。「ヴォーグ学園」では、パン・スイーツ・グルテンフリー・マクロビオティックスイーツ・ウィルトンケーキデコレーションコースを修了、「レコールバンタン・キャリアカレッジ」では、製パン・スイーツのコースを修了、「ホリオクッキング」では、フードコーディネーター養成コースに通う。その後、パン教室をしながら、2019 年に起業、自分の店をスタートさせる
起業したきっかけ：幼少の頃よくパンやケーキを焼いてくれた母親の影響で、40 代からさまざまなスクールに通いながら不定期でパン教室を始める。そのうちに、自分でお店をやりたいと思うようになった
創業年：2019 年
起業した年齢：50 歳
初期費用：800 万円（自己資金）
事業形態：株式会社（社名は「フルール・ド・リス」）
スタッフの数：3 人（本人含む）
起業前に準備したこと：スキルアップのため、さまざまな専門スクールに通った
起業してから軌道に乗るまでの期間：3 年
起業して良かったこと：好きなパンやお菓子を、心置きなくたくさん焼けること。お客さんとの交流が楽しい
起業して大変なこと：パンを作るだけでなく発注、買い出し、経理関係、商品開発、衛生管理、在庫管理など……思

った以上にやることが多く忙しいこと

今まで続いている秘訣：販売スタッフが
いても、できるだけ作り手である自分
もお客さんとコミュニケーションをと
り、生の声をよく聞くこと、お客さんそ
れぞれのリクエストに応じて臨機応変
に対応すること

仕事上のポリシー：愛情を注いでパン
やお菓子を作ること

生きていく上で大切にしていること：スト
レスをためないように、週に1度はな
んでも好きなことをする時間をつくる

今後の展開：「パンと焼き菓子 Lis」なら
ではのイベントを開催したり、自分が
楽しいと思うことをいろいろな形で実
現していきたい

起業したい人へのアドバイス：必ずしも
すぐに軌道に乗るとは限らないのであ
る程度の運転資金と忍耐力があるとい
い。また、同じ業種で相談できる人が
いると心強いと思う。そして、さまざま
なこと（トラブルなど）を想定してお
くこと。こうなった時にはこうするなど
柔軟に対処できる心構えがあると気持
ちに余裕ができる。失敗しても後悔し
ない、ダメだと思ったらきっぱりやめ
る覚悟も必要。楽しいことばかりでは
ないけれども、焼きたてのパンが並ん
でいるのを見ると幸せな気持ちになれ
る、私は始めて良かった

荒川美幸
Miyuki Arakawa

ロースタリーカフェ
「Cart stand PON」
オーナーバリスタ＆ロースター

「Cart stand PON」について

"PON(T)" は、架け橋という意味。コー
ヒーを通じて人と人、場所を繋いで
いきたいという希望を込めて命名され
た、自家焙煎珈琲と手作りの素朴な
焼き菓子を提供するロースタリーカフェ
ェ。お客さんそれぞれの好みやその日
の気分に合わせて淹れた、最高の1杯
をいただくことができる。日曜日は日
本各地のイベントに出店することも。
SNS で確認を
URL：https://cartstandpon.wixsite.
com/ponponcreate

屋号：Cart stand PON（カート スタンド ポン）

業種：珈琲焙煎、カフェ

現在の拠点：千葉県千葉市緑区

出身：千葉県

現在の年齢：32歳

バックグラウンド：病院に栄養士として
勤務後、コーヒーに魅了され転職を決
意し、まずは「レコールバンタン・キャ
リアカレッジ」で、カフェ、バリスタの
仕事について学ぶ。その後、東京都内の
カフェやコーヒー専門店に勤務し、海
外や日本各地のカフェ文化に触れ、店
長経験を積む。2017年、27歳の時に、
地元千葉県千葉市へ戻り、珈琲の移動
式屋台をスタート。2021年、31歳の

時に、実店舗をオープンする

起業したきっかけ：転職しコーヒー業界で仕事を始めた当初から、出身地の千葉県千葉市に戻って事業をしようと思い描いていた。あとはタイミング

創業年：2017 年

起業した年齢：27 歳

初期費用：500 万円（自己資金、日本政策金融公庫借入）

事業形態：個人事業主

スタッフの数：2 人（本人含む）

起業前に準備したこと：珈琲器具一式はすでに持っていた。あとは、自分のコーヒー事業であれば何をするべきか、自分には何ができるか、何をしたいか、をとにかくいつも考えながら行動していた

起業してから軌道に乗るまでの期間：2 〜 3 年

起業して良かったこと：老若男女、いろいろな人たちと関われること

起業して大変なこと：現場の仕事に加え、税務や経理などやらなければいけないことが増えたこと。時間を生み出す工夫が現在の課題。また、コロナ禍の影響で予定していた出店イベントは軒並み中止。その代わりコーヒー豆のネット販売に力を注ぎ、それが、大きな焙煎機に入れ替え、焙煎機を置くために実店舗をオープンすることに繋がった

今まで続いている秘訣：まわりの人達の応援や支えのおかげで今がある

仕事上のポリシー：常に感謝の気持ちを忘れないこと。また、店、商品、お客さんに愛情を注ぎ、それぞれが持つストーリーを尊重する

生きていく上で大切にしていること：睡眠や食生活など健康的な生活習慣を心掛けている。身体が資本なので

今後の展開：進化しながらも、変わらず地域に密着した店であり続けたい。地元の仲間たちでチームを作って、何か新しいことを一緒に始めたい

起業したい人へのアドバイス：人生何が起こるかわからない。けれども、コツコツ、ひたむきに。そうすれば、おのずと道は開けると思う

居石和恵
Kazue Sueishi

ベイクショップ & カフェ
「林檎と紅茶と」オーナーパティシエ

「林檎と紅茶と」について

オーナーの好きな林檎と紅茶を使った焼き菓子にこだわって製造・販売するベイクショップ＆カフェ。林檎は、市場に出回ることのできない "訳あり" 林檎を主に使用し、フードロスを防ぐことを意識している。テイクアウトのほか、カフェでは、焼き菓子と共に林檎のフレーバーティーなど風味豊かな紅茶をいただくことができる
URL: Instagram @ringo.to_koucha.to

屋号：林檎と紅茶と

業種：焼き菓子製造・販売、カフェ

現在の拠点：東京都・椎名町

出身：東京都

現在の年齢：44 歳

バックグラウンド：数店舗のケーキ屋に

勤務した後、出産を機にケーキ作りの仕事から離れる。自分の店を持つことを目標に、2021年、43歳で、「レコールバンタン・キャリアカレッジ」に通い、カフェビジネスを学ぶ。それから、週に1〜2回のシェアキッチンでの活動を約1年続けた後、2022年、44歳の時に、実店舗をオープンする

起業したきっかけ：両親がカフェを経営していたこともあり、昔から自分のカフェを開く夢を持っていた。子供たちが成長したタイミングで、起業に向けて活動を始めた。また、父親の実家が林檎農家なので、林檎は常に身近な存在。その林檎と大好きな紅茶を合わせたベイクショップにすれば、オリジナリティが出ると思った

創業年：2022年

起業した年齢：44歳

初期費用：非公開(自己資金、父親からの援助)

事業形態：個人事業主

スタッフの数：2人(本人含む)

起業前に準備したこと：とにかくたくさんのカフェを巡って、実例を観察し、学んだ

起業してから軌道に乗るまでの期間：まだオープンしたばかり、これから

起業して良かったこと：「林檎と紅茶と」という自分のブランドを作ったと考えると、これからさまざまに展開し、広がっていく可能性が生まれた。起業したことによって人生の進む方向が見えてきたように思う

起業して大変なこと：とにかく、時間がない。実際に営業してみると日々の仕事だけで手一杯になってしまう。うっかり支払いを忘れてしまったこともある。現在、時間の使い方を模索中

今まで続いている秘訣：これから、長く続けられるように頑張りたい

仕事上のポリシー：何事も一喜一憂しすぎないことを心がけている。例えば、SNSの投稿についたコメントや、売り上げの良し悪し……毎日仕事をしていれば、いろいろなことがあって当然だと思うので

生きていく上で大切にしていること：子供達は大きくなったとはいえ、家に帰れば母に戻る。家にはなるべく、仕事は持ち込まず、頭を切り替えるようにしている

今後の展開：始まったばかりなので、まずはよりたくさんの方に知っていただくことが目標

起業したい人へのアドバイス：悩むことはたくさんあるけれど、やりたいことがあるのであれば、行動あるのみ。はじめの一歩が踏み出せれば、物事は動きだすと思う

初田梨沙

Risa Hatsuda

カフェ
「ao coffee&gallery」オーナー

「ao coffee&gallery」について
シンプルで落ち着いた雰囲気のお洒落なカフェ。大阪市北区南扇町、堀川戎神

社の裏手にある。コーヒーのほか、オリジナリティあふれるドリンクとお菓子、月毎に変わる季節のフルーツを使ったパフェが大人気。店の壁面はギャラリーとしてスペース貸しもしている

URL：Instagram @ao_coffee.gallery

屋号：ao coffee&gallery
アオ コーヒーアンドギャラリー

業種：カフェ

現在の拠点：大阪府大阪市北区南扇町

出身：大阪府

現在の年齢：37歳

バックグラウンド：アパレル業界、ウェディング業界、保険会社、人材紹介会社などでさまざまな仕事を経験。その後、飲食店を開業するために、まずは「レコールバンタン・キャリアカレッジ」で焙煎の仕事を勉強し、バリスタの仕事は「PATHFINDER XNOBU」の下山修正さんから学んだ。2021年、35歳の時に、義母の会社の一部門という形で、自分のカフェをオープンする

起業したきっかけ："ao"はハワイ語で光という意味。人が集まる(集める)"光"のような場所を作りたいと思い、カフェを作ることにした

創業年：2021年

起業した年齢：35歳

初期費用：非公開(義母の会社借入)

事業形態：株式会社、義母の会社の一部門という位置づけ

スタッフの数：5人(本人含む)

起業前に準備したこと：民間の専門スクールなどに通い、コーヒーの仕事、主に、バリスタの仕事、焙煎の仕事、経営についてを勉強した

起業してから軌道に乗るまでの期間：7カ月

起業して良かったこと：小さなカフェなので、お客さんの反応がすぐにわかる。「美味しい」と言ってもらえた時は心から嬉しい。また、お店を作る過程でたくさんの素敵な人たちに出会えた

起業して大変なこと：売り上げを安定させることは難しい。新しいメニューを出しても反応が悪いことがよくある。また、コロナ禍での出店だったため、軌道に乗るまで時間がかかった

今まで続いている秘訣：お客さんが飽きないように、常に新しいメニューを出すようにしている

仕事上のポリシー：自分がワクワクすること、楽しんで仕事をすること。またお客さんの居心地の良さ、スタッフの働きやすさも大切にしたいと思っている

生きていく上で大切にしていること：美しいものに触れること。例えば、自然、アート、音楽、食、人、動物、文化など、何でも

今後の展開：常に新しいことに挑戦していきたい。もともとは、最初から店舗内ギャラリースペースの"スペース貸し"をする予定だったが、コロナ禍真っ只中の出店だったので人を集めるイベントなどはできずに見送っていた。今後は、絵や写真などの作品を展示し、作家自身が発信する場所として使ってもらいたい

起業したい人へのアドバイス：起業するとさまざまな出会いがある。そんな出会いを大切にして

矢路川結子

Yuko Yajikawa

発酵レストラン & キッチンスタジオ
「結 meal」代表

「結 meal」について
"こころ"と"からだ"が笑顔になる
食・空間を届けることをコンセプトにし
た会社。発酵調味料とスパイスを使用
した料理がメインの、発酵×スパイス
食堂「Yajikko KITCHEN（ヤジッコキ
ッチン）」を千葉県市川市・本八幡で経
営。ほかに、キッチンスタジオ「ココ
カラエガオ研究所」の経営、「発酵スク
ール」などを主宰、発酵薬膳万能調味
料などオリジナル食品の企画・販売も
している
URL：https：//www.yajikko.com/

屋号：結 meal（ユウ ミール）
業種：飲食店、キッチンスタジオ経営、
食品の企画・販売など
現在の拠点：千葉県市川市・本八幡
出身：大阪府
現在の年齢：40 歳
バックグラウンド：短期大学の税務学科
を卒業後、金融機関に就職。2014 年、
32 歳で退職し、まずは、飲食ビジネス
を学ぶために「レコールバンタン・キャ
リアカレッジ」へ通う。卒業後、2016
年、34 歳で会社を設立、2017 年、35
歳の時に、発酵食を取り扱うカフェレ
ストラン「Yajikko KITCHEN」をオー
プン、2022 年、40 歳の時に、菓子工
房を併設したキッチンスタジオ「ココ
カラエガオ研究所」をスタートする
起業したきっかけ：30 歳を過ぎてから、
日々の暮らしの中で食の大切さを感じ
るようになり、食を通して多くの人の
笑顔を見られる仕事をしたいと考えた
創業年：2016 年
起業した年齢：34 歳
初期費用：500 万円（自己資金、家族か
らの援助）
事業形態：株式会社
スタッフの数：9 人（本人含む）
起業前に準備したこと：専門スクールで、
レストラン運営の実践を中心に学んだ
起業してから軌道に乗るまでの期間：1 年
起業して良かったこと：実現したいこと
を自分の力で叶えていける喜びを知っ
た。解決が難しい問題が起こっても苦
労と思わず向き合えるようになった
起業して大変なこと：店やスタッフなど、
守るものが増えたので良くも悪くも責
任が大きくなった。コロナ禍では、今
まであたりまえと思っていたことを変
えていかなければいけないことに苦労
した
今まで続いている秘訣：まわりに信頼で
きる仲間がいる
仕事上のポリシー：ひとつひとつのこと
に真摯に向き合い、笑顔を忘れないこ
と
生きていく上で大切にしていること：家族
や仲間はもちろん、自分と接する全て
の人に優しい気持ちでいたいといつも
思っている
今後の展開：女性が気持ちよく働ける場
所でありたい。食に関わる商品をより
多くの人へ届けていきたい
起業したい人へのアドバイス：起業を迷っ
ているならチャレンジしてみて！と言

Do what you love for a living

323

いたい。難しいことや大変なことがあっても、それ以上に得られるものはたくさんある。自分が失敗、苦労だと思わなければ、どんなことがあっても失敗、苦労ではないと私は思っている

佐竹奈央
Nao Satake

ホットドッグとコーヒーの店
「FAT DOG STAND」バリスタ

「FAT DOG STAND」について
大阪・谷町六丁目にあり、地元の人に愛される手作りソーセージのホットドッグとコーヒーの店。ホットドッグは、オニオン、マッシュポテト、チーズ、グレイビーソースの人気メニュー「プーティンドッグ」ほか、遊び心のあるボリューミーなメニューが揃う。ホットドッグに合うコーヒーはバリスタが淹れる本格派
URL：Instagram @fatdogstand

屋号：FATDOGSTAND（ファットドッグスタンド）
業種：飲食店、キッチンスタジオ経営、食品の企画・販売など
現在の拠点：大阪府・谷町6丁目
出身：兵庫県
現在の年齢：34歳
バックグラウンド：大学卒業後、一般企業に就職、事務職を経て、脱サラ。「レ

コールバンタン・キャリアカレッジ」に通い、バリスタの資格を取り、2017年、28歳の時に、店を始める
起業したきっかけ：パートナーにすすめられて
創業年：2017年
起業した年齢：28歳
初期費用：約300万円（自己資金）
事業形態：個人事業主
スタッフの数：2人（本人含む）
起業前に準備したこと：専門スクールに通い、バリスタの資格をとったこと
起業してから軌道に乗るまでの期間：3年
起業して良かったこと：毎日が楽しく、穏やかでストレスがない。たくさんの仲間ができた
起業して大変なこと：良いパフォーマンスを継続し、休まずに続けること
今まで続いている秘訣：提供するフード、コーヒーに真面目に向き合い質の高いものを提供していること。前進し続ける気持ちを持っていること
仕事上のポリシー：お客さんには、食事だけでなく空間も楽しんでもらう。店に来ることで、それぞれの日々の活力になれるように努めたい
生きていく上で大切にしていること：大切な人にいつも感謝する。言葉足らずにならないように、伝えるべきことはちゃんと伝える。そして、決して無理をしない
今後の展開：将来的には田舎に住んで、店をしたいと考えている
起業したい人へのアドバイス：自分で店を経営することは、楽じゃないけれども楽しい。中途半端な覚悟で始めるべきではないが、一度の人生、あの時にやっておけば良かった、と悔いが残らな

いようにチャレンジしてみてもいいの
では

奥山奈津子
Natsuko Okuyama

パン屋
「陽だまり製パン」店主

「陽だまり製パン」について
コンセプトは、白米を味わうように小
麦を味わえるパンを提供すること。「コ
シヒカリ」、「あきたこまち」など米の品
種によって味わいが違うように、小麦
も「はるゆたか」、「キタノカオリ」など
品種によって味も食感も全く異なる。
米を美味しく炊くように、その小麦の
持つ良さを引き出していかに美味しく
パンを焼くかにこだわっている
URL：www.hidamariseipan.com

屋号：陽だまり製パン
業種：パン製造・販売
現在の拠点：東京都葛飾区高砂
出身：福島県
現在の年齢：47歳
バックグラウンド：大学進学とともに上
京。卒業後はシステムエンジニアとし
て5年働いた後、脱サラ。「レコールバ
ンタン・キャリアカレッジ」で製パンの
基礎を1年間学び、東京・世田谷の有
名店舗などでの修業を経て、2017年、

42歳の時に、起業。2023年1月より、
通販サイトをグランドオープン
起業したきっかけ：最初は、コーヒーが
好きでカフェを開こうと思っていたが、
プラスアルファで何かと組み合わせよ
うと思いパンを選択。パンの勉強を始
めるとその奥深さに引き込まれ、その
ままパン屋に（笑）
創業年：2017年
起業した年齢：42歳
初期費用：1000万円（自己資金、銀行
借入）
事業形態：個人事業主
スタッフの数：本人のみ
起業前に準備したこと：貯金、事業計画
書作成＆シミュレーション
起業してから軌道に乗るまでの期間：わり
とすぐに
起業して良かったこと：自分のペースで
自分の思い通りにできる。一例として
「パン屋＝朝が早い」という常識を覆
し、昼の12時にオープン、（おそらく）
日本一出勤が遅いパン屋ではないかと
思っている
起業して大変なこと：全て自分で決めて
自分でやらなければいけない
今まで続いている秘訣：美味しいパンを
提供することは最低ラインとして、そ
れ以上にホスピタリティ、人と人との
繋がりを大事にしている
仕事上のポリシー：子育て中のシングル
マザーとして、できる範囲でできるこ
とをやる。できないことはやらないとい
う決断も必要
生きていく上で大切にしていること：自分
に嘘をつかない（おかげでまわりの人
には迷惑をかけまくり、感謝するばか
り）

今後の展開：やりたいことはやりつくす。パン屋を始めるきっかけとなったコーヒーの世界にも改めて、関わっていきたい

起業したい人へのアドバイス：成功するかしないかではなく、やるかやらないか。起業がゴールではなくスタートライン。「やる」の先にも道はたくさんあって、「やる」の先にしか「成功」はない

~~~~~~~~~~

小嶋昌恵
Masae Kojima

飲食店・シェアキッチン経営会社
「O'tento planning」代表

「O'tento planning」について
食をテーマに、社会貢献を意識した事業を展開する、拠点の埼玉県坂戸市に密着した会社。カフェ「cafe COUCOU（カフェ ククゥ）」では、地元の新規就農者や養蜂家の農産物などを積極的に使用。季節の野菜を取り入れたハンバーグランチや地元産のフルーツを乗せた雑穀パンケーキなど、工夫を凝らしたメニューが豊富に揃う。シェアキッチン「SUNNY food works（サニーフードワークス）」は、主に、地元の主婦たちが開業前のチャレンジとして活用できる仕組みになっている
URL: http://coucou.cafe.coocan.jp/

屋号：O'tento planning （オテント プランニング）
業種：飲食店、シェアキッチン経営
現在の拠点：埼玉県坂戸市
出身：千葉県
現在の年齢：55 歳
バックグラウンド：短期大学を卒業後、派遣社員としてプログラミングの仕事をする。「レコールバンタン・キャリアカレッジ」でカフェビジネスについて勉強し、2011 年、44 歳の時に、カフェ「cafe COUCOU」をオープンする。2021 年、54 歳の時に、会社を設立。2022 年春、55 歳の時に、2 店舗めになるシェアキッチン「SUNNY food works」をスタートする
起業したきっかけ：2008 年、41 歳の時、リーマンショックで派遣社員の立場が失墜したことで見切りをつけ、幼少時から夢見ていた飲食業を目指すため、働きながら、専門スクールへの通学を開始。卒業して半年経った頃に東日本大震災があり、「私らしく社会に貢献したい」と開業を決めた
創業年：2011 年
起業した年齢：44 歳
初期費用：800 万円（自己資金、日本政策金融公庫借入）
事業形態：株式会社
スタッフの数：5 人（会社全体では 12 人、本人含む）
起業前に準備したこと：献立作りが大好きだったので、毎日、翌日の献立を考え、料理をしてはスタイリングをして撮影し、ブログに掲載するということを続けていた。これが、今のカフェやシェアキッチンでのメニュー作成に役立っている
起業してから軌道に乗るまでの期間：5 年

中川智香子
Chikako Nakagawa

カフェ
「時々カフェ」店主

「時々カフェ」について

千葉県木更津市真舟にある、忙しい日常を忘れられる、のんびりとした居心地のいいカフェ。丁寧に淹れられたコーヒー、手作りのケーキや焼き菓子、サンドイッチやカレーなどのフードメニューもあり、どれも人気がある。営業は、週に4回ほど、出かける前に公式インスタグラムで確認を
URL：Instagram @ tokidocicafe

屋号：時々カフェ（トキドキ）
業種：飲食業
現在の拠点：千葉県木更津市
出身：静岡県
現在の年齢：47歳
バックグラウンド：専門学校卒業後、会社の事務職員を務める。その後、家族で、自然の中の暮らしを求め千葉県・木更津への移住を決め、同時にカフェの開業を決意。2013年、木更津に将来移住を考えて土地を購入。「レコールバンタン・キャリアカレッジ」でカフェビジネスを学び、まずは、2016年、40歳の時に東京・世田谷で「時々カフェ」を試験的にオープン。2018年4月、42歳の時に木更津に移住。移住にともなって、世田谷の店をクローズ。同年6月に木更津で再オープンする
起業したきっかけ：学生の頃からカフェ

起業して良かったこと：スタッフや、同じ思いを持つ人たちと出会い、自分がやりたかったことがスムーズに進むようになった
起業して大変なこと：スタッフの育成、人件費の負担
今まで続いている秘訣：スタッフそれぞれの得意なことを引き出し、任せる。また、苦手なことはお互い頼り合って「ありがとう」が行き交う職場にする
仕事上のポリシー：作業はスタッフや専門家に任せる。経営や集客、企画は自分の仕事だと割り切る
生きていく上で大切にしていること：苦手なことはがんばらない。苦手なことは得意な人にやってもらって「ありがとう」と伝える
今後の展開：新しく始めたシェアキッチンでは、地元産の農産物を使った商品開発を進め、ECを強化する。地元で開業したいと願う、かつての私のような主婦のチャレンジを応援することもしていきたい。地域猫団体を支援する商品作りやEC事業も始めたいと思っている。個人的には、60歳で現場は全て譲り、以降は自宅で集客と宣伝と経営をしながら、自分のライフスタイル（おばあちゃん社長の仕事や毎日の食卓など）を発信していきたい
起業したい人へのアドバイス：常に幸せな"10年先"を意識して、勉強してはすぐ動くということを繰り返す。そうやって"今"を充実させれば、つらい状況下でもメンタルが壊れる暇がない。好きなことで生きていくのは大変ですが、好きじゃないと辛いことは乗り切れない

で過ごす時間が日常の一部で、漠然と
いつか自分のカフェを持ちたいという
思いがあった。家族で東京・世田谷か
ら、自然あふれる千葉県・木更津へ拠点
を移すことを決めたのをきっかけに、カ
フェ開業に向けて本格的に動きだした

創業年：2016 年

起業した年齢：40 歳

初期費用：250 万円（自己資金）

事業形態：個人事業主

スタッフの数：2 人（本人含む）

起業前に準備したこと：専門スクールに
通い、カフェ経営について学ぶ。理想
に近い店、気になる店、話題の店など
を複数回訪問し、研究する。店で提供
するメニューの試作を繰り返す

起業してから軌道に乗るまでの期間：3 カ
月

起業して良かったこと：カフェがプラッ
トフォームとなって幅広い年齢層や職
種の人と知り合うことができ、ほどよ
い距離感でコミュニケーションがとれ
ること

起業して大変なこと：想像以上の長時間
労働。休みの日も仕込みなどで、半分
以上が仕事で潰れてしまう

今まで続いている秘訣：カフェ巡りの趣
味を続けていること。東京をはじめ全
国の話題のお店、気になるお店、近隣で
新規オープンした店には必ず行く。そ
こで得たもの、感じたことなどを自分
の店に取り入れたり、お客さんと共有
したりする

仕事上のポリシー：常に新しいことに関
心を持ち、現状にとらわれず良いもの
は取り入れ、変化していく

生きていく上で大切にしていること：日々
感謝。また「チャンスは一期一会」とい

う言葉が好きで、迷ったらやってみる

今後の展開：「時々カフェ」を"媒体"にカ
フェという業態にこだわらず、人と人が
繋がれる場所としていろいろなことを
していきたい。それが小さなコミュニ
ティでも誰かの役に立てていたら嬉しい

起業したい人へのアドバイス：常に新しい
もの、話題になっていることに興味を
持ち、アンテナを張り、具体的に想像
して、身近な人、同業者、いろいろな
人に自分の思いを話してみると、自分
のイメージが整理できる。また、チャ
ンスに気づけることも大切。チャンス
が舞い込んできた時に摑める自分でい
られるよう意識し、準備するといい

長山和子
Kazuko Nagayama

レストラン
「たけのわ食堂」オーナー

「たけのわ食堂」について

手作りにこだわった低温調理のレア・
ロートビーフ、オリジナルブレンドの
コーヒーが美味しい和カフェ。天然木
を使った和風モダンな店内には、樹齢
300 年のトチノキから切り出した一枚
板のテーブルが。心を癒すパワーが備
わっているそう。大阪にある店らしく
"粉もん文化"を体験できるワークショ
ップなど、店でのユニークなイベント

も展開予定
URL：https：//takenowashokudo.owst.jp

屋号：たけのわ食堂
業種：飲食業
現在の拠点：大阪府松原市
出身：大阪府
現在の年齢：58 歳
バックグラウンド：大学卒業後、いくつかの仕事を経て、前職はタクシー会社の管理職として 27 年間勤務する。2019年、55 歳で、独立。カフェの経営を始める
起業したきっかけ：独立した時、最初は、趣味として続けていた占い師として仕事を始めるつもりだった。そのため、占いをするための場所でお茶も提供するという小さな店をイメージしていたけれども、さまざまに計画していくうちに、カフェを開業したいと思うようになった
創業年：2019 年
起業した年齢：55 歳
初期費用：非公開（自己資金）
事業形態：個人事業主
スタッフの数：5 人（本人含む）
起業前に準備したこと：カフェの経営を勉強するために「レコールバンタン・キャリアカレッジ」心斎橋校に通った
起業してから軌道に乗るまでの期間：店をオープンしてすぐの、コロナ禍の悪影響もあり、今現在もなかなか厳しい。それでも、起業 3 年目のここ 1 年間、徐々に固定客がついてきたように感じる
起業して良かったこと：店を通じて大切な友人ができたこと
起業して大変なこと：常にサービスを同品質で提供しなければならないこと。例えば、メニューは全て手作り、いつも変わらない味を維持しなければならない
今まで続いている秘訣：お客さんと必ず会話すること。お客さんの顔を覚えること
仕事上のポリシー：食材を厳選すること。また、店で使う食器にもこだわること。例えば、箸置き一つでも妥協のないものを選ぶ、3 カ月探し続けた
生きていく上で大切にしていること：ひとりでは何もできない、いつもまわりの人へ感謝する。今日一日を精一杯楽しく生きる
今後の展開：店を通じて、海外の方に日本の食文化、特に大阪の "粉もん文化" を伝えたい。インバウンドの方々に向けた "粉もん文化" 体験型ワークショップを計画中
起業したい人へのアドバイス：「お客さんを自分の大切な家族や恋人だと思って接することができるかどうか」、この質問に対して「できる」と答えられた人は夢を手にできると思う

魚谷泰子
Yasuko Uotani

カフェ
「Fish house cafe」店主

「Fish house cafe」について
秋田県出身の店主が秋田の美味しいも

のを、地元、有馬温泉で味わってもらいたいと始めた、秋田の食材をメインに提供しているカフェ。コーヒー、手作りのスイーツほか、稲庭うどんなどのフードメニューも充実している。看板犬の豆柴親子も、大人気。ラテアートではこの豆柴を描くこともある
URL：Instagram @ fish_house_cafe

屋号：Fish house cafe（フィッシュ ハ ウ ス カフェ）
業種：飲食業
現在の拠点：兵庫県西宮市
出身：秋田県
現在の年齢：49歳
バックグラウンド：子育てが落ち着いてから、「レコールバンタン・キャリアカレッジ」でカフェの経営とバリスタの仕事について学ぶ。また、地元のカフェでアルバイトをして、経験を積んだ。2019年、46歳で自分の店をオープン
起業したきっかけ：35歳の頃から、子供たちが成長したらいつか地元、有馬温泉でカフェを開業したいと考えていた
創業年：2019年
起業した年齢：46歳
初期費用：非公開（日本金融政策公庫借入）
事業形態：個人事業主
スタッフの数：3人（本人含む）
起業前に準備したこと：店のウリのメニューを作るために、アイデアを得ようと、台湾人の料理教室に行った。そこで教えてもらったレシピをヒントにオリジナリティを加味した「ルーロー飯とキーマカレーのあいがけ」を完成させた
起業してから軌道に乗るまでの期間：3年。オープンしてすぐにコロナ禍で、時間

がかかった
起業して良かったこと：毎日とても忙しいけれども、本当に充実している
起業して大変なこと：全てが自分の責任なので、緊張感を持って毎日を過ごしている
今まで続いている秘訣：観光地でありながら、たくさんの"常連さん"に恵まれたこと
仕事上のポリシー：お客さんに料理を出したときに「かわいい！」「美味しそう！」と喜んでもらえるのが嬉しい。どのお客さんにも、自分の店に来て、喜んで帰ってもらいたい
生きていく上で大切にしていること：常に笑顔でいること
今後の展開：ゆくゆくは、地下部分をリフォームして、夜は夫婦でバルをしたい
起業したい人へのアドバイス：夢は口に出すとどこかでチャンスがやってくる。心の中に秘めていても何も始まらないので、口に出すこと、そして行動すれば、チャンスは必ずやってくる

茂木沙織
Saori Mogi

フレンチバル
「Bal Cochonrose」代表

「Bal Cochonrose」について
長年ビストロで腕を振るったシェフが

じっくりと手間暇かけて作る心温まる欧風郷土料理と身体に優しい自然派ワインのフレンチバル。東京・恵比寿と目黒のちょうど中間地点にある。アットホームで、カジュアル、ついつい長居をしてしまう居心地の良さがある
URL：http：//www.bal-cochonrose.com

屋号：Bal Cochonrose
（バル コションローズ）
業種：飲食業
現在の拠点：東京都と神奈川県の2拠点生活
出身：山口県
現在の年齢：44歳
バックグラウンド：専門学校卒業後、一般企業に就職、経理を担当する。飲食店で働きながら国家資格（レストランサービス技能士）を取得。飲食店や派遣事務など3つの仕事を掛け持ちして資金を貯め、2012年、33歳の時に、個人事業主としてバルをスタートさせる。2020年、42歳の時に、法人化する
起業したきっかけ：目が行き届く範囲で自分が本当に作りたい料理を提供できる場が欲しいと思ったから
創業年：2012年
起業した年齢：33歳
初期費用：1300万円（自己資金、銀行借入）
事業形態：株式会社
スタッフの数：2人（本人含む）
起業前に準備したこと：開業資金をためる。経営学の勉強
起業してから軌道に乗るまでの期間：3カ月
起業して良かったこと：時間が自由に使える。好きなことが仕事になり、やり

がいがある。店を通じてさまざまな方との出会いがある
起業して大変なこと：お客さんが少ない日は精神的負担になり、多い日は肉体的負担に繋がる
今まで続いている秘訣：コンセプトがぶれない継続力。継続しながら目標を底上げ、進化し続けていること
仕事上のポリシー：昨日より今日、今日より明日。お客さんの時間を預かっているという意識を持って、初心を忘れず、目配り、気配り、心配りをする
生きていく上で大切にしていること：心身ともに健康でいること。遊びも仕事も一生懸命にする。特に趣味のサーフィン。サーフィンは人生と似ていて、目標を決めて少しずつレベルアップしていく楽しさや充実感を味わえ、日々を豊かにしてくれる
今後の展開：田舎で育ったので、いずれは田舎に移住したい。夢はキッチンカーで全国を旅しながら、サーフィンをすること
起業したい人へのアドバイス：何か新しいことを始めるのに遅すぎるということはない。一度きりの人生。夢を夢のままで終わらせないために、好奇心を失わず、努力し、ポジティブマインドを持ち続けることが大切

杉澤康子
Yasuko Sugisawa

レストラン
「KOARN」店主

「KOARN」について
自宅の1階を改装したレストラン。靴を脱いであがる店なので、まるで友人の家に招かれたかのような、アットホームでリラックスした雰囲気、心地良い空間になっている。人気メニューは、野菜をふんだんに使った家庭料理、おにぎりと具だくさんの味噌汁、おばんざいのセットなど。子連れママが落ちついて食事ができるよう、ベビーベッドやキッズチェア、オムツ台なども用意されている
URL：https://koarn.com

屋号：KOARN（コアン）
業種：飲食業
現在の拠点：東京都西東京市
出身：東京都
現在の年齢：53歳
バックグラウンド：美術系の専門学校でデザインを学んだ後、テキスタイルデザイナーとして、アパレル、インテリア雑貨のデザインの仕事をする。2002年、33歳の時に、家族の介護をきっかけに介護福祉士として介護施設に勤務。同時に、自分の飲食店を持つことを目標に「レコールバンタン・キャリアカレッジ」で飲食店の経営について学ぶ。2021年、52歳で退職し、開業準備を始める。2022年、53歳の時に、自宅レストランをオープンする
起業したきっかけ：ずっとカフェ巡りが趣味で、いつか自分の店を持ちたかった。子供たちが独立し子育てが終わり、全てが自分の時間になり、自分の店を始めるなら、年齢的に今しかないと思いチャレンジすることにした
創業年：2022年
起業した年齢：53歳
初期費用：約280万円（自己資金）
事業形態：個人事業主
スタッフの数：4人（本人含む）
起業前に準備したこと：他店舗を訪れ、参考にし、自分の店の構想を考えた。また、野菜ソムリエの資格を取ったり、玄米菜食などの勉強をした。自宅をレストランに改装、基本的にはDIYで、一部プロの職人に依頼した
起業してから軌道に乗るまでの期間：オープンして8カ月、軌道に乗ったとは言い切れないけれども、1カ月の流れやお客さんの動向がやっとわかってきたところ
起業して良かったこと：スタッフに恵まれたこと。日々、お客さんからいただく"感動"に胸がいっぱいになる
起業して大変なこと：天気や時期により、どのくらいの食事を用意するかは毎日悩む。食材ロスは減らしたいけれども、思いがけずお客さんが多く早い時間に完売してしまったり、毎日賭けのようで、大変
今まで続いている秘訣：続けることは本当に大変。最近の物価高に影響を受けて厳しい状況だけれども、リピーターの方がいる限り頑張りたいという気持ちでいる
仕事上のポリシー：お客さんへの心配り

を忘れないこと

生きていく上で大切にしていること：マイナス感情をプラスに考える癖をつけること。難しいことだが、歳を重ねて不安が募る時期に楽しく暮らしていくには、感情のコントロールはとても大切。そして、小さなことにも感動して涙が流せる自分でいたいと思っている

今後の展開：身体改善ランチや低カロリーランチなど、新しいメニューを展開したい

起業したい人へのアドバイス：怖くて悩んで結局やらなかったら"0"。けれども、成功しても失敗してもチャレンジした事実は"1"になる。いつか閉店することになったとしても"1"にはなったと自分を褒めてあげられる

渡辺良子

Ryoko Watanabe

居酒屋
「カントニクス」店主

「カントニクス」について

東京・西荻窪にある、燗酒に惚れ込んだ店主が経営する、"燗酒と肉"がコンセプトの居酒屋。燗酒以外はナチュラルワインとクラフトビールのみ、店主の好きな飲み物しか提供しない。生ハムや羊料理などの肉料理と燗酒の組み合わせは、絶妙なコンビネーション。この店ならではの"美味しさ"が楽しめる

URL：https://www.facebook.com/Kantonics

屋号：カントニクス
業種：飲食業
現在の拠点：東京・西荻窪
出身：福岡県
現在の年齢：58歳
バックグラウンド：美大卒業後、広告業界へ。約20年にわたって、外資系広告代理店でCM企画などのクリエイティブの仕事をする。2014年、50歳の節目で、キャリアチェンジを考え、会社在籍中に「レコールバンタン・キャリアカレッジ」に通い、ビストロバルの実践と経営学を学ぶ。また、料理を作れるようになるために、行きつけの飲食店で手伝いもする。2016年、52歳で、会社を退職し、飲食店に勤務。燗酒屋の女将として1年半、経験を積んだ後、2018年、54歳の時に、自分の店をオープンする

起業したきっかけ：50歳で今後の自分の人生を考えた時、今の仕事よりもっと自分が社会に貢献している実感が欲しくなった。自分ができることは、大好きな燗酒を、その江戸時代の酒造りを継承している背景も含めて、日本のカルチャーとして広く皆に知ってもらうことだと思った

創業年：2018年
起業した年齢：54歳
初期費用：1000万円（自己資金、銀行借入）
事業形態：個人事業主
スタッフの数：基本的には、本人のみ
起業前に準備したこと：専門スクールで、

実践と経営学を勉強した。ビストロバルの開業を決めてから、当時、客として通っていた飲食店の手伝いをし、料理を教えてもらった。 また、行きつけの燗酒屋の店長が辞めることを知り、思い切って次の店長に立候補。 開業前の1年半、燗酒屋の女将として経験を積んだ

起業してから軌道に乗るまでの期間：まだわからない。お店のコンセプトが特殊なこともあり、オープンしてすぐに雑誌に掲載されたり、TV番組で紹介されたりしたことは追い風になった

起業して良かったこと：自分の料理とお酒でお客さんが喜んでくれること。人の幸せに貢献しているという実感がストレートに感じられる

起業して大変なこと：時間に追われること。ゆっくり休みが取れないこと。会社員時代と比べて収入が減ったこと

今まで続いている秘訣：店のコンセプト"燗酒と肉"に、オンリーワンの個性があること。料理は、なるべく他の店では食べられないもの、まだお客さんが知らない美味しいものの提供を心がけている

仕事上のポリシー：自分が好きなお酒、自分が美味しいと思う料理しか出さない

生きていく上で大切にしていること：ゆるく生きる

今後の展開：以前の職業柄、アイデアがたくさん湧いてくる。 例えば、店で、シルバー世代の雇用を目的とした「おばあちゃん定食」、朝ごはんをお鮨スタイルにした「朝握り」といったメニューを提供するなど。人々の生活が少しでも豊かになるよう貢献できるといい

起業したい人へのアドバイス：目的をしっかり持つこと。 なぜ自分は起業したいのか、確固たる信念があれば、それがお客さんにも伝わり、応援してくれるはず。また、他の店、事業との差別化、個性を出すことは、うまく経営していく上で不可欠だと思う

古河原やよい

Yayoi Kogahara

カフェ
「やいたのたると Y's brekkie」オーナー

「やいたのたると Y's brekkie」について
栃木県矢板市扇町にある、地域のコミュニティカフェ。多くの人の"サードプレイス（家庭でも職場・学校でもない3つめの居場所）"を目指している。地元で獲れた食材、卵、果物、野菜などを使った手作りのタルトが看板メニュー。美味しいタルトとドリンクで、ゆったりとくつろげる場所になっている
URL：ysbrekkie.com

屋号：やいたのたると Y's brekkie (ワイズ ブレッキー)
業種：飲食業
現在の拠点：栃木県矢板市扇町
出身：栃木県
現在の年齢：48歳
バックグラウンド：専門学校卒業後、臨床検査技師として病院に26年勤務する。病院在籍中に、「レコールバンタン・キ

ャリアカレッジ」でカフェの経営、開業、ドリンクについて学ぶ。また、地元商工会主催の創業塾に参加する。2021年、47歳で退職し、翌年、自分の店をオープンする

起業したきっかけ：就職をして初めてのひとり暮らしをしていた時、近くに自家焙煎コーヒーショップがあり、そこは自分にとっての"サードプレイス"で、そこがあったから頑張れた。ちょっと立ち寄って、お店の人と会話をすることですごく気持ちが楽になれる、そんな場所を地元に作りたいと思った

創業年：2022 年

起業した年齢：47 歳

初期費用：非公開（自己資金、日本政策金融公庫・信用保証協会からの協調融資）

事業形態：個人事業主

スタッフの数：2 人（本人含む）

起業前に準備したこと：専門スクールで、勉強する。事業計画書を作る。事業計画書の作成は、融資を受けるためなのはもちろん、自分がどうしてカフェを始めたかったのかを明確にすることができた

起業してから軌道に乗るまでの期間：今まさに軌道に乗せている最中

起業して良かったこと：常連のお客さんが増え、お客さんと会話を楽しむことができる

起業して大変なこと：経験不足でいろいろなことに時間がかかり、お客さんをお待たせしてしまうことが多かった。今思えば、開業して間もなく地元の新聞に取り上げてもらい、その反響が大きく対応しきれなかったのが理由。準備不足だった

今まで続いている秘訣：お客さんにリピーターになってもらえるような、気持ちのいい接客を心がけている。また、地元の季節の果物や野菜を使った、常に新しいメニューを提供するようにしている

仕事上のポリシー：居心地のいい空間作り

生きていく上で大切にしていること：人との出会いを大切にする

今後の展開：このカフェを通じて出会った人たちと地元を盛り上げていけるような活動もしていきたいと考えている。また、息子も一緒に店をやっているので、自分がやめても息子が続けてくれて、地域のコミュニティカフェのままでいられることが願い

起業したい人へのアドバイス：心の中で思っていてもなかなか形にならない、とりあえず一歩踏み出してみてもいいと思う。急にいろいろな歯車が合って、気がついたらカフェのオーナーになっていた、それが今の自分

鈴木華子

Hanako Suzuki

パン屋
「はなぱん」オーナーブランジェ

「はなぱん」について
フランス産の粉を使用したハード系パ

ンを中心に扱う、静岡県沼津市にある小さなパン屋さん。漁師の家に育ったオーナーらしく、地元、沼津我入道（がにゅうどう）漁業共同組合と提携し、沼津魚市場から新鮮な魚を仕入れて作った"お魚バケットサンド"は人気メニューのひとつ
URL: https://peraichi.com/landing_pages/view/hanapan/

屋号：はなぱん
業種：パン製造・販売
現在の拠点：静岡県沼津市
出身：静岡県
現在の年齢：47歳
バックグラウンド：いくつかの仕事を経て、「レコールバンタン・キャリアカレッジ」でパンについて勉強した後、地元のパン屋に10年勤務し、2014年、39歳で起業する
起業したきっかけ：パン屋で働いている時に結婚をし、その後、仕事をセーブしつつ、空いた時間に知り合いのスタジオでパン教室を開いた。教室をきっかけに、パンを売ってほしいと言われることが増え、イベント出店の依頼もくるように。こうした需要を前提に、店舗をオープンし、パンを製造・販売することにした
創業年：2014年
起業した年齢：39歳
初期費用：500万円（自己資金、銀行借入）
事業形態：個人事業主
スタッフの数：5人（本人含む）
起業前に準備したこと：特にしなかった。流れに乗った
起業してから軌道に乗るまでの期間：店をオープンしたばかりの頃は、知り合いやその口コミで来てくれたお客さんが多かった。徐々にお客さんが減って一度は廃業も考えた。けれども、コロナ禍をきっかけに、製造するパンの種類をソフト・セミハード系から、近所のパン屋で取り扱いの少なかった、ハード系に変えてみたら、よく売れるようになり、軌道に乗りだした
起業して良かったこと：時間を自由に使えること
起業して大変なこと：大変なことだらけ。一番はお金、経理が苦手なので私にはキツい。それから、集客、マーケティング。今は、外部のコンサルタントに依頼している
今まで続いている秘訣：気合と根性。せっかく好きなパン屋になったのだから、続けるしかないと思っている
仕事上のポリシー：仕事は10年単位で考えて、気持ちをリフレッシュさせる。現在、9年目。あと1年頑張って、また10年頑張る
生きていく上で大切にしていること：自由になれる時間を大切にする
今後の展開：現状維持で、コツコツと売り上げを伸ばしたい
起業したい人へのアドバイス：起業はとにかく行動あるのみ。考えすぎると動けなくなる。あとは、行政や銀行などでも、専門家のアドバイスを受けられることがあるので、利用するといい

古賀裕美

Hiromi Koga

イタリアの焼き菓子とジェラートの店
「Pasticceria Gelateria BIANCA 」
オーナー

「Pasticceria Gelateria BIANCA 」について

イタリアの郷土菓子と家庭菓子（焼き菓子）、手作りジェラートの店。兵庫県尼崎市・武庫之荘駅徒歩6分の場所にある。オーナーは、本場イタリアで修業をした本格派。日本ではあまり見かけない焼き菓子や、オリーブオイルジェラート。ゴルゴンゾーラ、リコッタチーズ、カマンベールなどチーズの種類別ジェラートなど、その日ごとに変わるイタリアを感じるオリジナルメニューが好評だ

URL：Instagram @p.g.bianca

屋号：Pasticceria Gelateria BIANCA
業種：焼き菓子、ジェラート製造・販売
現在の拠点：兵庫県尼崎市
出身：大阪府
現在の年齢：47歳
バックグラウンド：調理師を育成する専門学校を卒業後、ホテルやレストラン、カフェで仕事をする。その後、イタリアに移住し、帰国後、2019年、44歳の時に、イタリアの焼き菓子とジェラートの店を、オープンする
起業したきっかけ：イタリアが好きで、イタリアの焼き菓子とジェラートの店をすることは長年の夢だった。イタリアに移住し、帰国した時に、自分の夢を知っていたパートナーの後押しもあって、始めることにした

創業年：2019年
起業した年齢：44歳
初期費用：1400万円（自己資金）
事業形態：個人事業主
スタッフの数：2人（本人含む）
起業前に準備したこと：お金を貯めること。先に独立をした先輩や同僚に話を聞くこと
起業してから軌道に乗るまでの期間：まだわからない
起業して良かったこと：自分の世界が広がった
起業して大変なこと：経営の面でまだまだ知らないことが多く、苦労している
今まで続いている秘訣：イタリアの焼き菓子とジェラートにこだわるという個性を大切にし、このコンセプトをブレさせないこと
仕事上のポリシー：あたりまえのことをあたりまえと思わず、いろいろな角度から考えてみるようにする
生きていく上で大切にしていること：仕事と家庭にさく時間のバランスをとる
今後の展開：さらに、イタリア菓子やジェラートを追求していきたい
起業したい人へのアドバイス：小さなことでもやりたいと思ったことは何でもチャレンジする。その先の起業は、いつかはできると思って、夢を追いかけるといい

岡本智美
Tomomi Okamoto

パン事業
「アルーチ」代表

「アルーチ」について
パン作りに悩みを抱える人たちが全国から集まるという、製パン理論や製法をしっかり学べるパン教室。基礎クラス、中級クラス、上級クラスのほか、YouTube を使った初心者クラスを合わせると、全部で9クラス。コースのほか1日レッスンもあり、自分のレベルとスケジュールに合わせて選択することができる。また、パンは不定期でアトリエで販売する
URL：https：//aruch.amebaownd.com

屋号：アルーチ
業種：パン教室、パン製造・販売
現在の拠点：神奈川県横浜市
出身：埼玉県
現在の年齢：46歳
バックグラウンド：大学卒業後、メーカーに就職、経理の仕事をする。その後、パンやそのほかの仕事を自分の会社として運営するべく、2005年に有限会社「アルーチ」を設立する。2008年、32歳の時、ホームメイド協会師範科卒業、パン教室を始め、パンの製造・販売もしつつ、2本柱で事業展開している。2010年、34歳の時に、自宅兼アトリエをオープン。また、2012年、36歳の時には、フランス・パリの「エコール・リッツ・エスコフィエ」で製菓を学び、「ル・コルドン・ブルー東京校」でパンのディプロム（修了資格）を取得する。そのほか、フランス地方菓子の料理教室、有名パン店での研修など、常に、パンを学び、技術を向上させ続けている
起業したきっかけ：パンを仕事にしたいと思ったこと。教室は、パンを教えて欲しいという友人からのリクエストがあった
創業年：2005年
起業した年齢：29歳
初期費用：非公開（自己資金）
事業形態：有限会社
スタッフの数：本人のみ
起業前に準備したこと：資金を貯める。パンの技術、知識を学ぶ
起業してから軌道に乗るまでの期間：3〜4年
起業して良かったこと：自宅で大好きな仕事ができること。仕事をしているのに、子供に「お帰りなさい」と言ってあげられる環境が嬉しい
起業して大変なこと：集客が難しい。コロナ禍でリアルのパン教室を開催できなくなったことをきっかけに、レッスン内容の見直しとコースの復習動画を作成、また、新規顧客獲得のための YouTube の初級者向けレッスン動画を多数作成。これが、コロナ明けの集客に繋がりつつある
今まで続いている秘訣：積極的にパンの知識を学び、技術を向上させ続けていること
仕事上のポリシー：パン教室では、生徒たちに、パン作りの楽しさと、パン作りにおいて必要だと思う技術や知識をしっかりと伝えること

生きていく上で大切にしていること：人生倍速（「単位時間当たりの行動速度が2倍になれば、時間の流れ方は2分の1になる」という考え方）

今後の展開：10年後を目標に、教室とパン屋のハイブリッドな新しいスタイルのお店になることを、思案中

起業したい人へのアドバイス：始める前に、お金と仕事に必要な技術の両方をしっかりと“貯める”こと。5年後を見越して、今何をすればいいのかを考えながら行動する

河村愛子
Aiko Kawamura

菓子制作
「みのたけ製菓」代表

「みのたけ製菓」について

実店舗はなく、イベント出店や卸し、オーダーメイド、レシピの開発等をしている。クッキー、パウンドケーキ、ブラウニー、グラノーラなどの焼き菓子が中心で、代表的な商品は、生地を金太郎飴のようにして作るアイスボックスクッキー。カラフルな生地は、野菜や果物のパウダー、抹茶やきな粉、ココアパウダーといった食品で色をつけている。遊び心のあるかわいらしいデザインで多くのファンがいる

URL：Instagram @minotake_sweets

屋号：みのたけ製菓
業種：菓子製造業
現在の拠点：静岡県下田市
出身：神奈川県
現在の年齢：52歳

バックグラウンド：大学卒業後、マリンスポーツ専門店に勤務。その後、マリンスポーツ＆アウトドアスポーツ専門誌の編集、アウトドアスポーツツアー会社勤務と、アウトドアスポーツ関連の仕事に長く携わる。2002年、32歳の時に、神奈川県から伊豆に移住。同時に、違うジャンルの編集の仕事もしようと考え、料理にフォーカスし「ル・コルドン・ブルー東京校」に通い、フランス菓子とフランス料理を4年間学ぶ。その後、グルメ記事を扱う旅行ガイドブックや情報誌の編集の仕事に携わる。料理の中でも製菓の面白さに目覚め、2012年、42歳で、菓子制作を本業にする

起業したきっかけ：スポーツ専門誌やアウトドアツアー会社で働いていた頃、海外を訪れることが多く、その土地のファーマーズマーケットやクラフトマーケットのおおらかで健康的な雰囲気が好きだった。製菓の勉強を始めたこともあり「私も自分が作ったものを青空の下で売ってみたい」と思ったのが、みのたけ製菓を立ち上げることに繋がった

創業年：2012年
起業した年齢：42歳

初期費用：約10万円（自己資金）、自宅をDIYで工房に改装したため材料費のみで大きな費用はかからない。調理器具、オーブンなども料理学校に通ってい

た時に揃えていたものをそのまま使っている

事業形態：個人事業主

スタッフの数：本人のみ

起業前に準備したこと：食品衛生責任者の講習を受ける。営業許可を取るために自宅のキッチンを改装する

起業してから軌道に乗るまでの期間：今も軌道に乗っているわけではない。焼き菓子のレシピをまとめた著作が3冊あり、書籍編集者の目にとまったことをひとつの成果として捉えるなら、起業してから3年

起業して良かったこと：ずっとお菓子を作り続ける機会とお菓子について考え続ける機会を得たこと。自分のお菓子が人に喜んでいただけているという実感を得られたこと

起業して大変なこと：決して儲かりはしないこと。やめることはしないが、限界を感じることはしょっちゅうある

今まで続いている秘訣：むやみに規模を大きくせず、"身の丈"（屋号の由来でもある）にあった活動を続けること

仕事上のポリシー：初心を忘れないこと。精神的にも体力的にも無理をしないこと。手を抜かずコツコツと地道に作り続けること。何かを守ろうとせず、常に次に目を向けて進むこと。これらは全て、アウトドアスポーツツアー会社で働いているときに学んで得た教訓。そのまま菓子制作をするときのポリシーになっている

生きていく上で大切にしていること：流れに逆らわず、分不相応なことをしない。欲をかかないこと

今後の展開：海外のフォーマーズマーケットやクラフトマーケットの出店者のように、のどかでおおらかで、アウトドアスポーツの延長にあるような菓子作り、イベント出店を続けていきたい。また、言葉ではストレートに上手く伝えにくいことを、自分ならではのクッキーで表現したいと思っている

起業したい人へのアドバイス：ゼロから生み出す苦しくも楽しい作業をはしょらないで、頭の中に思い描いたことをカタチにする努力をする

金高哉子
Chikako Kanetaka

パン教室
「poco a poco」代表

「poco a poco」について
千葉県君津市の住宅地にあるおしゃれなパン教室。美味しいのはもちろん、見た目も美しいシナモンロールやショコラ・カフェ・ロール、メロンパンなど数多くのオリジナルブレッドの作り方を、月替わりで教えている。教室でのおもてなしにもこだわっていて、手書きのカリグラフィーの名札、ウエルカムティー、おやつのパン、パンとスープとサラダのランチを提供、優雅な時間を過ごすことができる

URL：Instagram @pocoacyako

屋号：poco a poco

業種：パン教室

現在の拠点：千葉県君津市

出身：千葉県

現在の年齢：51 歳

バックグラウンド：大手化粧品会社の営業職で、25 年間勤務。会社勤めをしながら、クッキングスクール「ABC クッキング」でブレッド＆料理ライセンスを取得。2015 年、44 歳の時に退職し、料理教育機関「ル・コルドン・ブルー東京校」でパンディプロム（修了資格）を取得。2017 年、46 歳で、パン教室を始める

起業したきっかけ：大手化粧品会社で働いている時に体調を崩し、働きながらセカンドキャリアについて考え始める。料理教室の体験レッスンを受け、そこでパン作りと出会い「パンは習わないと美味しく作るのは難しいので、教室として成り立つはず」と思い、パン教室を開く目標を掲げた

創業年：2017 年

起業した年齢：46 歳

初期費用：350 万円 (自己資金)

事業形態：個人事業主

スタッフの数：本人のみ

起業前に準備したこと：パン作りを本格的に学ぶため、2 つの専門スクールに通った。同時に、パン教室でのおもてなしのデコレーションに役立つと思い、ドイツのカリグラフィーを習う。また、パン教室ができる仕様の家を構えた

起業してから軌道に乗るまでの期間：1 年

起業して良かったこと：自分のスタイルで自由に教室を運営できること。生徒さん、そしてその家族の方にも喜んでもらえること

起業して大変なこと：レッスン時間以外の事前準備やパンの試作、レシピ作りなど決して楽な仕事ではない。また、コロナ禍では、レッスン参加を見合わせたり、キャンセルするケースが増えた

今まで続いている秘訣：とにかく美味しいパンのレシピを考え、レッスン化していること。教室での写真や追加のアドバイスを送るなどの、アフターフォローをしていること

仕事上のポリシー：信頼関係を築ける行動を積み重ねていくこと。例えば、連絡をいただいたらできるだけ早く一度は返信をする

生きていく上で大切にしていること：感謝の気持ちを忘れずに、言葉にする

今後の展開：オンラインレッスンやディプロム取得講座などを新たに展開していきたい

起業したい人へのアドバイス：決して楽ではないけれども、自分で考え、決断し、行動した結果が、自分に返ってくる。だからこそやりがいがあるのだと思っている

松尾美香
Mika Matsuo

パン教室
「自家製酵母パン教室 Orangerie」主宰

「自家製酵母パン教室 Orangerie」について
5 日経っても固くならない、手作りパ

ンの常識を打ち破ったパン作りをモットーにした人気のパン教室。バゲット集中レッスン、レーズン酵母コース、4種類の自家製酵母クラス、イーストで作るパンクラスなど、ハード系パンや自家製酵母パンのクラスが充実しており、どれも本格派。動画やインスタグラムを使ったオンラインレッスンも開講中で、海外から参加する生徒さんもいる
URL：http://orangerie-brave.com/

屋号：自家製酵母パン教室 Orangerie（オランジュリー）
業種：パン教室
現在の拠点：東京都・駒込
出身：埼玉県
現在の年齢：56歳
バックグラウンド：メーカーに営業事務職として勤務。結婚後、退職。自宅でできる仕事をしようと、パン教室をすることを思いつく。大手料理教室でブレッドライセンスを取得、そのほか、個人のパン教室に通い、まずは、趣味の一環で自宅でパン教室を始める。その後、病院の秘書室に勤務。退職後、アルバイトをしながら、本格的にパン作りを学ぶため、「ル・コルドン・ブルー東京校」に通い、パンディプロム（修了資格）を取得。卒業後、都内有名ブーランジェリーにて研修。離婚をきっかけに、2011年、44歳の時に、自分の教室を東京・駒込に構え、正式にパン教室をスタート。教室のほか、オレンジページ体験型スタジオでの講師、障害者・障害児向けのパン作りの講師などもしている
起業したきっかけ：離婚をすることになった時、自分の足で立つ、好きなこと

で仕事をすると決心した
創業年：2011年
起業した年齢：44歳
初期費用：50万円（自己資金）
事業形態：個人事業主
スタッフの数：本人のみ
起業前に準備したこと：町のパン屋さんで売っているソフト系のパン作りではなく、当時まだあまり馴染みのなかったハード系のパンや自家製酵母パンを教えるために、本格的なフランスパン作りを学べる料理教育機関に通って勉強した
起業してから軌道に乗るまでの期間：5年
起業して良かったこと：多くの人との出会いがある
起業して大変なこと：思い通りにならないことも多々ある。全てを自分でしなくてはならない
今まで続いている秘訣：自分自身が勉強することをやめないこと。現在も、さまざまな有名ブーランジェリーのシェフに師事する機会がある
仕事上のポリシー：教室の準備を大切にする。この世に失敗はない、うまくいかなかったことがあったとしても、必ずそこから何かを学びとる
生きていく上で大切にしていること：楽しいことだけをする。やりたくないことは、やる気になるまで待つ
今後の展開：世界中に日本の"おうちでのパン作り"を届けたい
起業したい人へのアドバイス：思い通りにならないことがあっても、自分を信じてコツコツと、楽しみながら続けていれば、道は拓ける

伊東福子

Fukuko Ito

洋菓子店
「ポッシュ・ドゥ・レーヴ芦屋」
オーナーパティシエール

「ポッシュ・ドゥ・レーヴ芦屋」について
店名はフランス語で Poche du Rêve（ポッシュ・ドゥ・レーヴ）、「夢のポケット」という意味。その名前の通り、かわいらしく上品な生菓子や焼き菓子が店先に並ぶ、地元芦屋で愛される洋菓子店だ。創業からずっと定番のグルテンフリーケーキ「マンジャリ」は、64%カカオチョコレートを使ったショコラムースで、人気メニューのひとつ
URL：www.poche-du-reve.com

屋号：ポッシュ・ドゥ・レーヴ芦屋
業種：洋菓子製造・販売
現在の拠点：兵庫県芦屋市
出身：兵庫県
現在の年齢：44 歳
バックグラウンド：大学卒業後、出身大学の附属高校職員になる。在籍中に、自分の洋菓子店を開く夢を叶えるため、フランス・パリの「エコール・リッツ・エスコフィエ」へ短期留学。また、2000年、24歳の時、「ル・コルドン・ブルー東京校」へ通い、素材の活かし方やモンタージュ（菓子の組み立て）の基本、フランス伝統・古典菓子など、たくさんのことを学ぶ。その後、個人経営の洋菓子店を経て「パレスホテル東京」の料飲部門、「神戸ポートピアホテル」内フレンチレストラン「アラン・シャペル」（現在は閉店）にパティシエールとして勤務。2006年、27歳の時に、日本最大級のコンクール「ジャパンケーキショー東京」のコンフィズリー＆クッキー部門にて1位にあたる連合会会長賞を受賞。2009年に、30歳で独立、株式会社 PR コーポレーションの一部門として、「ポッシュ・ドゥ・レーヴ芦屋」をオープンする

起業したきっかけ：地元、兵庫県・芦屋に、自分らしい洋菓子店を開きたいという思いが強くあった
創業年：2009 年
起業した年齢：30 歳
初期費用：2000 万円（自己資金、銀行借入）
事業形態：株式会社 PR コーポレーションの一部門という位置づけ
スタッフの数：9 人（本人含む）
起業前に準備したこと：製菓に必要な知識が実技を通して学べる専門スクールに通い、まずは、個人経営店や一流のホテルやレストランでパティシエールとしての経験を積んだ
起業してから軌道に乗るまでの期間：3 〜 5 年
起業して良かったこと：地元のお客さんに喜んでいただけること
起業して大変なこと：自分自身のライフプランが思い通りにいかなかったこと
今まで続いている秘訣：常にお客さんの目線で仕事をする
仕事上のポリシー：利他の精神
生きていく上で大切にしていること：自分らしくあること
今後の展開：日々、今を大切に、地道に努力を続ける

起業したい人へのアドバイス：自分らしさを見失うことなく、自分の幸せ＝他人の幸せという価値観が自身の中にある人は起業しても成功すると思う

~~~

大入モニカ春奈
Monica Haruna Oiri

洋菓子店
「Pâtisserie Brésilienne HARMÔNICA」
オーナーパティシエール

「Pâtisserie Brésilienne HARMÔNICA」について
東京・南阿佐ヶ谷にある洋菓子店。ブラジル出身の母親の手作りのお菓子を食べて育った影響で、お米を牛乳で炊いたデザート「リオレ」や、ココナッツペーストをサンドしたチョコレートケーキ「プレスティージョ」など、ブラジルテイストのユニークなメニューも揃う。2階に、木の温もりを感じるナチュラルで気持ちのいいイートインスペースあり
URL：harmonica-br.com

屋号：Pâtisserie Brésilienne（パティスリー ブラジリエンヌ）
HARMÔNICA（ハーモニカ）
業種：洋菓子製造・販売
現在の拠点：東京都・南阿佐ヶ谷
出身：東京都
現在の年齢：29歳

バックグラウンド：「東京製菓学校」洋菓子本科を卒業後、都内洋菓子店に勤務し、2018年、25歳で、独立開業
起業したきっかけ：子供の頃、家でケーキ作りをする母親の姿を見て、将来は、パティシエールになりたいと思っていた。また、両親が経営する寿司店で手伝いをしていたので、商売を身近に感じていた
創業年：2018年
起業した年齢：25歳
初期費用：非公開（自己資金、銀行借入）
事業形態：個人事業主
スタッフの数：2人（本人含む）
起業前に準備したこと：東京都青梅市の青梅商工会議所が主催する起業セミナーに3カ月間通い、起業に必要な手続きについて学んだり、ビジネスプランをより具体的にした
起業してから軌道に乗るまでの期間：まずは1年間、一通りの流れを経験し、2年目以降は、ある程度余裕をもって取り組めるようになった
起業して良かったこと：他の店舗で働いていた時よりも気持ちに余裕が持てるようになった
起業して大変なこと：常に、モチベーションを高く維持しなければならないこと
今まで続いている秘訣：ワンオペレーションなので、一度にたくさんの種類を作ることはできないけれども、旬を意識したメニューを、無理なく日替わりで展開していること
仕事上のポリシー：焼き立ての美味しさ、素材の美味しさにこだわって菓子作りをする
生きていく上で大切にしていること：体を大切にし、無理をしすぎないこと。や

りたいことは、大変でも楽しみながらチャレンジすること

今後の展開：将来を見据えて、仕事とプライベートを両立できる体制を徐々に作る

起業したい人へのアドバイス：ひとりでの起業は、時には落ち込むこともある。けれども失敗も成功の元、ポジティブに気持ちを切り替えて次に繋げていけばいいと思う

津葉木茶々

Chacha Tsubaki

巻き寿司事業
「茶々の巻き寿司アート」代表

「茶々の巻き寿司アート」について
巻き寿司を通し、親子の愛を育む、思い出作りとなる活動を中心に行う。巻き寿司教室主宰のほか、家族や友達などの似顔絵を巻き寿司で描いた、誕生日などのお祝いにぴったりのオーダー巻き寿司プレート「さぷらいずし」の販売。また、絵が全て"巻き寿司"でできている"親子の愛を育む巻き寿司絵本"を制作・出版するなど、"巻き寿司"をテーマにオリジナリティあふれる活動を繰り広げている

URL：https://spn-apr.com/h/chacha/

屋号：茶々（チャチャ）の巻き寿司アート

業種：巻き寿司ビジネス

現在の拠点：東京都

出身：秋田県

現在の年齢：29歳

バックグラウンド：大学卒業後、文房具メーカーへ就職。会社員として働きながら、巻き寿司教室へ通い、インストラクターライセンスを取得する。退職後、2019年、26歳の時に、まずは巻き寿司教室をオープンさせる

起業したきっかけ：小学校の運動会で祖母が作ってくれた「巻き寿司」が忘れられず、社会人になってから偶然見つけた「巻き寿司教室」に通い出す。実際に自分で作ってみると、手間と時間がかなりかかることに驚き、同時に、祖母の深い愛を感じた。その後、「巻き寿司は愛情表現のツール」だと捉え、巻き寿司を通して、子供たちが親の愛を実感したり、"思い出"を提供するべく、事業をスタートした

創業年：2019年

起業した年齢：26歳

初期費用：30万円（自己資金）、巻き寿司絵本制作時にはクラウドファンディングで150万円の資金調達をした

事業形態：個人事業主

スタッフの数：本人のみ

起業前に準備したこと：起業塾に通い、人生の棚卸しやビジネスの基礎知識を学ぶ。巻き寿司で、インストラクターライセンス、食品衛生管理者などの資格を取得。また、自宅で教室を開催するため、部屋の改装をした

起業してから軌道に乗るまでの期間：3年

起業して良かったこと：時間を自由に使うことができる。自分の好き・特技を

最大限活かすことができる

起業して大変なこと：重要な決断をひとりで行わないといけない

今まで続いている秘訣：自分自身の可能性、巻き寿司の可能性を信じること。これまで「巻き寿司で起業なんて無理だ」と何百回と言われてきた。それでも私は巻き寿司には無限の可能性があると信じ、突き進むことができた。正解がない世界だからこそ、この道でいいのかと不安になったり、迷ったりしてしまうけれど、自分自身を信じて行動している。その他、SNS（主に Instagram、YouTube）での発信は積極的にしていて、多くの反響がある

仕事上のポリシー：巻き寿司は、まずは美味しく、そして描く"絵"の再現度を高くする。キャラクターや人の顔などを依頼されることが多く、目の大きさ・位置などをミリ単位で、調整、変更しながら完成させている

生きていく上で大切にしていること："自分自身"を大切にする。無理をしすぎない、休みたい時は休む、「やりたい！」と思ったことをやるなど、自分の身体と心を大切に、行動している

今後の展開：親子で作れる巻き寿司のレシピとその動画レッスンの販売を行う予定で、現在サービスを構築中。また、2022 年に出版した巻き寿司絵本第1弾『すしうりうさぎとペラッパ』に続けて、第2弾巻き寿司絵本を出版したいと思っている

起業したい人へのアドバイス：起業は、自由度が高い分、自分の考え、価値観＝自分の軸を明確にしておかないと、判断を迷ったり、理想の姿から大きく外れてしまったりする。スタートする前に、自分の軸をしっかりと、明確にしておくことをお勧めする

岸村康代
Yasuyo Kishimura

食のコンサルティング
「大人のダイエット研究所」代表理事

「大人のダイエット研究所」について
食生活、ダイエットに関する、コンサルティング業を広く展開している。例えば、健康志向のコンセプトを付加した商品開発支援（商品開発コンサルティング）、健康経営支援（企画、講演等）、研究支援（企画、研究、PR）など。忙しい毎日でも取り入れやすい食品について、企業と生活者にとって役立つ研究を行い、企業にとっては売り上げアップ、生活者にとってはダイエットを実践しやすい商品に科学的根拠をつけて発信することを得意としている。
URL：https://otona-diet.jp/

屋号：大人のダイエット研究所
業種：食のコンサルティング事業
現在の拠点：東京都渋谷区
出身：東京都
現在の年齢：非公開
バックグラウンド：大妻女子大学家政学部食物学科管理栄養士専攻卒業後、コンビニ向け商品開発、病院での指導、

メタボリックシンドローム事業等を経て、2009年に独立。食のコンサルティング事業や講座などを幅広く展開している。2015年に、個人事業主から、一般社団法人化する

起業したきっかけ：中高生時代に自己流のダイエットで体調を崩し、24歳の時には、忙しい毎日で過労と無理なダイエットが重なり救急搬送され、完全に体調が戻るまでに約3年かかった。そんな"失敗"から、忙しくても無理なくダイエットすることや健康を支援する、コンサルティング業を始めたいと思った

創業年：2009年

起業した年齢：非公開

初期費用：非公開

事業形態：一般社団法人

スタッフの数：6人（本人含む）

起業前に準備したこと：2009年に個人事業を始めた時は、準備もなくスタート。2015年に法人を設立した時には、1年かけて、自分の想いや自分の原点、その想いをもとにした事業計画等を立て、起業塾に通ったり、友人にも相談しながら、詳細を詰めることができた

起業してから軌道に乗るまでの期間：3年。1年目は種まき、2年目は芽が出て、3年目は花が咲く、それを意識して走り続け、3年目には少しずつ軌道に乗り始めた

起業して良かったこと：自分の想いを形にすることができること。大好きな食の仕事でクライアントの皆さんに喜んでもらえること

起業して大変なこと：特に初期は、お金もなく、自分で何から何までやらないといけないという時期もあり、自分の時間が全く取れないという大変さもあった。体調を崩せないというプレッシャーやプロ意識も必要

今まで続いている秘訣：目の前の仕事やご縁をひとつひとつ大切にすること。「何のためにそれをやっているのか、何でそう思ったのか」という目的意識を持って、起業した原点を忘れないこと。食で人を助けたい、という想い

仕事上のポリシー：社会に役立つことをする。身体に良いものにこだわる

生きていく上で大切にしていること：「自分と未来は変えられる」という前向きな気持ちを忘れずに、楽しむこと

今後の展開：ビジネスとしては、忙しい人にも役立つ健康的なおやつ（スイーツ）の開発を支援したり、和食材を次世代に繋げる取り組みを支援したい。ライフワークとしては、自分自身が中高生時代に"間違ったダイエット"をしてしまい長年苦労した経験があるので、高校生に向けた「食べ方の授業」を拡げていきたい

起業したい人へのアドバイス：なりたい自分や夢を描き、その逆算で「今の自分に何が必要か、何ができるか」を考えて進んでいけば、諦めない限り、いつか必ず道は拓けていく

Do what you love for a living

"好き"を仕事にする力とは

　取材を通して見えてきた"好き"を仕事にする力。つまり、女性たちが、どうやって好きなことで起業し、自分らしく仕事をしているのかについて。ここでは、彼女たちの言葉をひもときながら、いくつか項目を立てて、改めて考えてみたい。

「楽してお金を稼ぐという考えは持っていない」

　彼女たちは、仕事が好きだ。「自分はワーカホリックだ」と言い切る人もいる。「仕事と趣味が一緒で、プライベートとの境がない」、ある店を経営する女性は「休みはいらない、仕事がない日でも毎日自分の店に来てしまう」と話していた。また「365日今の仕事をしても苦にならない、だから自分は好きな仕事をしているんだと思う」と逆説的に捉える人もいた。そしてそれは、どんなにハードワークで、事業がうまくいかずに頭を抱えている時でも、変わらない。彼女たちには、楽をしてお金を稼ぐという概念がなく、仕事が忙しく大変でも「自分で決めて好きなことをしているのだから、苦にならない、楽しく乗り切りたい」と考えているのだ。また、こんな意見もある。「1日は、大きく分けると、睡眠時間と仕事の時間とそのほかの時間の3つでできている。ということは、人生の1/3が仕事をしている時間。だから好きなことを仕事にしないとね」。

「好きなことが自分に合っているとは限らないということを知る」

　「自分が好きなことと自分に合っていることはちょっと違う、そこを見極めないでただ好きだという気持ちだけで仕事にしてしまうとうまくいかない」といった声もいくつか聞かれた。確かに好きなことでも、自分に適性がなければ、仕事にした時に責任を持って遂行できないかもしれない。また、例えば、漠然と「自分のスイーツショップを始めたい」と思った時に、お菓子を作りたいのか、それを販売することをしたいのか、によっても、大きく仕事に対するスタンスは変わってくる。仕事にするには、自分に合っていることを選んだほうがうまくいくことが多く、そこを見極めることによって、流れは大きく違ってくるように思う。「好

きなことをひとつに絞らずに、複数の好きなことを同時にしてみる。やりながら、自分に合っていることに絞り込んでいけばいい」というアドバイスもあった。選択肢をたくさん残しておくことで、気持ちに余裕が生まれるという声もある。

「やりたいことを、大きく全体ではなく、ディテールでイメージする」

　何かを始めようとする時に、全体像ではなく、できる限り細かく、具体的にイメージすると、目的地へ早くいけるといった考え方もある。例えば、カフェをオープンするとしよう。その時に、漠然と店構えや雰囲気をイメージするだけではなく、店で使うコーヒーカップやケーキのプレートはどれにしよう、メニューのネーミングに工夫を凝らそう、コーヒー豆は深煎りを店の定番にしよう、さらには、この時計を店のあの場所に掛けようなど、「かなり細かい部分を考えてみることで、具体性が出てきて、ぐっと現実味を帯びてくると思うんです」。そして、好きなことであれば、ありとあらゆることをかなり細かく空想するのは、至福の時間に違いない。

「"飽きる" という気持ちに対処する術を持つ」

　人間の性_{さが}とも言えそうな "飽きる" という気持ちにどう対処すればいいのか。「どんなに好きなことでも、その "好き" がずっと続くとは限らない」という鋭い指摘もあった。「ちょっと飽きてきたなと思ったら、その気持ちに敏感に反応して、対処する」という心がけを話してくれた人もいる。対処方法は、今の仕事の仕方を少し変えてみたり、何か新しいことをプラスしてみたり、違う視点を持った仲間に参加してもらってもいい。一方で「今自分がしていることは深掘りのしがいがあって、飽きる隙がない」といった強者も、実際多くいる。

「始めることよりも、続けることが大切だと肝に命じる」

　「起業することよりも、それを長く続けることのほうが大変だ」という事実は、多くの人が抱える課題のひとつだろう。実際、長く続けている人は、経営者本人が健やかで、前向きで、自分の仕事を楽しんでいることが多い。そのために「自分が楽しめているか、たまに立ち止まって確認するようにする」「ひとりになる時間を意図的に作って、自分の心の声を聞く」ことを心がけている人もいた。事業を続けるためには、自身の気持ちの在り方、そしてもちろん、売り上げをきちんと立てることも重要で、それがうまくいかず、壁に突き当たった時には、勇気ある撤退をすることも選択肢のひとつだ、という意見もあった。

「心身ともに健やかでありたい、体を鍛え、いたわる生活をする」

　好きなことで起業をしている女性たちは、ワンオペレーションのケースも多く、皆が口を揃えて「体力勝負です。自分がダウンしたら、全てがストップしてしまう」と語る。そのため、健康管理には気を使っていて「きちんとした場所で良質な食材を手に入れて、毎日自分で料理をして食べる」という人が多くいた。また、体力アップのため、スポーツジムで毎日1km泳いだり、トライアスロンを趣味にしているという人もいた。いずれにしても"体が資本"という意識が高く、日々の生活の中で、体に良いことを進んで実行している。また、逆のアプローチとしては、「疲れたと思ったらすぐに休む」「無理をしないことが結果、うまくいくことに繋がる」といった声も多くあった。そして「自分がいなくても事業が回っていくしくみを考えている」という人も少なからずいた。

「挫折やコンプレックスは必然、契機と捉え、バネにする」

　うまくいっている人でも、いや、うまくいっている人ほど、大きな挫折を味わっていたり、コンプレックスを持っているケースは、実は多い。今回取材をした人の中にも、子供の頃不登校だったり、大病をして入院をしてしまったり、パートナーとの離婚が自分の仕事に影響を与えた人もいた。しかし、その誰もが「今思えば、あの経験が、現在の自分の仕事を始めるきっかけになっていると思う」と話してくれた。また、会社勤めを長くする中で、先の見えない不安にかられたことが起業のきっかけになった人もいる。年を重ねることにより変化する自分の立ち位置、それを見極めながら、前に進んでいく姿は、賢く、勇ましい。

「尊敬できる師匠に学ぶ、仲間や家族がいることが、励みになる」

　今回取り上げた女性たちの中には、ひとりで起業し、ひとりで会社経営をしている人が多くいる。けれども、彼女たちは、決してひとりではない。尊敬できる師匠の元で学び、今もそのことが支えになっていたり、仕事を通して知り合った仲間たちと、一緒にプロジェクトを始めたり、店舗経営をしている人は、客との繋がりが仕事の張り合いになっていたりもする。「自分で仕事を始めて一番良かったことは、次から次へと知り合いができて、人の輪がどんどん広がっていくこと」「仕事を通じて知り合った人たちと信頼関係を築いていく過程が楽しい」という声はかなり多く聞かれた。また、家族への感謝の気持ちもいつも忘れない。

Do what you love for a living

「自分の意思で決めるというよりは、流れに乗ってみる意識を持つ」

　取材の中で、何度も聞いたのは「運が良かった」という言葉。「全てにおいてタイミングが良くて、その流れに乗っただけなんです」「自分で決めてきたという感覚ではなくて、人に誘われて、頼まれてしたことが、繋がって、今の仕事に辿り着いた」など、書き上げるとキリがない。例えば、自分の店を開くための物件探し。契約をキャンセルすることになった途端、別の良い話が飛び込んでくる。バーで間借り営業する際に、料理を提供する器が揃っていなくて「弁当箱に詰めてみたら」というバーのオーナーからのアドバイスが、弁当の会社の起業に繋がった話、あるいは「ピンチの時に、必ず救いの手が差し伸べられる」といった声も聞かれた。自身のことを“運が良い”と思えるかどうか。この心理を分析するのはかなり奥が深そうだけれども、ひとつ言えるのは“運の良さ”は偶然ではない可能性が高いということ。“運が良い”人は、常に今の自分の立ち位置を把握していて、どこか肩の力が抜けており、他人のアドバイスや誘いを受け入れる余裕がある。そして、身のまわりの変化を敏感に察知するピュアな感覚を持ち、タイミングを素早くキャッチするセンスがある。その大元には、真摯に自分の仕事に取り組みたいという意思があり、人知れずさまざまな努力を積み重ねているのではないかと感じるのである。

　最後に、「これから起業する人へのアドバイスは？」という問いに、ほとんどの人が「やりたいことがあれば、まずは一歩、小さくてもいいから、踏み出すといい」と話していたことを記しておきたい。自分が動かなければ何も始まらないし、もし失敗してしまったとしても、それを必然、貴重な経験と捉え、軌道修正し、また前を向いていけばいい。50歳で起業した女性は、「とにかく動いてみること、始めてみること。40代前半、動けなかった自分にも伝えたい」と話していた。彼女にとっては、50歳が起業のタイミングで、それは決して遅くないのだと、私は感じた。けれども、そう思うくらいに、今の生活が充実しているということなのだと思う。

　自分の足で立ち、自分の居場所を見つけ、自分が自分の考える“何者か”になる。それは、意外と簡単に、ちょっと勇気を出すだけて叶えることができるのかもしれない。

碓井美樹 うすい みき

編集者、記者。成城大学文芸学部英文学科卒業後、出版社に勤務し、雑誌編集長を経て渡米、サンフランシスコに約3年移住後、東京を拠点に戻しつつ定期的に往来。主な経歴は『雑貨カタログ』編集長、「COOK ZAKKA BOOK」編集長、Chronicle Books Japan エディトリアルディレクター、「TOKYO ARTRIP」エディトリアルディレクターなど。著書に『BASIC＆FUN！』（マーブルトロン）、『レタープレスのデザイン：活版印刷のデザインスタジオ　サンフランシスコ＆ニューヨーク』『スイーツショップ＆コーヒーショップのデザイン：シンプルなこだわりがいきるサンフランシスコの店づくり』『レタープレス・活版印刷のデザイン、新しい流れ：アメリカ、ロンドン、東京発のニューコンセプト』（いずれもパイインターナショナル）、『スーパーマーケットのグロサリーデザイン in サンフランシスコ』（誠文堂新光社）、『好きなものを売って10年続く店をつくる』（KADOKAWA）がある。日本ペンクラブ会員。

zakkanews.com
aenbyzakkanews.com

ブックデザイン	藤田康平（Barber）
カバーイラスト	Natsko Seki
撮影	Miki Usui (p.7,pp.10-30,pp.33-42,pp.47-51,pp.59-64,pp.70-75,pp.91-122,pp.130-135,pp.141-154,pp.161-163,pp.174-175,pp.178-183,p.187,p.191,pp.197–211,p.223,pp.226-242,pp.246-256,pp.259-260,p.286)
編集	見目勝美（PHPエディターズ・グループ）
校正	水沢文
DTP	システムタンク
PD	小川泰由（凸版印刷）

"好き"を仕事にする力
スモールビジネスを立ち上げた100人の女性たちのリアル

2023年4月7日　第1版第1刷発行

著　者　碓井美樹

発行者　岡　修平

発行所　株式会社PHPエディターズ・グループ
　　　　〒135-0061　江東区豊洲5-6-52
　　　　　　　　　TEL03-6204-2931
　　　　http://www.peg.co.jp/

発売元　株式会社PHP研究所
　　　　東京本部　〒135-8137　江東区豊洲5-6-52
　　　　　　　　　普及部　TEL03-3520-9630
　　　　京都本部　〒601-8411　京都市南区西九条北ノ内町11
　　　　PHP INTERFACE　https://www.php.co.jp/

印刷所
製本所　凸版印刷株式会社